EL PRINCIPIO ZEN

La vivencia de la más grande paradoja

OSHO

EL PRINCIPIO ZEN

La vivencia de la más grande paradoja

VERGARA

Barcelona · México · Bogotá · Buenos Aires · Caracas
Madrid · Montevideo · Quito · Santiago de Chile

Título original en inglés:
The Zen Principle

Osho® es una marca registrada de OSHO INTERNATIONAL FOUNDATION.
Para mayor información favor de dirigirse a osho.com/trademark

El material de este libro es una versión abreviada de una serie de charlas originales tituladas *Zen - The Path of Paradox Vol. II y III* dadas por
Osho ante una audiencia. Todos los discursos de Osho han sido publi-
cados íntegramente en inglés titulados originalmente como *Zen - The
Path of Paradox Vol. II y III* y están también disponibles en audio. Las
grabaciones originales de audio y el archivo completo de textos se
pueden encontrar *on-line* en la BIBLIOTECA OSHO en www.osho.com

El principio Zen
La vivencia de la más grande paradoja
Primera edición, abril de 2013

D. R. © 1977 OSHO INTERNATIONAL FOUNDATION, Suiza.
        www.osho.com/copyrights
D. R. © 2013, Ediciones B México, S. A. de C. V. por la traducción
        Traducción de Adriana de Hassan
D. R. © 2013, Ediciones B México, S. A. de C. V.
        Bradley 52, Anzures DF-11590, México
        www.edicionesb.mx
        editorial@edicionesb.com

ISBN 978-607-480-424-9

Impreso en México | *Printed in Mexico*

Índice

UNO

LA BOLSA O LA VIDA

Una tarde estaba Shichiri Kojun recitando sutras, cuando penetró en su estancia un ladrón armado de una espada afilada y le exigió que le entregara la bolsa o la vida. Shichiri replicó: "No me molestes. El dinero está en aquel cajón", y continuó su recitación. Momentos después se interrumpió y dijo en voz alta, "No te lo lleves todo. Necesito algo para pagar los impuestos mañana".

El intruso recogió la mayor parte del dinero y se dispuso a salir. "Conviene agradecer cuando se recibe un regalo", añadió Shichiri. El hombre le dio las gracias y se marchó.

Varios días después atraparon al hombre quien confesó, entre otros, el delito cometido contra Shichiri. Cuando convocaron a Shichiri para que sirviera de testigo, su respuesta fue: "En lo que a mí concierne, este hombre no es un ladrón. Yo le di el dinero y él me lo agradeció".

Después de pagar su condena, el hombre buscó a Shichiri y se convirtió en su discípulo.

Jesús dijo: "No juzgarás." Era Zen perfecto, de haberlo dejado allí. Pero quizás porque le hablaba a los judíos y debía expresarse en sus términos, añadió: "para no ser juzgado". Eso ya no es Zen. Es un trato. Esta adición destruyó la calidad de la enseñanza, su profundidad misma.

"No juzgarás" es suficiente; no es necesario agregarle nada más. "No juzgarás" significa no vivas juzgando. "No juzgarás" significa mira la vida sin hacer valoraciones. No evalúes, no digas: "esto es bueno" o "esto es malo". No seas moralista; no digas que algo es divino o algo es malvado. "No juzgarás" es una afirmación extraordinaria que indica que no hay ni Dios ni Demonio.

Si Jesús lo hubiera dejado ahí, si sólo hubiera dicho esas dos palabras, "no juzgarás", habría transformado todo el carácter del cristianismo. Pero añadió algo que lo destruyó. Dijo: "para no ser juzgado" y le dio un carácter condicional. Ya no es ausencia de evaluación sino un simple negocio "para no ser juzgado". Es como una transacción comercial.

No juzgues por temor a ser juzgado. Pero, ¿cómo es posible abstenerse de juzgar por temor o por codicia? No juzgues para que no te juzguen, pero la codicia y el temor no pueden librarte de los juicios de valor. Es una noción egocéntrica: "No juzgarás y no serás juzgado". Es egoísta. Toda la belleza de la frase se destruye. El sabor Zen desaparece, se torna ordinario. Se convierte apenas en un buen consejo, pero no entraña revolución alguna. Es como el consejo de los padres. Es un magnífico consejo, pero no conlleva nada radical. La segunda frase crucifica la afirmación radical.

El Zen no va más allá: no juzgarás. Porque el Zen dice que todo es como es, ni bueno ni malo. Las cosas son como son. Un árbol es alto y otro es bajo. Una persona es moral y otra es inmoral. Alguien reza mientras que otro sale a robar. Así son las cosas. ¡He ahí el toque revolucionario! Es algo que infunde temor, que provoca miedo. Y esta es la razón por la cual no hay mandamientos en el Zen. No dice: haz esto pero no hagas aquello. No habla de lo que debemos y no debemos hacer. No ha creado prisiones con el cerrojo del "deber".

El Zen no es perfeccionista. En la actualidad, el psicoanálisis ha demostrado que el perfeccionismo es una especie de neurosis. El Zen es la única religión libre de neurosis. El Zen acepta. Y su aceptación es tan total, tan infinitamente completa, que ni siquiera llama ladrón al ladrón, o asesino a un asesino. Trata de ver la pureza del espíritu, la trascendencia absoluta. Todo es como es.

El Zen desecha incondicionalmente los valores, pues cuando se establecen condiciones se pierde el punto. En el Zen no hay temor ni codicia. En el Zen no hay Dios ni Demonio, no hay cielo ni infierno. El Zen no despierta la codicia de la gente atrayéndola con una carnada, prometiéndole los premios del cielo. Y no provoca miedo creando concepciones espantosas del infierno.

El Zen no conoce el chantaje de la retribución y no castiga con torturas. Sencillamente arroja una luz liberadora sobre las cosas. Es una luz que no se basa ni en la codicia ni en el miedo. Todas las demás religiones fomentan la codicia y en el fondo se basan de algún modo en el miedo. Por eso decimos que una persona religiosa siente "temor de Dios" – la persona religiosa le teme a Dios.

Pero, ¿cómo puede ser religioso el miedo? Es imposible. El miedo no puede ser religioso, solamente la ausencia de todo miedo puede ser religiosa. Pero cuando se tiene la noción del bien y el mal no se puede estar libre de miedo. Las nociones del bien y el mal hacen sentir a los demás culpables, desvalidos y paralizados. ¿Cómo podría ello ayudarlos a sentirse libres de todo temor? Imposible. Se crearía *más* temor.

Por lo general, una persona que no es religiosa siente menos miedo, porta dentro de su ser una menor cantidad de temor que la persona denominada religiosa. Esta última tiembla constantemente por dentro, tiene la angustia permanente de no saber si podrá o no lograrlo. ¿Terminará en el infierno? ¿O logrará lo imposible y entrará al paraíso?

Incluso cuando Jesús se despide por última vez de sus amigos y discípulos, todos ellos están más preocupados por saber qué lugar ocuparán en el cielo. Su próxima reunión será en el cielo, pero ¿cuál será su lugar allá? ¿Quién será quién? Claro está que reconocen que Jesús estará a la diestra de Dios, ¿pero quién se sentará a su lado? Esa preocupación es producto de su codicia y su temor. El hecho de que Jesús haya de ser crucificado al día siguiente no les preocupa tanto como sus propios intereses.

Todas las demás religiones se basan en una codicia y un temor ordinarios. La misma codicia de dinero se transforma un día en codicia de Dios. Entonces Dios era el dinero; ahora el dinero es Dios, y esa es la única diferencia. Dios se convierte en el dinero. Primero había miedo frente al estado, la policía, esto y aquello. Y después viene el miedo al infierno y al tribunal supremo, ese tribunal supremo donde habremos de comparecer ante Dios el día del juicio final.

Los denominados santos de la cristiandad, hasta en los últimos instantes de su vida, tiemblan ante la incertidumbre de si lograrán o no llegar al paraíso.

El Zen está incondicionalmente libre de juicios de valor. Permitan que esto penetre en la profundidad de su ser, porque es así como yo también veo las cosas. Sólo deseo que comprendan. Basta con el esclarecimiento. Que la única ley sea comprender, porque no hay otra. No vivan guiados por el miedo, de lo contrario vagarán en la oscuridad. Y no vivan de acuerdo con la codicia, porque ella no es nada más que la otra cara del miedo. Los dos son aspectos de lo mismo: de un lado está la codicia y del otro está el miedo. La persona temerosa siempre codicia, y el codicioso siempre teme. Las dos caras de la moneda son inseparables.

Solamente claridad, atención, la capacidad de ver las cosas como son... ¿Acaso no pueden aceptar la existencia como es? Por no haberla aceptado, nada ha cambiado. ¿Qué ha cambiado? Durante miles de años hemos rechazado muchas cosas, y no por ello han desaparecido; al contrario, las hay cada vez más. Los ladrones no han desaparecido, tampoco los asesinos. Nada ha cambiado; las cosas son exactamente como siempre han sido. El número de cárceles aumenta. Cada vez hay más leyes y cada vez son más complicadas, de modo que cada vez hay que contratar a más y más ladrones... los abogados, los jueces. No ha cambiado nada en ninguna parte. De nada ha servido todo el sistema carcelario; de hecho ha sido muy dañino. El sistema penitenciario se ha convertido en la Universidad del delito: se aprende a delinquir, y se aprende de los maestros del delito.

La persona que entra una vez a la cárcel se convierte en visitante habitual. Basta una sola entrada para que regrese una y otra vez. Es raro encontrar a alguien que haya estado una vez en la cárcel y no regrese nunca más. Sale de allí con más destreza, con más ideas para continuar haciendo lo mismo de manera más experta. Sale de la cárcel siendo menos principiante. Sale a la calle con un diploma y la salida es como una especie de graduación de la escuela del delito. Ahora sabe más, sabe cómo hacer mejor las cosas. Ahora sabe qué hacer para que no lo atrapen. Ahora conoce las grietas del sistema legal.

Y las personas encargadas de hacer cumplir las leyes son tan criminales como cualquiera; en realidad, son *más* criminales todavía. Su función es tratar con delincuentes, de tal manera que tienen que serlo. La policía, los guardias penitenciarios son más delincuentes que las personas a quienes obligan al encierro en la cárcel. Tienen que serlo.

Nada cambia. No es ésa la forma de cambiar las cosas, al contrario, ha demostrado ser un fracaso rotundo.

El Zen dice que el cambio viene con la comprensión, no con la imposición.

¿Y qué son el cielo y el infierno? No son otra cosa que esa misma noción transportada al más allá. La misma idea de la prisión se convierte en la idea del infierno. Y la misma idea de la retribución (los premios del gobierno, las distinciones presidenciales, las medallas de oro, esto y aquello) se transporta al cielo, al paraíso, *firdaus*. Pero la psicología que emplean es la misma.

El Zen destruye esa psicología de raíz. El Zen no condena, solamente comprende: te dice "Trata de comprender las cosas tal y como son. Trata de comprender a la humanidad tal y como es, no impongas ideales ni digas cómo deben ser las cosas".

Tan pronto dictaminamos cómo debe ser una persona, nos cegamos ante la realidad de lo que es. El "debería" se convierte en una barrera, y entonces no podemos ver lo real, no podemos ver lo que es... el "debería" se vuelve demasiado pesado. Cuando tenemos un ideal, un ideal de perfección, ninguna persona naturalmente podrá estar a su altura, así que todo el mundo será condenado.

Y aquellos seres egoístas que, de alguna manera, se fuerzan a sí mismos a realizar esos ideales (por lo menos en la superficie, por lo menos de dientes para afuera) adquieren la condición de grandes santos. Pero no son otra cosa que grandes egoístas. Y cuando los miramos a los ojos, lo único que vemos es que se creen más santos que nosotros. Son los pocos que han sido elegidos. Son los elegidos de Dios y están aquí para condenarnos y para buscar la forma de transformarnos.

Al Zen no le interesa transformar a nadie. Pero transforma; esa es la paradoja. No le interesa cómo debes ser, sino cómo eres en realidad; verlo, y verlo con ojos de amor y compasión. Cuando tratamos de ver aquello que es, sobreviene una transformación. La transformación es natural y no necesitamos esforzarnos para producirla sino que sencillamente sucede.

El Zen transforma, pero no habla de transformación; cambia, pero no le preocupa el cambio. Trae más beatificación a los seres humanos que cualquier otra cosa pero sin buscarlo en lo absoluto. Viene como una gracia, como un don. Surge de la comprensión. Es ahí donde radica la belleza del Zen: está incondicionalmente libre de valoraciones. La valoración es la enfermedad de la mente, eso es lo que dice el Zen. No hay bueno ni malo; sencillamente las cosas son como son. Todo es como es.

Con el Zen se abre una dimensión totalmente diferente: la dimensión de la transformación sin esfuerzo. La dimensión de la transformación que se produce de manera natural cuando se aclara la visión, cuando vemos la naturaleza de las cosas más directamente, sin el obstáculo de los prejuicios.

Tan pronto como decimos que un hombre es bueno, dejamos de mirarlo. Le hemos puesto una etiqueta de entrada, le hemos impuesto una casilla, una categoría. ¿Cómo podemos continuar mirándolo a los ojos si lo calificamos de malo? Hemos decidido de antemano, y ahí termina para nosotros la persona. Se ha disuelto su misterio. Hemos escrito el rótulo de "bueno" o "malo", descifrando el misterio. Entonces procedemos a relacionarnos con esos rótulos y no con la realidad.

El hombre bueno puede volverse malo y el malo puede volverse bueno. Eso es algo que sucede a cada instante: en la mañana el hombre era bueno pero en la tarde es malo y en la noche es bueno nuevamente. Pero nosotros procederemos conforme al rótulo. No le hablaremos al hombre mismo sino al rótulo que le hemos impuesto, a la imagen que hemos fabricado.

Y es así como nos perdemos de la realidad, de lo que son las personas; y creamos mil y un problemas y complejidades. Problemas imposibles de resolver. ¿Realmente hablan ustedes con sus parejas? ¿Cuando están en la cama con su pareja, están realmente con él o ella, o con una cierta imagen? Yo creo que cuando dos personas se encuentran en realidad hay una multitud y no dos personas. Sin lugar a dudas hay por lo menos cuatro personas, teniendo en cuenta la imagen que cada persona tiene de la otra. Y nunca concuerdan porque la persona real continúa cambiando, porque la persona real es una corriente en movimiento. La persona real es un río que cambia de color. ¡La persona real está viva! El simple hecho de haberla rotulado no significa que haya muerto... continúa viva.

Alguien le preguntó alguna vez a Chuang Tzu si ya había terminado su obra. Él respondió: "¿Cómo podría haberla terminado cuando todavía estoy vivo?"

Tratemos de comprender lo que dice: "¿Cómo podría haberla terminado? Todavía estoy vivo. Mi obra podrá terminar solamente cuando muera porque entre tanto todavía estoy fluyendo y continúan sucediendo cosas".

Mientras un árbol esté vivo aparecerán flores, brotarán hojas nuevas, llegarán los pájaros a anidar en él, dormirán bajo su sombra los viajeros... las cosas seguirán cambiando. Todas las posibilidades se mantienen abiertas mientras estamos vivos. Pero tan pronto como rotulamos a una persona diciendo que es buena, mala, moral, inmoral, religiosa, atea, creyente, esto o aquello, la vemos como si estuviera muerta. El rótulo puede imponerse solamente cuando la persona muere. Podemos ir hasta su tumba y escribir en su lápida: "Esta persona es esto". Y ya no puede contradecirnos porque las cosas han llegado a su fin. El río ha dejado de fluir.

Pero mientras alguien está vivo... insistimos en rotular, incluso a los niños. Decimos: "Este niño es obediente y este otro es muy desobediente; este niño es una dicha y éste otro es un problema". Pero recordemos que al rotular creamos un sinnúmero de problemas. Ante todo, con el rótulo reforzamos el comportamiento al cual hace referencia el mismo porque la persona siente la obligación de demostrar que tenemos la razón. Si el padre dice: "Mi hijo es un problema", entonces el hijo siente que debe demostrar que es un problema o de lo contrario el padre no tendrá la razón. Este razonamiento es inconsciente porque, ¿cómo puede un niño pensar que su padre se equivoca? Entonces crea más problemas para que el padre pueda decir: "Ya lo decía yo, este niño es un problema".

En una ocasión conversaban tres mujeres y, como siempre, se ufanaban de sus respectivos hijos. La primera dijo: "Mi hijo tiene apenas cinco años y escribe versos. Y son versos tan hermosos que avergonzarían al mejor de los poetas".

La segunda dijo: "Eso no es nada. Mi hijo tiene cuatro años y pinta. Sus pinturas son tan ultramodernas que ni siquiera Picasso le llega a los tobillos. Y pinta sin pincel, lo hace todo con los dedos. A veces sólo lanza la pintura contra el lienzo y, como salida de la nada, aparece una imagen maravillosa. Mi hijo es impresionista, es un artista muy original".

La tercera dijo: "Eso no es nada. Mi hijo tiene solamente tres años y va al psicoanalista por su cuenta".

Con los rótulos logramos enloquecer al niño... y destruirlo. Todos los rótulos son destructivos. Jamás califiquen a una persona de santa o pecadora. Cuando un gran número de personas califican a alguien de una cierta manera se genera el rumor de que esa persona es, por ejemplo, pecadora; uno lo escucha, lo adopta y luego se lo pasa a alguien más. El rumor comienza a tener acogida (la gente tiende a pensar de manera colectiva en lugar de tener sus propias ideas individuales, originales) y se difunde gradualmente hasta que el rótulo va adquiriendo proporciones cada vez mayores. Entonces un día el rótulo de "pecador" parece un aviso de neón, se inscribe con letras tan mayúsculas que la persona misma lo lee y siente la obligación de comportarse de conformidad. Toda la sociedad espera de ella esa conducta o de lo contrario se sentirá defraudada... "¿Pero qué hace? ¿Cómo es posible que se comporte como santo si es un pecador? ¡Compórtese!".

Eso es lo que tiene la sociedad: una inversión muy sutil en sus rótulos. "¡Compórtese como debería! No haga nada que vaya en contra de lo que pensamos de usted". Aunque es una cuestión tácita, está ahí.

En segundo lugar, cuando rotulamos a una persona, por mucho que ella se esfuerce por comportarse conforme a ese encasillamiento, no lo logra. No puede hacerlo perfectamente, le es imposible. En realidad solamente puede fingir. Y entonces, en ocasiones, cuando no está fingiendo, cuando ha bajado la guardia, cuando está de ánimo distraído, la realidad sale a flote. Entonces pensamos que fuimos engañados, que esa persona es falsa. Pensábamos que era buena pero hoy nos robó dinero. Durante años pensamos que era buena, que era una persona santa, ¡y ahora resulta que nos robó!

¿Es la persona quien nos ha engañado? No, no nos ha engañado el rótulo que nosotros mismos le impusimos. Ella se comporta conforme a su realidad. Durante mucho tiempo trató de encajar dentro de nuestro esquema, pero un buen día lo rebasó. Todo ser humano debe hacer lo que desea hacer.

Nadie está aquí para satisfacer nuestras expectativas. Solamente los más cobardes buscan satisfacer las expectativas ajenas. Un hombre de verdad destruye todas las expectativas que los demás tienen de él porque no ha venido a este mundo para someterse a la prisión de las ideas de nadie. Permanecerá libre. Siempre será inconsistente, porque de eso se trata la libertad. Hará una cosa un día, y hará algo totalmente contrario al día siguiente, para que nadie pueda hacerse a una idea de lo que es. Un ser humano genuino es inconsistente. Solamente son consistentes los falsos seres humanos. Un ser humano real y verdadero alberga contradicciones. Es la libertad pura. Tal es su libertad que puede ser esto y también puede ser aquello. Puede escoger: si desea ser izquierdista, es izquierdista; si desea ser derechista, se convierte en derechista. No alberga obstáculos en su interior. Si desea estar adentro, está adentro, si desea estar afuera, está afuera. Es libre. Puede ser extrovertido, o introvertido, o hacer lo que desee. Es su libertad la que decide qué hacer en un momento determinado.

Pero imponemos patrones que les exigen a las personas ser consistentes. Es grande el valor que se le atribuye a la coherencia. Decimos: "Este hombre es muy incoherente. Este otro es extraordinario, es tan coherente". ¿Qué queremos decir con eso de la "coherencia"? Pues que el hombre está muerto, que ha dejado de vivir. Dejó de vivir el día en que se tornó coherente, no ha vivido desde ese momento.

¿Qué quiere decir una mujer cuando dice, "Mi esposo es digno de confianza"? Que el hombre ha dejado de amar, ha dejado de vivir y ya ninguna otra mujer le atrae. Si ninguna mujer le atrae, ¿cómo es posible que la esposa lo atraiga? En efecto, el hombre finge. Cuando el hombre está todavía vivo y es capaz de amar, se siente atraído por una mujer hermosa. Cuando una mujer está viva en toda la expresión de la palabra, ¿cómo no sentirse atraída por un hombre bello? ¡Es tan natural! No estoy diciendo que deba irse con él, sino que la atracción es natural. Ella podría optar por no irse con él, pero negar la atracción es negar la vida misma.

El Zen dice: sé fiel a tu libertad. Es entonces cuando surge en nuestro interior un ser completamente diferente, inesperado, imprevisible. Religioso, pero no moral. No inmoral, sino amoral: que está más allá de la moralidad, más allá de la inmoralidad.

Ésta es una dimensión nueva de la vida que el Zen nos ofrece. Es una realidad completamente diferente a aquella en la cual hemos vivido; nada tiene que ver con ella. Tiene una cualidad nueva: la ausencia de carácter.

En ocasiones, este mundo nos provoca enorme sufrimiento y es porque hemos amado la palabra "carácter" durante mucho tiempo. Nos hemos sometido durante siglos al "carácter". Decimos: "Ese hombre tiene carácter". Pero ¿han observado lo que sucede? El hombre de carácter está muerto. El hombre de carácter encaja dentro de una casilla; el hombre de carácter es previsible. El hombre de carácter no tiene futuro, solamente tiene pasado.

Escuchen: lo único que tiene el hombre de carácter es su pasado. Carácter significa pasado. El hombre continúa repitiendo su pasado, es como un disco rayado. Repite lo mismo una y otra, y otra vez. No tiene nada nuevo para decir. No tiene nada nuevo por vivir. No tiene nada nuevo para ser. Y decimos que es un hombre de carácter. Podemos confiar en él, podemos depender de él. Es cierto que jamás romperá sus promesas. Su unidad es enorme, su utilidad social es grande, pero el hombre está muerto, es una máquina.

Las máquinas tienen carácter; se puede depender de ellas. Es por eso que, con el tiempo, reemplazaremos a todos los seres humanos por máquinas. Las máquinas son más predecibles, su carácter es inmensamente sólido, podemos depender de ellas.

Un caballo no es tan predecible como un automóvil. El caballo tiene una especie de personalidad: hay días en que no está de humor, otros en que no quiere ir por el camino que el jinete desea; y otro día se mostrará verdaderamente díscolo. Y algún día sencillamente no se moverá. Tiene alma; no siempre se puede depender de él. Pero el automóvil no tiene alma. Es un conjunto de piezas ensambladas; no tiene médula. Sencillamente va donde queremos que vaya. Si deseamos que se lance por un precipicio, lo hará. El caballo dirá: "¡Un momento! Si deseas suicidarte, adelante, hazlo solo, no conmigo. Puedes saltar, pero yo no lo haré". Pero el automóvil no se negará porque no tiene alma para hacerlo. Nunca accede, nunca se niega.

A veces, hasta la mente de un gran matemático puede dejar de funcionar. Pero una computadora funciona las veinticuatro horas, todos los días, año tras año. No existe la alternativa de no querer funcionar. Una máquina tiene carácter, un carácter muy fiable. Y eso es lo que hemos estado tratando de hacer. Primero tratamos de convertir al hombre en una máquina; no pudimos lograrlo totalmente, de manera que con el tiempo comenzamos a inventar máquinas para que reemplazaran a las personas. Tarde o temprano las máquinas nos reemplazarán en todo. Las máquinas lo harán todo mucho mejor, con mayor eficiencia, mayor confiabilidad y mayor velocidad.

Un ser humano tiene estados de ánimo porque tiene alma. Puesto que tiene alma, solamente puede ser auténtico si no tiene carácter. ¿A qué me refiero cuando hablo de "no tener carácter"? Me refiero a despojarse del pasado constantemente y a no vivir de conformidad con él. Es lo que hace al hombre impredecible. El hombre sin carácter vive momento a momento, vive en el presente. Mira a su alrededor y vive; mira lo que hay a su alrededor y vive, siente lo que hay a su alrededor y vive. No tiene ideas fijas sobre la forma en la que debe vivir; tiene sólo conciencia. Su vida fluye constantemente. Tiene espontaneidad. A eso me refiero cuando digo que un verdadero hombre carece de carácter. Tiene espontaneidad.

Responde. Cuando le decimos algo, él responde sin repetir una formula. Responde ante nosotros, ante *este* momento, ante *esta* pregunta, ante *esta* situación. No responde a alguna otra situación aprendida. Nos responde a nosotros, mira dentro de nosotros. La suya es una respuesta y no una reacción, porque la reacción emana del pasado.

Sucedió que una vez un maestro Zen preguntó: "¿Cuál es el secreto de Buda? ¿Qué le entregó a Mahakashyapa cuando le dio la flor? ¿Por qué dijo: 'Le entrego a Mahakashyapa lo que no le he podido dar a nadie más, porque los demás solamente comprenden las palabras mientras que Mahakashyapa comprende el silencio'?"

Buda había llegado ese día con una flor de loto en la mano. Sus discípulos lo miraban y cada vez se tornaban más y más inquietos. Buda callaba y no dejaba de mirar el loto… como si se hubiera olvidado de la concurrencia. Pasaron los minutos, pasó una hora, y todo el mundo comenzaba a sentirse incómodo. Entonces Mahakashyapa rompió a reír. Buda lo llamó y le entregó la flor diciéndole: "Aquello que puedo dar a través de las palabras se lo he dado a otros. Esto que no puedo dar a través de las palabras te lo doy a ti, Mahakashyapa. Guárdalo hasta que encuentres a un hombre capaz de recibir el mensaje en silencio".

Un maestro Zen les preguntó a sus discípulos: "¿Cuál era el secreto? ¿Qué fue lo que entregó con el loto? ¿Qué sucedió en ese momento?" Uno de los discípulos se puso de pie, bailó y salió corriendo. "Correcto. Eso es exactamente".

Pero, esa noche, otro maestro del mismo monasterio buscó a este maestro y le dijo, "No deberías aceptar las cosas tan pronto; sospecho que te apresuraste".

Entonces el maestro buscó al discípulo que había bailado y a quien le había dicho "Eso es exactamente", y le hizo nuevamente la pregunta: "¿Qué fue lo que el Buda le entregó a Mahakashyapa cuando le dio el loto? ¿Qué fue lo que Mahakashyapa comprendió cuando sonrió? ¿Qué fue? Dame la respuesta".

El joven bailó, a lo cual el maestro le propinó un golpe. "Estás equivocado, completamente equivocado", le dijo.

A lo cual el discípulo respondió, "Pero esta mañana me dijiste que era correcto".

Y el maestro dijo: "Sí. Era correcto en la mañana, pero en la noche es equivocado. Estás repitiendo. En la mañana vi una respuesta. Ahora sé que fue una reacción".

Si es una respuesta, debe cambiar cada vez que se hace la pregunta. Es probable que la pregunta sea la misma, pero nada más es igual. En la mañana, cuando el maestro preguntó, apenas despuntaba el alba, los pájaros cantaban y la concurrencia consistía de miles de monjes sentados en meditación. Era un mundo completamente diferente. Sí, la pregunta era la misma, la formulación lingüística era la misma, pero el todo había cambiado. En la noche, la situación era completamente diferente; el maestro estaba solo en su celda con el discípulo. Ya no había sol en el cielo, ni aves cantoras, y tampoco testigo alguno. El maestro había cambiado. Durante esas pocas horas, el río había corrido, atravesado otros campos y entrado en nuevos territorios. La pregunta tan sólo *parecía* ser la misma. Pero el discípulo permaneció estático y pensó: "Conozco la respuesta".

Pero no es así. En la vida real nadie conoce las respuestas. En la vida real es preciso responder al momento. No se puede andar por la vida con respuestas prefabricadas, ni fijas, con lugares comunes. En la vida real es preciso estar abiertos. Eso fue lo que el discípulo pasó por alto.

Un hombre sin carácter es un hombre que carece de respuestas, que no tiene filosofía, que no tiene una concepción de cómo deben ser las cosas. Como quiera que sea, permanece abierto. Es como un espejo: refleja.

¿Acaso no han observado? Cuando estamos enfurecidos y nos miramos al espejo, vemos nuestra cara de ira; si estamos riendo, eso es lo que refleja el espejo. Si somos viejos, el espejo refleja nuestra edad; si somos jóvenes, el espejo refleja nuestra juventud. No podemos decirle al espejo, "¿Si ayer reflejaste risa, por qué hoy reflejas ira y tristeza? Eres inconsistente. ¡No tienes carácter! Me desharé de ti".

El espejo no tiene carácter. Y el hombre de verdad es como un espejo.

El Zen no juzga. El Zen no evalúa. El Zen no impone carácter, porque para imponer carácter es preciso evaluar: bueno o malo. Para imponer un carácter es preciso remitirse a un listado de aquello que debería y no debería ser; es preciso dar unos mandamientos. Para imponer carácter es preciso ser un Moisés, no un Bodhidharma. Para imponer carácter es preciso crear el miedo y la codicia; de lo contrario, ¿quién prestaría oídos? Sería necesario ser como B.F. Skinner y tratar a las personas como si fueran ratas: entrenarlas, castigarlas, premiarlas, de tal manera que sean construidas en un patrón determinado.

Eso es lo que les han hecho a ustedes. Lo hicieron sus padres, sus maestros, su sociedad, el estado. El Zen dice: es suficiente, desahogándose de todo eso. Abandonen toda esa insensatez y comiencen a ser ustedes mismos. Eso no significa que el Zen los esté invitando al caos; todo lo contrario: en lugar de imprimirles carácter y una conciencia para manipular dicho carácter, el Zen les brinda conciencia.

Es necesario notar y recordar la diferencia. Todas las demás religiones ofrecen conciencia. El Zen brinda atención. La conciencia es la que dice, "Esto es bueno y esto otro es malo. Haz esto pero no hagas aquello". La atención sencillamente dice: "Sé un espejo, refleja y responde". La respuesta es correcta, la reacción es incorrecta. Ser responsable no significa atenerse a ciertas reglas; ser responsable significa estar en capacidad de responder.

El Zen los hará brillar desde su interior. No es una imposición externa, ni se cultiva desde afuera; no constituye una armadura, ni un mecanismo de defensa; no se ocupa de la periferia sino simplemente enciende una luz en el centro, en el centro mismo del ser; y esa luz se expande continuamente hasta que, un día, toda la personalidad entera es luminosa.

¿Cómo surgió esta actitud, este enfoque Zen? Surgió a partir de la meditación. Es el punto más alto de la atención meditativa. Si meditan, con el tiempo verán que todo es bueno, que todo es como debe ser. Y entonces surge *tathata*, o la visión de las cosas como son. Así, al ver a un ladrón, no pensarán que es necesario transformarlo; sencillamente responderán, de tal manera que no lo juzgarán como malo. Y cuando ya no vean la maldad en el hombre, darán paso a la posibilidad de su transformación. Aceptan al hombre tal y como es. Y a través de la aceptación llega la transformación.

¿Lo han visto suceder en sus vidas también? Cuando alguien los acepta totalmente, incondicionalmente, comienzan a cambiar. En la aceptación encuentran la valentía para hacerlo... ¿Acaso no han visto el milagro de que algo cambia en ustedes, y muy rápidamente, cuando encuentran a alguien que los ama tal y como son? La aceptación misma de ser amados como son (el hecho de saber que nada se espera de ustedes) les da un alma, los hace sentir integrados, seguros y confiados. Los hace sentir que *existen*, que no necesitan llenar expectativas, que pueden SER, que su ser original es respetado.

Basta con que una sola persona los respete totalmente (porque todo juicio es irrespetuoso), que los acepte como son, que no les exija nada, que pueda decir: "Sé tú mismo, sé auténtico. Te amo. Te amo a ti y no a lo que haces; te amo tal y como eres en tu interior, en tu ser más profundo. No me interesan tu exterior ni tu apariencia. Te amo por lo que eres y no por lo que tienes. No me interesan tus pertenencias, solamente me interesa una cosa: lo que eres, y eres inmensamente hermoso".

Eso es el amor. Es por eso que el amor nutre. Cuando encuentren a un hombre o a una mujer que sencillamente los ame por el amor mismo, podrán transformarse. Súbitamente sentirán que son una persona nueva, alguien que nunca habían sido, súbitamente desaparecen la tristeza y la apatía, súbitamente descubren una danza en su caminar, una canción en su corazón. Comienzan a moverse de una manera diferente, a llenarse de gracia.

Fíjense: cuando alguien los ama, el simple fenómeno del amor es suficiente. La frialdad desaparece y comienzan a sentir que la calidez los invade. Ya el corazón deja de sentirse indiferente ante el mundo. Comienzan a mirar más detenidamente las flores y el cielo. El cielo encierra un mensaje, porque una mujer o un hombre los ha mirado a los ojos con total aceptación, sin expectativa alguna. Sin embargo, ese estado no perdura a causa de la necedad de la gente. Esa luna de miel tarde o temprano llega a su fin, al cabo de una, dos o tres semanas. Tarde o temprano, la mujer o el hombre comienzan a esperar ciertas cosas. "Haz esto, no hagas aquello". Y entonces aterrizan forzosamente, dejan de estar en el cielo. Nuevamente se sienten agobiados porque el amor ha desaparecido. Ahora la mujer se interesa más por el bolsillo; ahora el hombre se interesa más por la comida. Se vela por la familia, se organiza el hogar y se atienden miles de detalles, pero ya no hay conexión con el ser del otro.

Si logran mantener la armonía, todo estará bien. Podrán continuar realizando mil y una cosas sin que haya perturbación alguna. Pero si la armonía se pierde, comienzan a dar por sentada la relación. Durante esas dos o tres semanas se habrán asignado rótulos mutuamente; terminan la luna de miel el día en que completan la lista de tales rótulos.

El Zen cree en el amor. No cree en normas ni reglas. No cree en la disciplina externa, solamente en la disciplina interior, que es producto del amor, del respeto y de la confianza. Cuando meditan, comienzan a confiar en la existencia. Tomen nota de la diferencia: para un cristiano o para un hindú el primer requisito es la confianza. Dirían: "Confíen en la existencia y conocerán a Dios". En el Zen, la confianza no es la primera exigencia. El Zen dice: "Mediten". La confianza nace con la meditación y la confianza imprime divinidad a la existencia. Entonces surge *tathata*, ese ser tal como se es.

¿Cómo continuar condenando cuando sabemos que todo es divino? Los vedantistas de India dicen: "Todo es *Brahma*", pero aún así insisten en condenar. Insisten en afirmar que hay santos y pecadores, que el cielo es para los santos y que a los pecadores les espera el infierno. Esto es absurdo, considerando que todo es Brahma, que todo es Dios. ¿Cómo es posible ser pecador? Entonces es pecador el Dios que llevamos dentro. ¿Cómo podría Dios ir al infierno?

El Zen dice: el día en que reconocemos que la divinidad está en todo, aprendemos que Dios lo es todo. Y no utiliza la palabra "dios" porque otras religiones la han corrompido, la han contaminado, la han envenenado. Con la meditación poco a poco aprendemos a ver las cosas tal como son y comenzamos a confiar en las cosas y a respetarlas tal y como son. Así brota la confianza. Esa confianza es *tathata*, el ser tal como se es.

De *tathata* se desprende la visión de que todo en la existencia está estrechamente conectado. El universo en su totalidad es una unidad que funciona de manera orgánica. En el Zen hay una expresión específica para referirse a esa unidad: *jiji muge hokkai*. Denota el conocimiento de que la existencia es una sola, que es realmente un universo, no un multiuniverso, que todo está unido con todo lo demás, que los santos y los pecadores son parte de una misma red y no hay diferencia entre ellos. Lo bueno y lo malo está unido, como también lo están la luz y la oscuridad, la vida y la muerte.

—Todo está interconectado. Es una red, un hermoso patrón.

—Leamos estas palabras de Berenson:

"Era una mañana de comienzos del verano. Por encima de los limoneros se extendía trémula una bruma plateada. Una caricia impregnaba el aire. Recuerdo haber subido al tronco de un árbol y haberme sentido sumergido súbitamente en esa esencia. No le di ese nombre; no había palabras para expresar ese estado mental. Ni siquiera era una sensación. No había necesidad de palabras. Eso y yo éramos uno. Sencillamente estaba ahí como una bendición".

Tathata significa alcanzar ese instante en el cual reconocemos que la existencia es una sola, interconectada, fundida en una sola danza, vibrando al unísono. Y hay tanta necesidad de lo malo como de lo bueno. Jesús por sí solo no basta; Judas es indispensable. Sin Judas, Jesús no sería tan pleno. La Biblia perdería mucho sin Judas. Si se sacara a Judas de la Biblia, ¿dónde quedaría Jesús? ¿Qué es Jesús? Judas aporta el contraste, crea el telón de fondo; es la nube negra contra la cual se recorta el halo plateado de Jesús (sin la nube negra no hay halos de plata). Jesús debe estar agradecido con Judas. Y no fue por accidente que comenzara con Judas cuando les lavó los pies a sus discípulos. Después, cuando se despidió de ellos, el abrazo más fuerte y el beso más intenso fueron para Judas. Era su discípulo más preeminente.

Ahora, este es un misterio dentro de otro misterio. En los círculos esotéricos se ha rumorado desde tiempos inmemoriales que todo lo planeó el propio Jesús. Gurdjieff estaba convencido de ello. Y es bastante posible que Judas estuviera obedeciendo las órdenes de Jesús cuando lo traicionó y lo vendió a sus enemigos. Es algo que parece más lógico. Porque por muy malo que fuera el hombre, vender a Jesús apenas por treinta monedas de plata realmente parece el colmo. Judas había acompañado a Jesús durante mucho tiempo y era el más inteligente de todos los discípulos. Era el único que tenía educación y el único que podría calificarse de intelectual. En efecto, era más erudito que el propio Jesús. Era el sabio entre quienes lo acompañaban.

Parece el colmo que hubiera vendido a Jesús apenas por treinta monedas de plata. ¿Y saben lo que sucedió? Judas se suicidó al día siguiente de la crucifixión. Los cristianos no hablan mucho de ese tema. ¿Por qué se suicidó? Su labor había terminado y podía seguir a su maestro. ¿Un hombre capaz de vender a su maestro por treinta monedas de plata realmente se sentiría tan terriblemente culpable como para suicidarse? Imposible. ¿Para qué molestarse? No, sencillamente había obedecido las órdenes de su maestro. No podía rehusarse, pues era parte de su entrega. Debía acceder. No podía negarse a cumplir con la voluntad de su maestro. Estaba planeado. Hay una razón para ello: ha sido solamente gracias a la crucifixión que el mensaje de Jesús ha permanecido en el mundo. No habría podido haber cristiandad sin la crucifixión. Es por eso que yo hablo de "crucianidad" y no de cristiandad, porque no basta solamente con Cristo. Se necesitó la cruz para que la cristiandad fuera posible.

Cuando vemos la interconexión de las cosas, Judas se convierte en parte del juego al cual pertenece Jesús. La maldad es parte de la bondad. El demonio no es otro que un ángel de Dios, pero no el ángel caído. Quizá cumple una misión de vital importancia en el mundo a instancias de Dios mismo. Quizás sea su discípulo más cercano.

La palabra "demonio" proviene de la misma raíz que la palabra "divino". Eso dice mucho. Sí, también el demonio es divino.

Sasaki cuenta lo siguiente:

"Cuando mi maestro me habló de esto, acerca de *tathata*, me dijo: 'Ahora piensa en ti. Crees ser un ser aislado, una isla, pero no lo eres. No podrías existir de no haber sido por tus padres. Y sin los padres de ellos, ni ellos ni tú habrían podido existir'".

Y así sucesivamente, hasta remontarnos al principio sin comienzo. Podemos ir cada vez más hacia atrás y descubrir que todo lo que ha sucedido en la existencia hasta ahora tuvo que suceder para que ustedes existieran. De otra manera no habría sucedido. Así de fuerte es la interconexión. Ustedes son apenas un pequeño componente de una cadena infinitamente larga. Todo lo que es está representado en ustedes y todo aquello que fue está también representado en ustedes. En este momento, ustedes son el ápice de todo lo que los ha precedido. Todo el pasado existe en ustedes. Pero eso no es todo. De ustedes saldrán sus hijos y los hijos de sus hijos... y así sucesivamente.

Nuestros actos darán origen a otros actos, y de esos otros actos resultarán otros, y de esos otros resultados nacerán otros actos. Nosotros desapareceremos, pero nuestros actos perdurarán, repercutirán por toda la eternidad.

Así, no sólo encarnamos todo el pasado sino también el futuro. En este momento, el pasado y el futuro coinciden en nosotros hasta el infinito, en ambas direcciones. Llevamos en nuestro interior la semilla de la que brotará el futuro, de la misma manera en que en este preciso momento encarnamos la totalidad del pasado. Así, pues, somos igualmente la totalidad del futuro. Este momento lo es todo, y todos somos todo. Puesto que encarnamos el todo, el todo está en juego en nuestro interior. El todo nos atraviesa.

El Zen dice que cuando tocamos una brizna de pasto tocamos todas las estrellas. Pues todo está inmerso en todo lo demás, todo está dentro de todo.

Para describir esta fusión del todo con cada una de sus partes el Zen utiliza la expresión "*jiji muge hokkai*". Se ilustra con el concepto de la red universal. En India se le ha dado a esta red el nombre de "Red de Indra", una malla gigantesca que se extiende por todo el universo, tanto en sentido vertical, para representar el tiempo, como en sentido horizontal, para representar el espacio. En cada punto donde se cruzan los hilos de la red hay una cuenta de cristal, símbolo de una existencia individual. Cada cuenta de cristal refleja en su superficie pulida no solamente todas las demás cuentas de la red sino todos los reflejos de los demás reflejos de todas las cuentas.

Este número infinito de reflejos recíprocos es lo que se llama *jiji muge hokkai*.

Cuando Gautama Buda se presentó sosteniendo un loto en su mano, lo que hizo fue mostrar su *jiji muge hokkai*. Mahakashyapa lo comprendió. El mensaje era que en ese pequeño loto estaba comprendido el todo: todo el pasado, todo el futuro, todas las dimensiones. En ese pequeño loto todo había florecido, y todo lo que florecería algún día estaba también contenido en él. Mahakashyapa rió; comprendió el mensaje: *jiji muge hokkai*. Es por eso que fue él quien recibió la flor como prueba de la comunicación más allá de las palabras.

De allí la compasión, la gratitud y el respeto del budismo hacia todo, porque todo está comprendido dentro de todo.

Ahora volvamos a nuestra historia.

Una tarde, mientras Shichiri Kojun recitaba sutras, penetró en el recinto un ladrón armado de una espada afilada y le exigió la bolsa o la vida. Shichiri le dijo: "No me molestes. El dinero está en aquel cajón", y continuó su recitación.

Sin condena ni juicios; simple aceptación, como si hubiera penetrado la brisa en lugar de un ladrón. Ni siquiera un cambio en su mirada, como si el recién llegado fuera un amigo en lugar de un bandido. Ni siquiera un cambio de actitud. Le dice: "No me molestes. El dinero está en aquel cajón. ¿No ves que estoy recitando mis sutras? Al menos deberías respetar y no perturbar a un hombre que recita sus sutras por algo tan insignificante como el dinero. ¡Ve y búscalo tu mismo! Y no me molestes".

Ahora bien, no está en contra del ladrón por su intención de robar. No está en su contra porque quisiera su dinero, porque estuviera obsesionado con el dinero. En lo absoluto. Solamente hay aceptación: así es él, y ¿quién sabe? Quizás sea así como DEBE ser. ¿Y por qué tendría yo que condenarlo? ¿Quién soy yo para condenar? Si puede ser lo suficientemente considerado para no molestarme, con eso me basta, es más de lo que puedo esperar de otra persona. Entonces que no me moleste.

Momentos después se interrumpió y dijo en voz alta: "No te lo lleves todo. Necesito algo para pagar los impuestos mañana".

El punto es que solamente hubo amabilidad. No hubo enemistad. Y donde no hay enemistad no hay miedo. Puesto que no hay condena, y el respeto es profundo, puede confiar en que el ladrón se irá. Cuando damos con todo el corazón podemos confiar. Hasta el peor de los hombres mostrará respeto a cambio del respeto recibido. Podemos estar seguros de que el otro nos respetará. Cuando confiamos en alguien, cuando no juzgamos ni condenamos, podemos confiar en que esa persona también nos premiará con su confianza. Él dijo sencillamente: "No te lo lleves todo. Necesito algo para pagar mis impuestos mañana".

El intruso recogió la mayor parte del dinero y se dispuso a salir. "Conviene agradecer cuando se recibe un regalo..."

Fíjense en la compasión del hombre. No califica el acto de robo. "Conviene agradecer cuando se recibe un regalo". Allí hay transformación; su visión es completamente diferente. No desea que el hombre se sienta culpable; su compasión es enorme. De lo contrario, comenzaría a sentirse culpable después. No podía ser de otra manera: robarle a un pobre monje, a un pobre mendigo que no tenía mayor cosa; robarle a un hombre que estaba tan dispuesto a dar, cuya aceptación fue total. Ese hombre se arrepentirá, se sentirá culpable. No podrá dormir al regresar a su casa y tendría que regresar a la mañana siguiente para buscar el perdón.

Pero eso no estaría bien. El Zen no busca crear culpa de manera alguna. De eso se trata el Zen: una religión en la cual no existe la culpabilidad. Es muy fácil crear una religión a partir de la culpa, como lo han hecho otras. Pero al crear la culpa se crea un mal mucho peor que el que se pretendía curar. El Zen no crea culpabilidad, y se cuida de no engendrar culpa en ninguna persona.

El monje dice: "Agradece cuando recibas un regalo. Este es un regalo. ¿No comprendes? Te lo estoy regalando, no me lo estás robando". ¡Cuán grande es la diferencia!

El Zen dice: da lo que tengas antes de que te lo arrebaten. Y ésa debe ser la visión para la vida. Antes de que llegue la muerte, denlo todo para que la muerte no se sienta culpable. Entréguenle su vida a la muerte como un regalo. Esa es la renunciación Zen. Es completamente diferente de la renuncia de los hindúes o de los católicos, quienes dan para recibir. El Zen da para no crear culpa alguna en el mundo, para no dejar culpas.

El hombre le dio las gracias y se marchó.

Varios días después atraparon al hombre, que confesó, entre otros, el delito cometido contra Shichiri. Cuando convocaron a Shichiri para que sirviera de testigo, su respuesta fue: "En lo que a mí concierne, este hombre no es un ladrón. Yo le di el dinero, y él me lo agradeció".

¿Comprenden? ¡Qué respetuoso! ¡Qué inmenso respeto! ¡Qué incondicional respeto por un hombre, por un ladrón!

Si Shichiri hubiera sido un santo cristiano, habría amenazado al hombre con el infierno por toda la eternidad. Si hubiera sido un santo hindú, lo habría agobiado con un sermón interminable sobre la necesidad de no robar y lo habría asustado con la perspectiva del fuego del infierno. Le habría pintado un panorama espantoso del infierno y le habría dado un sermón sobre la inutilidad del dinero.

Veamos: el maestro Zen no dice nada sobre la inutilidad del dinero, pero en cambio le dice: "Déjame un poco de dinero, pues lo necesitaré mañana". El dinero tiene un propósito. No es necesario obsesionarse con él, en un sentido u otro. El dinero tiene una utilidad. No es necesario vivir solamente para el dinero, y tampoco es necesario oponerse a él; es sencillamente un medio. Esa es mi actitud frente al dinero: es algo que debemos utilizar como un instrumento cualquiera.

En el mundo de la religión el dinero es fuertemente condenado. Las personas religiosas le temen al dinero. Ese miedo no es otra cosa que la codicia que habita en ellas. Es la misma codicia que se convierte en miedo. Si uno se aproxima a un santo hindú con dinero en la mano, su reacción es cerrar los ojos y apartar la mirada. ¿Tanto miedo causa el dinero? ¿Por qué cerrar los ojos? Ese santo insistirá en decir que el dinero es sucio, si bien no reaccionaría de la misma manera a la vista de la suciedad. Es una actitud muy ilógica. En efecto, si el dinero es sucio, tendría que mantener los ojos cerrados las veinticuatro horas para no ver la suciedad que hay por todas partes. ¿Es sucio el dinero? ¿Por qué temerle a la suciedad? ¿En qué consiste ese miedo?

El Zen tiene un enfoque completamente diferente y esencial. Para el maestro, el dinero no es sucio, y tampoco hay que perseguir el dinero de los demás. ¿Qué tiene que ver con los demás? El dinero no es de nadie. Decirle a alguien que es un ladrón es creer en la propiedad privada. Es creer que una persona puede tener dinero bien habido y otra dinero mal habido; que la una tiene derecho de poseerlo mientras que la otra no.

El robo se condena a causa de la mentalidad capitalista que reina en el mundo. El pensamiento capitalista considera que el dinero le pertenece a alguien, que hay dueños con derechos y nadie puede arrebatarles esos derechos.

Pero el Zen dice que nada le pertenece a nadie, y que no hay dueños con derechos. ¿Cómo podemos ser dueños de este mundo? Llegamos a él con las manos vacías y lo abandonamos igualmente desposeídos. No hay forma de adueñarnos de él, solamente podemos utilizarlo. Y todos estamos aquí para utilizarlo. Ese es el mensaje: "Llévate el dinero, pero déjame un poco, pues, como tú, estoy aquí para utilizarlo".

¡Cuán práctica y empírica esa actitud! ¡Cuán libre de las ataduras del dinero! Y ante el tribunal dijo: "Este hombre no es ladrón...". Con ello convirtió al ladrón en amigo. "[...] al menos en lo que a mí concierne. No sé en cuanto a los demás. ¿Cómo podría hablar por los demás? Lo único que sé es que le entregué el dinero y él me lo agradeció. Eso es todo, cuenta cerrada. No me debe nada. Me lo agradeció, ¿qué más podría exigirle que hiciera?".

Lo mínimo que debemos hacer es dar gracias. Podemos agradecer a la existencia por lo que nos ha dado. ¿Qué más podríamos hacer?

Cuando pagó su condena, el hombre fue en busca de Shichiri y se convirtió en su discípulo.

¿Qué más podría hacer uno con un hombre como Shichiri? No hay otra alternativa que convertirse en su discípulo. Convirtió a un ladrón en un sannyasin. He ahí la alquimia del maestro, quien no deja pasar jamás una oportunidad. Aprovecha todas las oportunidades que se le presentan, y hasta un ladrón que se aproxima al maestro termina siendo un sannyasin.

Entrar en contacto con un maestro equivale a una transformación. Podemos haber llegado a él por otro motivo, quizás ni siquiera con la idea de acercarnos (el ladrón no había ido allí en busca del maestro). En efecto, de haber sabido que en esa choza habitaba un maestro, ni siquiera habría osado entrar. Su único objetivo era el dinero y tropezó con el maestro por accidente.

Así, aunque sea por accidente que ustedes tropiecen con el Buda, su transformación será total. No serán nunca más la misma persona.

Muchos de ustedes están aquí por accidente. No me buscaban. Han llegado hasta aquí por mil y un accidentes de la vida, pero cada vez les es más difícil irse.

Un maestro no predica, jamás dice lo que debe hacerse. Bodhidharma dice: "El Zen no tiene nada que decir pero sí mucho que mostrar". Este maestro le mostró un camino a ese ladrón. Lo transformó con la destreza de un cirujano excepcional. Le operó el corazón sin hacer el más mínimo ruido; destruyó al hombre por completo para luego crearlo nuevamente, y el hombre ni siquiera se percató de lo que había sucedido. He ahí el milagro del maestro.

Uno de los sutras del Zen dice así: "El hombre esclarecido no rechaza el error". Cuando conocí ese sutra, mi corazón saltó de alegría. Reciten este sutra en lo más hondo de sus corazones: el hombre esclarecido no rechaza el error.

Y otro maestro, Ohasama, refiriéndose a ese mismo sutra, comentó: "No hace falta buscar primero la verdad, porque ella está presente en todo, hasta en el error. Por tanto, quien rechaza el error rechaza la verdad".

¡Los maestros Zen son personas verdaderamente incomparables! Quien rechaza el error rechaza la verdad. ¿Reconocen la belleza de esa afirmación? ¿Ven cuán radical y revolucionaria es? Shichiri no rechazó al hombre por considerarlo ladrón; no rechazó al hombre a causa de su error, porque detrás de ese error hay una existencia divina, un dios. Rechazar el error es rechazar también a dios. Rechazar el error es rechazar la verdad que se oculta tras él.

Aceptar el error para aceptar la verdad. Una vez que emerge la verdad y se acepta, el error se disipa espontáneamente. Lo que quiere decir esto es que no hay que luchar contra la oscuridad; basta con encender una vela. El maestro encendió una vela en el interior del hombre.

Hay otra historia exactamente igual pero todavía más representativa del Zen, una historia prácticamente idéntica sobre otro maestro, pero más Zen todavía.

> *A la media noche, mientras el maestro Taigan escribía una carta, penetró en su estancia un ladrón armado con una espada desenfundada. Mirándolo, el maestro dijo: "¿Cuál de las dos quieres, la bolsa o la vida?"*

Esta historia es más Zen, pues no le da al ladrón la oportunidad de decir nada. Shichiri al menos le dio la oportunidad porque el ladrón fue quién habló: *un ladrón armado con una espada afilada penetró en la habitación de Shichiri exigiendo la bolsa o la vida.* Taigan mejoró la historia. Quizás vino después y ya conocía la historia de Shichiri. No le brinda mayor oportunidad al ladrón sino que sencillamente le dice: "¿Cuál de las dos quieres, la bolsa o la vida? Para mí es irrelevante. Lo que sea que necesites puedes tomarlo. Tú eliges".

"Vengo por el dinero", dijo el ladrón, un tanto intimidado.

Este hombre (nunca antes había encontrado a un ser de la talla de este dragón) le dijo: "¿Qué deseas, mi bolsa o mi vida?". Estaba tan dispuesto a dar. "Tú eliges". Sin reproche ni nada por el estilo. Aunque el ladrón le hubiese pedido la vida, Taigan se la habría entregado. Es mejor dar todo aquello que está ahí para tomarse. Tarde o temprano, hasta la vida misma desaparecerá, entonces, ¿para qué preocuparse? Si la muerte es inexorable, ¿por qué no conceder al ladrón un instante de placer?

"Vengo por dinero", replicó el ladrón, un tanto intimidado.

El maestro sacó su bolsa y se la entregó al hombre diciéndole: "Aquí la tienes", y continuó escribiendo su carta como si nada.

El ladrón comenzó a sentirse incómodo y abandonó la estancia, sobrecogido.

"¡Oye! ¡Espera un momento!", exclamó el maestro. El ladrón regresó temblando. "¿Por qué no cierras la puerta?", dijo el maestro.

Días después, al ser capturado por la policía, el ladrón dijo, "He robado durante años pero nunca me sentí tan aterrorizado como cuando ese maestro budista exclamó: '¡Oye! ¡Espera un momento!' Todavía me estremezco".

"Ese hombre es muy peligroso, y no he podido sacarlo de mi mente. El día que salga de la prisión lo buscaré. Jamás había conocido a nadie como él. ¡Qué calidad! Yo sostenía la espada desenvainada, pero eso no es nada. Él es la verdadera espada desenvainada".

Bastaron las palabras: "¡Oye! ¡Espera un momento!" para que el ladrón dijera: "Todavía me estremezco".

Quien se acerca a un maestro se enfrenta a la muerte. ¿Cómo matar a un maestro? Aunque lleven una espada desnuda, es imposible matar a un maestro.

Es el maestro quien mata. Y lo hace de una manera tan sutil que es imposible percatarse de haber muerto. Es algo que se reconoce solamente en el momento de renacer. Un buen día la persona reconoce que ya no es la misma. Un buen día, la persona de antes se ha marchado. Un buen día se siente renovada... las aves cantan y la persona florece. El río estancado comienza a fluir nuevamente, a correr hacia el océano.

Otra historia:

"Un maestro Zen había sido encarcelado varias veces"...

Ahora estamos un paso más allá. Estas personas Zen son realmente excéntricas, desquiciadas... pero hacen cosas maravillosas.

"Un maestro Zen había sido encarcelado varias veces"... Una cosa es perdonar a un ladrón, una cosa es no pensar que sea malo, pero otra muy distinta es irse uno mismo a la cárcel. Y no solamente una vez, sino muchas, por robarles baratijas a los vecinos. Los vecinos sabían lo que sucedía pero no comprendían. ¿Por qué roba este hombre? ¿Y por qué roba baratijas? Tan pronto como salía de la cárcel, robaba de nuevo y terminaba preso nuevamente. Hasta los jueces estaban desconcertados. Pero su deber era encarcelarlo porque siempre confesaba. Jamás negaba sus actos.

Finalmente, los vecinos se reunieron y le dijeron: "Señor, no robe más. Usted está envejeciendo y todos estamos dispuestos a velar por sus necesidades, cualesquiera que sean. ¡Deje de hacer eso! Estamos muy preocupados y además muy tristes. ¿Por qué insiste en hacer eso?

Entonces el anciano rió y respondió: "Robo para poder estar con los presos y llevarles el mensaje interior. ¿Quién podrá ayudarlos? Aquí afuera, ustedes, prisioneros, tienen muchos maestros. Pero en la cárcel no hay maestro. Díganme, ¿quién podrá ayudarlos? Esta es mi forma de entrar para ayudarlos. Así, cuando termina mi castigo y soy liberado me veo en la necesidad de robar algo para volver. Y así continuaré. He encontrado allí unas almas tan hermosas, tan inocentes... a veces mucho más inocentes...".

Una vez nombraron a uno de mis amigos gobernador de un estado de India, y él me permitió visitar todas las cárceles de ese estado. Las estuve visitando durante años, y quedé muy sorprendido de ver que los presos son mucho más inocentes que los políticos, que los ricos y los llamados santos.

Conozco a casi todos los santos de la India. Son más astutos. He descubierto que las almas de los delincuentes son tan inocentes...

Comprendo perfectamente esa idea del anciano maestro Zen de robar y dejarse atrapar para llevarles el mensaje: *"Robo para poder estar con los presos y llevarles el mensaje interior".*

En el Zen no hay un sistema de valores. El Zen trae solamente una cosa al mundo: comprensión, atención. Con la atención viene la inocencia. Y la inocencia es inocente con respecto a lo bueno y a lo malo. La inocencia es solamente eso, y no conoce distinciones.

La última historia es sobre Ryokan, a quien le encantaban los niños. Como era de esperarse de un personaje como él, era también como un niño. Era el niño del que hablaba Jesús. Tan grande era su inocencia que parecía inverosímil. No era suspicaz ni astuto. Era tan inocente que la gente lo creía algo loco.

Le agradaba jugar con los niños. Jugaba a las escondidas, jugaba tamari y también balonmano. Una tarde era su turno de esconderse y se ocultó debajo de una pila de heno en el potrero. Como oscurecía, los niños no pudieron encontrarlo y lo dejaron abandonado allí.

A la mañana siguiente, cuando el campesino salió a trabajar tuvo que mover la pila de heno. Al encontrar a Ryokan exclamó: "¡Ay, Ryokan-sama! ¿Qué haces aquí?"

El maestro respondió: "Silencio, no hables tan fuerte o los niños me encontrarán".

¡Permaneció toda la noche debajo de la pila de heno esperando que lo encontraran! Tal inocencia es Zen, y tal inocencia es divina. No distingue entre el bien y el mal, no distingue entre este mundo y el otro, no conoce diferencias entre esto o aquello. Esa inocencia es ser como se es.

Y ese ser como se es constituye la médula misma de la religiosidad.

DOS

EN MANOS DEL DESTINO

Un gran guerrero japonés, llamado Nobunaga, decidió atacar al enemigo pese a contar apenas con una décima parte de las fuerzas de su oponente. Aunque estaba convencido de que vencería, sus soldados dudaban.

Por el camino se detuvo en un templo sintoísta y les dijo a sus hombres: "Después de salir del templo lanzaré una moneda al aire. Si cae cara ganaremos; si cae sello perderemos. Estamos en manos del destino".

Nobunaga entró al templo y oró en silencio. Al salir lanzó la moneda y cayó cara. Tan grande era el deseo de luchar de sus soldados que ganaron la batalla fácilmente.

"Nadie puede cambiar el destino", le dijo su asistente después de la batalla.

"Por supuesto que no", dijo Nobunaga, mostrándole una moneda arreglada con caras en ambos lados.

Este es uno de los pilares básicos del Zen: que todo es una construcción de la mente, que todo lo que conocemos no es otra cosa que una proyección de la mente, que la llamada "realidad" en verdad no es real. Parece real porque así lo creemos: la realidad emana de lo que creemos. La fuente de todas las realidades no es otra cosa que nuestra creencia. Las cosas son como creemos que son. Si no creemos, dejan de ser.

El Zen dice que la mente y el mundo son ilusión. Todo es un juego de la mente. Recuerden eso: el Zen dice que *todo* es un juego de la mente, sin excepciones. Hasta su Dios es el máximo juego de la mente. Es ahí donde el Zen es superior a las demás religiones.

Hay otras religiones que dicen que el mundo es un juego de la mente, pero no que la libertad última también es un juego de la mente. Otras religiones dicen que el mundo material, el mundo del dinero, el poder y el prestigio, son un juego de la mente, pero no dicen que Dios, el cielo y la virtud también son juegos de la mente. De ahí que el Zen sea la culminación de todas las religiones. Dice que todo es un juego de la mente. "Todo" es *todo*; es lo que afirma y sostiene el Zen. La mente incluye todo aquello que podemos conocer, todo aquello que podemos experimentar, todo aquello que es posible.

Entonces, ¿hay alguna forma de conocer esa realidad que no sea un juego de la mente? Sí la hay, y consiste en abandonar la mente. La realidad se manifiesta cuando se abandona la mente. Si la mente persiste, continúa creando su propia realidad. Y la realidad que se manifiesta cuando se abandona la mente no se puede expresar a través de ella.

Esa es la razón por la cual el Zen guarda absoluto silencio con respecto a Dios. No es que Dios no sea, sino que el Dios sobre el cual hablamos es un juego de la mente, es nuestra propia proyección. Meera proyecta a Krishna, Teresa proyecta a Cristo, Ramakrishna proyecta a la madre Kali y todos ellos no son más que proyecciones. Claro está que son proyecciones hermosas, (es hermoso el sueño de Meera cuando ve a Krishna tocando su flauta), pero el Zen dice que *es* un sueño, que *es* imaginación. Es posible incorporar tantas cosas en él que llega el momento en que se torna más real que nosotros mismos, pero es una realidad creada, inventada por nosotros mismos.

Meera no verá a Cristo porque no es su objetivo. Teresa no verá a Krishna porque no es su objetivo. Un cristiano continúa viendo a Cristo y un budista continúa viendo a Buda. Vemos aquello en lo cual creemos. Si creemos con suficiente intensidad en algo, lo hacemos real. Pero esa realidad es apenas relativa; es una realidad inventada y no hay mayor diferencia entre ella y un sueño.

Todas las noches, mientras soñamos, inventamos una realidad que nos parece auténticamente real, pero al despertar descubrimos que era falsa. Hemos descubierto millones de veces que es falsa y, aún así, esta noche, mientras soñemos, creeremos que es real. La mente jugará su juego nuevamente.

Incluso los sueños absurdos parecen reales siendo que son imposibles. Una roca que se convierte en perro, un perro que habla... pero en el sueño es real. ¿Dónde está la lógica? ¿Dónde queda la razón? ¿Adónde se han ido todas las experiencias del pasado? Nos engañamos nuevamente.

El Zen dice que lo mismo sucede durante el estado de vigilia. La supuesta vigilia no es atención, así que sucede de nuevo. Vemos a una mujer y decimos que es bella, pero quizás sólo estemos proyectando la belleza. Quizás estemos viendo cosas que no están allí. Eso es lo que dice Buda, porque, ¿cómo puede haber belleza en un cuerpo?, ¿cómo puede haber belleza en un montón de huesos, carne y sangre? Allí se alojan toda clase de enfermedades. La muerte crece allí y, no obstante, vemos belleza. Creemos. Cuando creemos formamos una realidad; cuando la creencia desaparece, toda belleza desaparece también.

Observen. Ustedes crean constantemente su propio mundo y todos vivimos en mundos diferentes porque vivimos sueños diferentes y vivimos en mundos diferentes porque vivimos conforme a credos diferentes. El credo del hindú es diferente y su realidad se manifiesta de otra forma. Un musulmán tiene un credo diferente y así se manifiesta su realidad. Lo que es real para un hindú es absurdo para un musulmán, y lo que es real para el musulmán es absurdo para el hindú. Pueden ser vecinos y amigos, pero pertenecen a sistemas de creencias diferentes.

Entonces, ¿hay acaso una forma de saber cuál es la realidad? Sí la hay. El Zen dice que es preciso abandonar todos los credos. En eso insiste Krishnamurti una y otra vez: abandonen todos sus sistemas de creencias y entonces comprenderán. Pero no hay forma de expresar en palabras esa comprensión porque el conocedor y lo conocido ya no estarán separados. En ese lugar, el experimentador y lo experimentado son uno mismo.

Por consiguiente, para el Zen la iluminación no es una experiencia. La devoción no es una experiencia, la máxima realización no es una experiencia, porque las experiencias ocurren en la mente, y esas cosas suceden más allá de la mente. Si fueran experiencias volverían a ser parte de un sistema de creencias.

Al escucharme ustedes podrán comenzar a tener experiencias de *satori*. Escuchándome continuamente podrán crear un sistema de creencias, un fuerte sistema de proyección. Si escuchan y meditan todos los días, a fuerza de escuchar y meditar se forma una repetición continua en la mente; se crea una huella, una hendidura, cada vez más profunda. Un buen día experimentan *satori*. Pero es una experiencia, no el *satori* real. Si lo experimentan, si pueden verlo suceder, no es *satori*, porque la separación persistirá. Siempre que hay una separación con respecto a la experiencia, la mente está de por medio.

Entonces Dios no puede ser una experiencia, como tampoco pueden serlo la iluminación y la verdad. La mente desaparece, toda experiencia desaparece. Súbitamente está allí la realidad, pero ya no estarán separados de ella para *conocerla*.

La siguiente es una bella parábola, pero antes de profundizar en ella deben comprender varias cosas.

El maestro Takan se hallaba en su lecho de muerte. Era un gran maestro Zen, amado por sus discípulos, y ellos le solicitaron que escribiera un poema de muerte. La tradición Zen dice que cada vez que muere un maestro, con su último aliento pronuncia un poema. Es hermoso, muy diciente. La muerte debe ser poesía, celebración y canto. Y cuando el maestro se despide de todas las personas que lo han rodeado y han trabajado y crecido a su lado, les deja a todos esos hijos su último legado en un canto. Pueden ser dos o cuatro versos, quizás un corto *haiku*, pero es su regalo. Por eso escriben poemas de muerte. Y cuando los discípulos ven que el maestro está a punto de abandonarlos le dicen: "Déjanos una canción".

La muerte debe suceder con una canción en lugar de ser un asunto triste. Debe ser un momento de alegría. Los maestros han entonado canciones maravillosas, canciones espontáneas, porque el maestro quizá no sea poeta y quizá jamás haya escrito un verso. Pero ante el fenómeno extraordinario que es la muerte, todo el mundo se convierte en poeta. Cuando uno está alerta, es una experiencia maravillosa. Atravesar la muerte es entregarse a una relajación total; entrar en la muerte es entrar en un estado de ausencia total de tensión. Todo se suelta, todo se abandona. Se está listo para el viaje y la barca espera en la orilla... y todo alrededor está impregnado de lo desconocido, de lo misterioso. Hasta una persona que jamás ha escrito un verso pronunciará uno.

Entonces le pidieron a maestro Takan que escribiera un poema de muerte, pero él se rehusó. Los discípulos insistieron y entonces dibujó el carácter "yume" que significa "sueño", y expiró.

Son muchos los poemas de muerte que se han escrito, pero ninguno se le compara al del maestro Takan: yume – sueño. Tanto la vida como la muerte son sueños: ése fue su último veredicto. Es absolutamente definitivo. Eso es lo que siempre han dicho los

místicos hindúes: es *maya*. No existe, solamente está ahí porque
así lo deseamos. La mente es inmensamente creativa; la mente es
la verdadera creadora. Continúa creando todo aquello que deseamos y pone todo a nuestra disposición. Basta con soñar para que
la realidad comience a cambiar a nuestro alrededor. Pero no es más
que un sueño. La vida es sueño, la muerte es sueño, Dios es sueño.
Todo es sueño. Solamente hay una cosa que no es sueño y es la
conciencia sobre la cual sucede el sueño, a la cual le sucede el sueño.

Cuando vamos a cine vemos un sueño proyectado en la pantalla.
En la pantalla no hay nada, está vacía, salvo por la luz y la sombra.
Pero nos interesamos por la película, nos metemos en ella. Unas
veces lloramos y otras sentimos que el corazón se nos sale del pecho.
A veces reímos, a veces nos tensionamos, y otras veces nos relaja-
mos. Seguimos el ritmo de la trama, nos convertimos en parte de
la historia, pero sabemos tácitamente que todo es un sueño. Pero,
aún así, olvidamos constantemente. En efecto, decimos que la película es la mejor que hemos visto cuando olvidamos que es sólo
una película. La mejor película es aquella que nos absorbe hasta el
punto de no permitirnos recordar que no es real. El mejor narra-
dor de cuentos es aquel que le imprime vida a la historia y nos hace
sentir parte de ella.

La película nos conmueve, agita nuestras emociones, nos hace
sentir parte de ella. Lloramos, reímos, nos sentimos afectados y la
película deja de ser irreal porque, de lo contrario, no podríamos
sentirnos afectados. Si fuera irreal no lloraríamos. Olvidamos la
verdad: que no es más que una proyección.

Esa forma de olvido es la que llamamos vida. Pagamos por ver
la película, para ver lo irreal convertido en realidad. Y hay quienes
pagan incluso para ver tragedias e historias horrendas que no son
otra cosa que una tortura. Pagan por ver y salen afectados. Viven
un verdadero infierno durante tres horas, y dicen que la trama era
hermosa y tremendamente real. La película cobra vida en la misma

proporción en que afecta a la persona. Si no hay efecto alguno, continúa siendo irreal.

¿Qué sucede cuando nos sentimos afectados? Dejamos de ser espectadores para convertirnos en parte de la película. Las personas comienzan a identificarse con los actores. La próxima vez que vayan a cine, observen con quién se han identificado, seguramente lo han hecho. Hacen suyos los éxitos y los fracasos del personaje. El amor y la tragedia son suyos. Cuando el personaje ríe, ustedes también; se identifican con una parte de la película, y ella se convierte en su propia historia. Por unos momentos abandonan su vida y se convierten en parte de la vida de esos desconocidos que se mueven en la pantalla.

Al cabo de las tres horas, durante el camino a casa, súbitamente recuerdan que no era más que ficción y que no hay nada de qué preocuparse. No tendrán que cargar con la preocupación ni desvelarse. Podrán reír de nuevo porque han abandonado la situación. Pero durante esas tres horas no solamente estuvieron en la sala de cine sino dentro de la película. Se volvieron parte de ella, dejaron de ser espectadores para convertirse en protagonistas.

La próxima vez, observen. Si se mantienen como espectadores, no se sentirán afectados porque, como tales, sabrán que es sólo una película y nada más. No estará sucediendo nada realmente. Tan pronto como se metan en la película, ésta dejará de ser mera nada. En ese momento perderán la atención y el sueño se convertirá en realidad. Cuando recuperen la atención, el sueño se tornará en sueño.

Entonces la pregunta es, ¿qué hacen en el mundo? ¿Son protagonistas u observadores? Si son protagonistas han dejado de ser reales y el mundo se ha convertido en realidad. Son ustedes quienes ponen su realidad en el mundo para que él se torne real. Todo depende de ustedes: pueden desmentir esa realidad; una vez que la desmientan podrán prestar atención y el mundo comenzará a tornarse irreal. La realidad del mundo depende de la medida en la que se es protagonista o mero observador. Basta con esos breves instantes de simple observación para reconocer que los hindúes tienen razón cuando dicen que el mundo es *maya* o ilusión. Takan tiene razón cuando dice que todo es un sueño, que la vida y la muerte son un sueño. Su última afirmación debe también ser la primera. He ahí todo el asunto.

Pero hemos invertido mucho en nuestros credos. Seguramente todos reconocen que cuando no somos protagonistas prestamos atención. Es gracioso ver a una persona enamorada. Todos los enamorados se ven ridículos a los ojos de quienes no lo están; todos parecen necios, estúpidos y locos. La persona enamorada no está alerta a lo que hace, y es por eso que decimos que el amor es ciego; y así lo vemos quienes no participamos en la historia de amor. Pero para quien participa no es un sueño sino la única realidad que existe. Todas las demás realidades desaparecen y solamente una permanece.

Cuando dos amantes caminan de la mano no ven el mundo que nosotros vemos. Tienen su propio mundo privado. Es por eso que las otras personan condenan a los enamorados, porque no viven en el mundo común sino en su propio mundo privado. Tienen también un lenguaje privado. Se sienten plenos; juntos están completos. No les importaría en lo absoluto si el mundo entero desapareciera. En efecto, el mundo parece más un obstáculo. Los amantes desean estar solos sin que nadie los moleste. Se mueven en una realidad diferente.

Cuando el amor desaparece, los mismos enamorados se burlan de su propio pasado: "¡Qué tontos fuimos!" Eso mismo dicen todos los viejos: "¡Cuán necios fuimos cuando éramos jóvenes!" Pero eso no necesariamente quiere decir que han adquirido sabiduría. Si por obra de algún milagro pudieran ser jóvenes nuevamente, serían tan necios como en ese entonces.

En efecto, los viejos comienzan a acudir al templo o a la mezquita o a la iglesia porque han comenzado a vivir otro sueño, el sueño de la religiosidad. Ahora hablan con Krishna mientras que antes

hablaban con su amada aunque ella se encontrara a miles de kilómetros de distancia; hablaban con ella y su imagen no se apartaba
de su mente. Ahora piensan en Krishna, Cristo, Dios, y les hablan y
oran. Han entrado de nuevo en un sueño.

Es fácil salir de un sueño y entrar en otro, pero es muy difícil
abandonar todos los sueños. De eso trata el Zen, el cual afirma que
es insensato cambiar un sueño por otro puesto que el problema
de base no desaparece. Si continuamos creando sueños y soñamos
intensamente, con confianza, sin dudas ni sospechas, podemos
transformar todos los pensamientos en cosas.

Así dice la Biblia: "Como el hombre piensa, así será". Sí, creamos
nuestro mundo, y también nos creamos a nosotros mismos. Los
pensamientos se convierten en cosas. Cuando creemos profundamente, transformamos nuestros pensamientos en cosas, de tal
manera que una cosa no es más que un pensamiento condensado.
Todas las realidades de la vida nacen de un pensamiento.

Fíjense: el avión fue alguna vez un pensamiento en la mente de
alguien. Quizás el pensamiento permaneció y persistió en muchas
mentes. Tardó miles de años en convertirse en realidad, pero eso no
es lo que importa. El hombre siempre deseó volar y la idea persistió y persistió. Un día, la idea se hizo realidad: los hermanos Wrigth
lograron poner un aeroplano en el aire. El sueño se hizo realidad.

Los descubrimientos científicos no son otra cosa que sueños
con los cuales ha soñado constantemente la humanidad. Si insistimos en entrar una y otra vez en un sueño, si ponemos en él nuestra energía e invertimos nuestra vida en él, con el tiempo se hará
realidad. No hay posibilidad de que se nos escape; lo único que se
necesita es persistir.

Eso es lo que dice la física moderna, aunque desde un ángulo
muy diferente. Albert Einstein introdujo inadvertidamente el Zen
en la física moderna, pues no olvidemos que la física moderna dice
que la materia y la energía se transforman, además los psicólogos

siempre han afirmado que los pensamientos se pueden convertir en cosas y que todas las cosas fueron apenas pensamientos alguna vez. Un pensamiento condensado se materializa. Ahora la física moderna dice que la energía y la materia se transforman; es decir, un pensamiento es energía y una cosa es materia. La fórmula de Einstein de $E = mc^2$ es de gran importancia. Nada de lo que llamamos material es material sino un pensamiento como cualquier otro.

Se dice que Eddington afirmó lo siguiente: "Mientras más observo la realidad, más siento que parece un pensamiento en lugar de una cosa".

Ahora en los círculos científicos se habla mucho acerca de realidades alternas. La geometría euclidiana da lugar a un tipo de realidad, mientras que la geometría no euclidiana da origen a un tipo de realidad totalmente opuesto. Ahora se habla de muchos tipos de matemáticas y también de muchos tipos de sistemas lógicos. Y todo depende. Si creemos en una lógica, ésa es la clase de realidad que encontraremos. Si no creemos en ella, jamás la encontraremos porque nunca penetraremos en esa dimensión.

Así, la realidad no es una sola, no vivimos en un universo sino en un multiverso. Sucede todos los días, y sólo basta observar para verlo a diario.

Los niños viven en un mundo diferente porque para ellos todavía no ha cobrado forma la separación entre el sueño y la realidad. Quizás sea por eso que todos recordamos la niñez con nostalgia, como algo hermoso, increíble y maravilloso. ¿En qué radicaba esa maravilla? Pues en que no había diferencia entre la realidad y el sueño: podíamos pasar fácilmente de un sueño a otro; era fácil salir de un sueño y sumergirnos en otro. No había barreras.

Cuando niños no teníamos problemas porque no teníamos creencias fijas. Las creencias eran fluidas y ninguna creencia se había afianzado ni se había convertido en un fenómeno concreto. *Todo* era fluido, y así era nuestra atención misma.

Los hombres viven una realidad diferente de la de las mujeres porque viven de acuerdo con un sistema de pensamiento y de creencias diferente. El hombre cree en un sistema agresivo y la mujer cree en un sistema receptivo. Muy en el fondo, todo lo que hacen, todo lo que piensan y todo aquello en lo que creen es muy diferente.

Cuando un hombre piensa en una mujer piensa en el amor, nunca en el matrimonio. Cuando una mujer piensa en un hombre, piensa en el matrimonio (el amor es secundario, la seguridad es primordial). Vive en un mundo difer[...] el futuro las cosas sean diferentes, pero an[...]jer solamente pensaba en cómo encontrar s[...] es frágil, suave, débil, temerosa, pero el mund[...] sido creado por el hombre y ella se siente como [...] él y necesita encontrar seguridad. Por tanto, cu[...]ora, lo primero en lo que piensa es en cómo logra[...]d. No quisiera hacer el amor con un hombre a men[...]nto del matrimonio esté arreglado. El matrimonio es l[...], después podrá venir todo lo demás.

Al hombre le interesa[...] mucho menos el matrimonio. En realidad no le interesa p[...]ada. Si acepta, es a regañadientes, porque el matrimonio implica responsabilidad. El matrimonio significa servidumbre, cautiverio, perder la libertad de compartir con otras mujeres. Para el hombre, el matrimonio se asemeja a una cárcel; para la mujer, el matrimonio implica seguridad y tranquilidad, un hogar. Mientras para la mujer es hogar, para el hombre es esclavitud. Puesto que sus creencias son completamente diferentes y contrarias, los dos actúan de manera muy distinta.

El joven ve el mundo de manera diferente a como lo ve un viejo. Para el joven no existe la muerte. La sombra de la muerte no ha opacado aún su sistema de creencias y vive como si fuera a vivir para siempre. Es ambicioso, desea hacer cosas y comunicarle al mundo entero su existencia.

Un niño le decía a su madre: "El mundo ha cambiado mucho". La madre se sorprendió con esa afirmación puesto que el niño tenía apenas cinco años. ¿Qué mundo había visto como para decir que había cambiado mucho? Entonces inquirió: "¿Qué quieres decir con eso de que el mundo ha cambiado mucho? No he visto muchos cambios desde que naciste. Cinco años no es mucho. ¿Y cómo puedes saberlo? No has vivido lo suficiente".

A lo cual el niño replicó: "Sí, el mundo ha cambiado mucho. Ahora estoy en él". Ciertamente, el mundo no es el mismo, y todos los jóvenes desean demostrar de qué están hechos. La muerte no tiene importancia todavía porque la vida es todo.

Cuando el hombre envejece, ve cómo se aleja la vida. La muerte se convierte en una sombra persistente que todo lo envuelve. Entonces pierde la ambición; ya no desea demostrar nada. Ahora sabe que desaparecerá en cuestión de días, meses o años; sabe que el día de la partida se acerca. Ya no hay tiempo para demostrar nada, y sabe que, independientemente de lo que haga, no podrá demostrar nada y que a nadie le interesa.

Ha vivido la vida, y ahora la frustración se ha apoderado de él. Ya no tiene ambiciones ni está lleno de sueños. Su mirada, preñada de muerte, refleja miedo. Siente los pasos de la muerte en todas partes. Ya no puede correr; se cansa con sólo subir escaleras; le cuesta trabajo respirar. No puede disfrutar la comida que tanto le gustaba. No puede hacerle el amor a una mujer. Las cosas van desapareciendo una a una; muere lentamente. La muerte acecha y es preciso reconocerla. Ahora piensa en Dios y, por primera vez, los templos adquieren importancia. Había pasado por delante de esos templos antes, pero era como si no existieran. Había pasado cientos de veces por la calle sin ver el templo puesto que no era parte de su realidad. Nunca antes había oído las campanas porque su mente estaba llena de muchas otras cosas. El sonido del dinero era demasiado intenso, y la ambición, el ego, el deseo de ser poderoso ocupaban sus intereses. El templo todavía no cobraba forma para él, pues era un fenómeno distante y lejano que podía estar o no allí, pero en realidad no importaba.

Ahora el dinero y el poder súbitamente pierden su importancia. Ya el hombre no busca el poder y el prestigio, y de repente ve ante sí el templo de proporciones descomunales. La sala de cine desaparece, como lo hacen también las mujeres, el dinero, los amigos, el club... todo desaparece. Súbitamente allí está el templo, y es muy real. La muerte se ha convertido en parte de su sistema de creencias. Su realidad ha cambiado.

El Zen dice que es así como cambiamos constantemente un sistema de creencias por otro. Un pequeño cambio aquí y allá, aunque el sistema nos envuelve todavía.

¿Hay alguna forma de deshacerse de todos los sistemas de creencias? Sí la hay, y es solamente cuando los abandonamos todos que podemos saber lo que es real. Esa que llamamos realidad no lo es, porque es sólo relativa. Es imposible conocer la verdadera realidad por medio de los sistemas de creencias puesto que ellos la contaminan, la penetran y la modifican.

Debemos abordar la realidad totalmente desnudos, desprovistos de ropas, teorías y filosofías. Es por eso que el Zen se opone tanto a las escrituras y las teologías. Está en contra del pensamiento. No se aproximen con la mente a la realidad o de lo contrario verán algo que no existe realmente. Verán algo y, si en verdad lo desean, hasta encontrarán ese algo. Es así como sucede: encontramos aquello en lo que creemos. Somos creadores. La mente es creativa. ¡Cuidado con la mente!

Y esto no lo dice solamente la física moderna, sino que es la filosofía sobre la cual se ha apoyado la ciencia de la hipnosis desde tiempo atrás, desde Mesmer hasta Coue. Este es el fundamento de la hipnosis: aquello en lo que creemos se hará realidad. Coue solía decirles a sus pacientes: "Sencillamente piensen que están mejorando cada día y así será. Créanlo". Y si creemos de verdad, si realmente creemos sin abrigar dudas, las cosas sucederán. La enfermedad puede desaparecer, podemos hacerla desaparecer. Si creemos de verdad, la enfermedad desaparecerá. Si comenzamos a creer en la enfermedad, ésta no sólo permanecerá sino que empeorará.

De ahí la gran utilidad de la hipnosis, puesto que la vida de las personas transcurre en sus mentes. La hipnosis puede proporcionar mejores creencias; desde luego no puede proporcionar una realidad, pero puede ofrecer mejores creencias. Es mejor creer que estamos sanos y no enfermos, pues si nos creemos enfermos, enfermaremos.

La hipnosis es muy importante por dos motivos. Primero, puede ayudar a vivir en medio de un mejor sistema de creencias; segundo, puede hacernos tomar conciencia de que todo es un sistema de creencias: salud y enfermedad, fortaleza y debilidad, felicidad e infelicidad, cielo e infierno. Eso es algo que la hipnosis nos puede ayudar a reconocer. Así, por una parte, la hipnosis puede ayudar a vivir unos mejores sueños y, por otra, nos puede ayudar a darnos cuenta de que *todo* es un sueño. Entonces es posible pasar a un estado más elevado de hipnosis, el cual se convierte en la "deshipnosis". Pasar a ese estado significa abandonar la hipnosis. Conociéndola bien, es posible cambiar la creencia y, con ella, la realidad. Un buen día reconocemos que podemos abandonar todas las creencias y entonces todas las realidades relativas desaparecen.

La hipnosis no se ha resuelto a dar el paso final para llegar a la deshipnosis. En efecto, los hipnotistas piensas que deshipnotizar es algo que va contra su ciencia. Pero no es así. Es su máxima expresión: comenzar con la hipnosis para llegar a la deshipnosis.

El Zen es deshipnosis. Todas las demás religiones son hipnosis, son apenas el primer paso. El Zen es el fin último. Ninguna otra religión puede llenar al ser humano sino tan sólo proporcionarle un mejor sistema de creencias y brindarle mayor felicidad. Esto es algo que ustedes mismos pueden ver: Estados Unidos lo tiene todo y, no obstante, las personas no son felices. Tienen la hipnosis equivocada.

En India, la mayoría de las personas no tienen nada que las pueda hacer felices y, aún así, lo son. Tienen un mejor tipo de hipnosis. La diferencia está en la hipnosis. En Estados Unidos la gente lo tiene todo para ser feliz pero le falta una mejor hipnosis. En efecto, tienen la actitud equivocada. Tienen todo lo que necesitan en una sociedad rica y próspera a la cual la ciencia ha dotado de mil y un aparatos para facilitar la vida, pero la desdicha prevalece porque falta una cosa. La ciencia por sí sola no sirve de mucho a menos que cambie el sistema de creencias.

En India, un mendigo puede ser tan feliz como un emperador. No tiene nada que lo haga feliz, pero tiene una creencia hipnótica. Cree que es así como Dios ha hecho las cosas: "Así es como Dios quiere que yo sea y él sabe lo que hace. Este es mi destino". Se ha reconciliado con la situación. Piensa: "He creado un mal karma en el pasado y por eso ahora soy mendigo. Pero el mal karma acabó y en mi próxima vida seré emperador". ¡Eso es todo, así de simple! Lo único que necesita saber es que ahora no creará mal karma.

Además, el pasado, pasado es. No hay nada que hacer al respecto, de modo que ¿para qué sufrir innecesariamente? La infelicidad aparece cuando pensamos que podemos hacer algo al respecto, lo cual significa que rechazamos la realidad en lugar de aceptarla como es. En India las personas aceptan, viven reconciliadas con su destino y son felices. No tienen nada por lo cual ser felices, solamente una creencia, un sistema de creencias. Es un sistema mucho mejor que la forma de vida de los estadounidenses. La forma de vida de los estadounidenses emana de una hipnosis equivocada según la cual es imposible encontrar la felicidad. No es posible ser feliz cuando el vecino tiene un automóvil más grande. ¿Cómo ser feliz cuando el otro tiene una casa más grande? ¿Cómo ser feliz cuando el otro es el presidente? ¿Cómo ser feliz cuando el otro se casó con una mujer bonita? Nunca lo que se tiene es suficiente porque los otros tienen más vida, más alegría, más éxtasis. La comparación es la constante. En Oriente, todo lo que hemos recibido es un regalo de Dios. Era lo que él nos tenía deparado y lo recibimos con gratitud. No hay competencia, no hay comparación con los demás. Es simple aceptación. Este sistema de creencias da lugar a una mejor actitud.

La hipnosis sirve para tener una actitud más sana y positiva, y enseña a aficionarse a creencias positivas. Los seres humanos son adictos a las creencias negativas. Eso es lo que hacen otras religiones y es la mitad del trabajo. Es mejor tener una creencia positiva que una negativa. En lugar de crear desdicha por tener una creencia negativa, es mejor crear felicidad teniendo una creencia positiva.

Pero recuerden que el Zen dice que las dos son creencias. Tanto la desdicha como la felicidad son productos de la mente. No son reales, no son verdaderamente reales.

Hay un tercer estado del ser en el cual no hay creencias, ni positivas, ni negativas, ni de naturaleza alguna. Cuando se abandonan todas las creencias se puede ver la realidad. Es una realidad que no es ni desdichada ni feliz. La desdicha es producto de un cierto sistema de creencia mientras que la felicidad es producto de un sistema opuesto. Cuando se abandonan todos los sistemas de creencias se produce un estado puro de ser. No hay felicidad y tampoco hay desdicha. No hay cielo ni infierno.

El cielo y el infierno son creencias. Es bastante posible que las personas que creen haber pecado terminen en el infierno. Y la posibilidad existe porque la están creando. Al creer, crean. ¿No han observado que cuando se acuestan con temor, angustia y ansiedad en la mente, los sueños son pesadillas? Sueñan que los están torturando, que Hitler los ha condenado a estar en un campo de concentración y que sus hombres los torturan y los matan. Sueñan que los lanzan desde una montaña y que una roca cae sobre su pecho.

Es posible crear esos infiernos. Pero si se acuestan pensando cosas buenas, sus sueños serán apacibles.

Creamos nuestros sueños. El cielo y el infierno son fenómenos creados. La persona que se considera pecadora irá al infierno, mientras que aquella que se cree santa y que cree que nunca le ha hecho mal a nadie irá al cielo.

Pero el Zen dice que los dos son sistemas de creencias y, al ser producto de nuestra creación, los dos son irreales. Si debemos elegir entre dos irrealidades, es mejor elegir la positiva en lugar de la negativa. Ese es el primer paso de la hipnosis, pero la verdad es que ésta aún permanece estancada allí. La hipnosis necesita más luces y comprensión. Necesita un baño de Zen.

Si la hipnosis se empapara de Zen, reuniría el valor para dar el paso siguiente y llegar a la deshipnosis. Primero debe ayudar a las personas a cambiar sus sistemas de creencias, sacarlas del negativismo al positivismo, y una vez que las haya sacado del negativismo, debe también sacarlas de su positivismo.

Es más fácil salir de lo positivo que de lo negativo. Eso es algo que también deben comprender. Las personas se aferran con más fuerza a la desdicha. Han sido condicionadas durante tanto tiempo a ser desdichadas que se aferran más a su desdicha. Algo de razón hay en ello: el ego existe en medio de la desdicha, así que se aferran a él, pues en la desdicha tienen la oportunidad de *ser*. El ego se manifiesta con toda su fuerza cuando la persona cae presa de la desdicha. Cuando hay felicidad, el ego se tranquiliza.

La gente está más dispuesta a salir de su felicidad que de su desdicha. Aunque parezca raro, es lo que he observado tras trabajar con miles de personas. Una persona feliz está dispuesta a deshacerse de sus creencias fácilmente, mientras que eso es algo que la persona infeliz no puede hacer sin gran esfuerzo. Y es que no tiene nada más, solamente su desdicha, y entonces se aferra a ella. Piensa: "¿Qué me quedaría si renuncio a mi desdicha? ¡No tendré ni siquiera eso! Por lo menos la desdicha me es familiar y he vivido tanto tiempo con ella que ya somos amigos".

La persona feliz está dispuesta por muchas razones. La primera es que cree que siempre es posible alcanzar una mayor felicidad. La persona infeliz es incapaz de creer en eso. La persona infeliz piensa: "Si renuncio a mi desdicha, podré caer en un estado de desdicha todavía más profundo". La persona infeliz es muy negativa y pesimista. Sabe que la vida no proporciona felicidad, y por ello se aferra a su desdicha, cualquiera que ella sea, para no correr el riesgo de conocer una desdicha todavía mayor. Se ha acomodado a su vieja desdicha y no desea tener que acomodarse a una nueva.

Por su parte, la persona feliz es más optimista. Conoce la felicidad y confía en poder conseguir todavía más; puede lanzarse a la aventura, puede aventurarse más allá de lo conocido para ver si quizás hay un poco más de felicidad posible. "Quizás haya un estado de conciencia más elevado", piensa.

Por eso digo que cuando un país se encuentra sumido en una gran desdicha pierde el contacto con la religión, mientras que cuando una nación es feliz mantiene mayor contacto con ella. Las personas felices pueden tornarse religiosas con mayor facilidad que las infelices. Estas últimas se tornan comunistas o fascistas. Las personas felices pueden avanzar hacia estados superiores porque son más libres, ligeras y confiadas. Confían en la vida porque ya les ha dado algo y seguramente tiene más para darles.

En eso radica toda la ciencia de la hipnosis, en el hecho de que creamos nuestra vida de acuerdo con nuestro sistema de creencias. Por tanto, si desean conocer lo realmente real, deben abandonar completamente todas sus creencias, tanto las positivas como las negativas.

Continúen observando atentamente cómo ven las cosas. Cada mirada les mostrará algún tipo de creencia oculta tras ella. Cada mirada es la expresión de un sistema de creencias. Entonces observen.

Continúen observando silenciosamente la manera como su sistema de creencias se refleja en todo lo que ven, todo lo que interpretan y todo lo que dicen.

"El ave está en el ala", dijo el poeta. "Pero eso es absurdo", lo contradijo el intelectual, "el ala está en el ave".

Todo depende de cómo vean la vida. El poeta puede decir que el ave está en el ala, pero para el intelectual es absurdo porque tiene una forma diferente de ver las cosas. Para él, el ala está en el ave porque es más lógico, más real, más cercano a su realidad.

Cuando el gran maestro Zen Roshi Taji estaba en su lecho de muerte, sus discípulos mayores se congregaron a su lado.

Uno de ellos recordó que a Roshi le encantaba un cierto tipo de pastel y dedicó medio día a recorrer las pastelerías de Tokio buscándolo, a fin de ofrecérselo al maestro en ese momento final. Con una sonrisa lánguida, Roshi aceptó un trozo y comenzó a masticarlo lentamente. A medida que se iba debilitando, sus discípulos se fueron acercando y, finalmente, le preguntaron si tenía unas últimas palabras para ellos.

"Sí", respondió Roshi.

Los discípulos se inclinaron ansiosos sobre el lecho: "¡Por favor, dínoslas!". "¡Pero, caramba, este pastel está delicioso!", y, diciendo esas palabras, expiró.

Un maestro Zen no habla de Dios, no habla de la muerte, no habla del más allá. Habla sobre el momento inmediato. Estaba masticando un trozo de pastel, y esa era la realidad. En ese momento, eso era lo real. Lo inmediato es lo real. La respuesta es muy inesperada: "¡Pero, caramba, este pastel está delicioso!", muy presente. No pueden imaginar a Ramakrishna diciendo eso, ni a un cristiano o a un musulmán. Imposible. Solamente a un maestro Zen...

En ese momento, Dios es el sabor delicioso en su boca. Esa es la verdad en ese momento. No hay nada más que la verdad de ese momento. Ni siquiera en su lecho de muerte aplica un maestro Zen algún sistema de creencia; no trae la mente a la situación. Permanece fiel a lo que sea que es.

Toda nuestra vida es un sueño de millones de formas, nombres, e identidades. Llegamos a ser esto o aquello. Nacemos, vivimos, amamos, hacemos mil y una cosas y finalmente morimos. En realidad, todas esas cosas no son más que formas. Formas vacías, sombras vacías.

Lo real es la llama de la vida, la llama blanca de la vida. A fin de conocer esa llama blanca de la vida debemos retirar de nuestros ojos todas las formas. Los ojos deben quedar totalmente vacíos. De allí el énfasis que pone el Zen en estar vacíos. Si desean saber, permanezcan vacíos. Si desean saber, sean nada. Si desean saber, desaparezcan en la nada. Solamente en la nada verán la llama de la vida. Todas las formas desaparecen. Los árboles dejan de ser árboles, los hombres dejan de ser hombres, las aves dejan de ser aves. Es una sola vida infinita.

Pero para conocer esa vida infinita, es necesario deshacer la vida atribuida a las formas.

Ahora una historia.

> Un gran guerrero japonés, llamado Nobunaga, decidió atacar al enemigo pese a contar apenas con una décima parte de las fuerzas de su oponente. Aunque estaba convencido de que vencería, sus soldados dudaban.

Claro que era un gran guerrero. Un gran guerrero vive con la creencia de la victoria y no puede ser derrotado debido a esa creencia. A menos que se enfrente a otro guerrero con una creencia más fuerte, no podrá ser derrotado. Es imbatible, invulnerable. Su creencia es su armadura.

Hubo una vez un guerrero que tenía un sirviente y, un día, cuando regresó de la guerra, descubrió que el sirviente se había enamorado de su esposa. Su ira no tuvo límites. Siendo un gran samurai, le entregó al sirviente una espada y lo retó a un duelo.

El sirviente quedó muy confundido y dijo: "Amo, ¿por qué no me matas inmediatamente? Apenas soy un pobre sirviente, ni siquiera sé cómo sujetar la espada y me pides pelear contra ti, que eres un gran guerrero, un gran maestro con miles de discípulos en el manejo de la espada... No hay nadie que pueda competir contra ti en todo el país y me das esta espada para que yo pelee contigo. ¿Por qué no me matas en el acto? Si deseas matarme, hazlo. ¿Cuál es el punto de batirme en duelo contigo?"

A lo que el samurai respondió: "Así tiene que ser. No puedo matarte así como así, pues faltaría al honor. Tendrás que pelear. Acepta el reto y preséntate en el campo".

El sirviente, viendo que no había salida posible, y seguro de que había llegado el momento de su muerte, cambió en un instante. Cuando la muerte está encima, no hay nada que perder. La muerte es absoluta, de manera que ¿qué podía perder? Tomó la espada y se abalanzó sobre su amo. Y nunca antes se había enfrentado el amo a un hombre tan iracundo pese a haberse batido con muchos hombres durante su vida. Comenzó a retroceder ante los asaltos furibundos del sirviente. Él no sabía cómo sostener la espada, y el amo así lo reconoció, ¿pero qué importaba si estaba bien o mal cuando la muerte era segura? Al cabo de pocos segundos, el amo quedó arrinconado contra la pared sin poder retroceder un paso más.

Entonces el amo dijo: "Espera. No me mates en este momento. Podrás matarme dentro de unos días, pero después de que me enseñes tu arte. ¡He peleado durante toda mi vida, y nunca antes había conocido un guerrero tan extraordinario!".

El sirviente rió. "No hay arte ni nada por el estilo. Pero ante una muerte segura, ¿por qué no tratar? Para ti es sólo un juego, pero para mí es cuestión de vida o muerte. Como para ti es un juego, no crees mucho en él. Por eso te vencí".

Y así sucede a veces. Cuando el otro no tiene salida, adquiere una fuerza colosal. Es entonces cuando un humilde sirviente puede vencer a un guerrero. El guerrero es aquel que ha sido entrenado, que posee la creencia condicionada de que puede vencer.

Tan pronto como pensamos que podemos salir vencidos, perdemos. En la historia del arte japonés de la espada hay muchas leyendas e historias de guerreros que pasaron la vida compitiendo entre sí. Mil veces se retaban y nunca podían vencerse el uno al otro porque sus sistemas de creencias eran iguales. Ambos estaban seguros de vencer. Mientras sus sistemas de creencias fueran iguales, el potencial era el mismo y pasaban los años sin que el uno pudiera vencer al otro.

La victoria es producto de una creencia superior, positiva y más fuerte. Quien está dispuesto a aceptar fácilmente la derrota termina derrotado. Ha sucedido a lo largo de la historia muchas veces. Siempre sucede que una sociedad pobre vence a una más rica fácilmente, que el amo es vencido por su sirviente.

En India ha sucedido durante dos mil años. Muchas sociedades pobres conquistaron fácilmente el país en varias ocasiones. India era una nación rica. Las sociedades pobres no tenían nada que perder y todo que ganar. No importaba si morían y eran derrotadas porque no tenían nada que perder y de todas maneras iban a perecer de hambre. Pero India tenía mucho que perder. Cuando tenemos mucho que perder nos asalta el miedo y buscamos la forma de transar porque no estamos muy seguros de la victoria.

Por eso es que las culturas pobres y débiles continúan venciendo a Estados Unidos. Trátese de Vietnam, o Corea, o cualquier otra nación; siempre vencerán a Estados Unidos porque este país tiene mucho que perder. Vietnam nada tiene que perder. Vietnam es el sirviente pobre y hambriento. El soldado estadounidense siente miedo porque tiene una y mil cosas que perder. Teme por la vida, teme por su mujer, sus hijos, sus alegrías, cosas por el estilo. Teme y desea regresar a casa. No desea permanecer en la guerra y, de alguna manera, desea que ella acabe. No le interesa la guerra.

Las sociedades ricas siempre son vencidas por las sociedades pobres y la gente se admira pensando que es un milagro. Pero no hay milagro alguno. Es cuestión de simple lógica: el rico no puede pelear contra el pobre.

Karl Marx dijo: "Proletarios del mundo, únanse. Lo único que tienen que perder son sus cadenas". Y tenía razón: nada que perder aparte de las cadenas. Hay que dar una buena pelea, pues lo que más podría perderse serían las cadenas. Y si realmente se ha de dar una buena pelea es probable que no se pierda nada sino que, al contrario, se gane todo, hasta el mundo entero.

Un "gran guerrero" es aquel que ha sido entrenado desde su infancia de acuerdo con una creencia hipnótica de victoria. De eso se tratan el entrenamiento y la disciplina. ¿En qué se entrena y se disciplina el guerrero? No en el manejo de la espada y del arco, o en la lucha libre; esas son cosas secundarias. El elemento fundamental es la siguiente creencia hipnótica: "Seré un triunfador y nunca nadie podría vencerme".

En realidad no hay necesidad de impartir un entrenamiento tan prolongado de quince o veinte años. Los hipnotistas pueden lograr lo mismo fácilmente en cuestión de meses. Lo que sucede es que nadie lo ha intentado todavía. Son muchas las cosas que se han hecho por medio de la hipnosis, y los hipnotistas están en capacidad de lograr esa clase de entrenamiento.

Hay un hipnotista chino que ha trabajado con pintores jóvenes. Lo único que hace es insinuarles cosas. Los hace entrar en un trance hipnótico profundo y comienza a sugestionarlos. Son estudiantes corrientes de escuelas de arte y les dice: "Eres como Picasso", y continúa insistiendo con esa idea a nivel del inconsciente: "Eres como Picasso". A los pocos días, como por arte de magia, la pintura cambia. La mano se torna más firme y algo original comienza a cambiar. El estudiante desconoce lo sucedido porque la sugestión se le ha hecho mientras ha estado totalmente dormido. No sabe que han sembrado en su mente la idea de que es un Picasso o un Van Gogh, pero su pintura comienza a cambiar. A los pocos meses se ha convertido en un pintor extraordinario, aunque no sea otro Picasso.

Si el entrenamiento se hubiera realizado por otros medios, lo que tardó solamente unos cuantos meses habría tardado por lo menos seis años.

La hipnosis puede llegar a convertirse en una gran fuerza (tendrá que serlo en el mundo que está por venir). No hay necesidad de someter a los niños durante años a aprender cosas corrientes que pueden aprender fácilmente por medio de hipnosis. No hay necesidad de hacer marchar a los soldados durante años: "Atrás, al frente, a la izquierda, a la derecha", durante tres, cuatro o cinco horas diarias. Ese es sencillamente un método hipnótico demasiado anticuado. Es hipnosis pero aplicada a través de un método obsoleto que, aunque busca destruir el antiguo sistema del soldado e implantar uno nuevo, es una manera muy primitiva de hacerlo. Es algo que se puede lograr fácilmente por medio de la hipnosis.

Seguramente veremos muy pronto a los soldados entrenarse mediante hipnosis y no en los campos de batalla. Y quienes utilicen primero este método seguramente serán los vencedores.

Un samurai ha sido entrenado únicamente para vencer, de tal manera que está programado para hacerlo. Es por eso que Nobunaga sabe que vencerá y no tiene dudas al respecto... "pero sus soldados dudaban". Los soldados son soldados, todavía no son guerreros.

Por el camino se detuvo en un templo sintoista y les dijo a sus hombres: "Después de salir del templo lanzaré una moneda al aire. Si cae cara, ganaremos; si cae sello, perderemos. Estamos en manos del destino".

Nobunaga entró al templo y oró en silencio. Al salir lanzó la moneda y cayó cara. Tan grande era el deseo de luchar de sus soldados que ganaron la batalla fácilmente.

"Nadie puede cambiar el destino", le dijo su asistente después de la batalla.

"Por supuesto que no", dijo Nobunaga, mostrándole una moneda arreglada con caras en ambos lados.

Fue apenas un experimento de hipnosis, pero logró hipnotizar a todo su ejército sin recurrir a ninguno de los métodos tradicionales. No les pidió que se concentraran en un punto negro en la pared, ni que repitieran un mantra, ni que cerraran los ojos. No pronunció palabra sino que utilizó un método puro, muy sutil. Entró al templo para orar en silencio.

Los soldados permanecieron afuera del templo a la espera del resultado, seguramente con congoja en el corazón la mayoría de ellos. El enemigo era diez veces más fuerte y la derrota era inevitable. Esos soldados seguramente temblaban ante la perspectiva de la matanza. Sabían que no regresarían. Todos sabían que las fuerzas enemigas eran diez veces más numerosas. Nobunaga estaba loco. No irían a la batalla sino a una muerte segura. Nobunaga no contemplaba tan siquiera la posibilidad de darse un tiempo de preparación, pero los soldados sabían que su deber era seguir al general.

Seguramente esperaban afuera con el corazón palpitante, sobrecogidos de angustia. Entonces salió Nobunaga, lanzó la moneda, y cayó cara. Todo cambió en un instante. Ahora todos sabían que saldrían vencedores. Eso sucedió hace cientos de años en un país oriental donde las personas creían ciegamente que lo que estaba destinado a suceder, sucedería. El destino lo era todo. Sabían que no serían derrotados ahora que el clima había cambiado.

El destino y los dioses estaban con ellos, y aquellos que momentos antes sólo pensaban en salir huyendo para ocultarse, ahora no veían la hora de entrar en batalla. Hacía un momento estaban seguros de la derrota, y un minuto después estaban seguros de la victoria. Seguramente su ataque fue imparable ese día porque era imposible vencer a todo un ejército convencido de que el destino estaba a su favor.

Eso fue lo que trató de hacer Adolfo Hitler, y casi lo logra. Trató de hipnotizar a toda la raza germana; "Somos nórdicos, descendientes de la más pura raza aria del mundo. Hemos sido destinados a gobernar por gracia de Dios. Somos los elegidos". Una raza poco numerosa que, no obstante, estuvo a punto de conquistar el mundo. Fue necesario que el mundo entero se uniera para derrotar a un hombre y a un país pequeño. Hitler obligó al mundo entero a arrodillarse. ¿Cuál fue su secreto? La hipnosis. Creó un clima de hipnosis, una creencia hipnótica: "Venceremos. El destino está a nuestro favor por decisión divina. Si no vencemos es porque somos pusilánimes, puesto que Dios ya decidió en nuestro favor. La raza nórdica aria es la elegida. Dios aguarda por nosotros".

En realidad había aprendido el viejo truco de los judíos. Los judíos están convencidos desde hace miles de años que son el pueblo elegido de Dios. En efecto, esa idea hipnótica ha sido su salvación. Han sobrevivido, a pesar del sinnúmero de tragedias, masacres y torturas de las que han sido víctimas como ninguna otra raza. Y no solamente han sobrevivido sino que lo han hecho con un empuje extraordinario.

¿La razón? La creencia hipnótica inculcada en ellos por Moisés. Moisés era un gran guerrero, y su creación todavía persiste: "Son los elegidos, la raza elegida de Dios. Los demás estarán a su servicio porque ustedes serán los amos. *Deben* ser los amos". Esa ha sido la vieja estratagema de los judíos. Quizás fue eso lo que tanto molestó a Hitler acerca de los judíos: saber que había otra raza elegida aparte de la aria. Y, por supuesto, era preciso destruir a los judíos para demostrar que Dios había cambiado de opinión.

Era necesario aniquilar a los judíos. ¿Por qué? Si analizamos a fondo encontramos una razón psicológica. Con cada judío muerto nacía un ario. Cada vez que se masacraba y destruía a los judíos, la fe de la raza germana adquiría mayor preponderancia porque desaparecía de la Tierra el pueblo que a través de los siglos había sido el elegido. Es una demostración de la hipótesis de Adolfo Hitler: "Dios no los protege a ellos sino a nosotros los arios. Dios está contra ellos puesto que están desapareciendo".

Miles de pueblos habitados por judíos desaparecieron de la noche a la mañana. Millones de judíos perecieron en los campos de concentración, quemados en los hornos. Todos desaparecieron. Entonces había una verdad innegable: "Dios está con nosotros. O bien nunca estuvo con los judíos y estos se engañaban, o Dios ha cambiado de opinión, o se hastió de los judíos porque no han hecho nada. Han estado aquí desde hace miles de años y solamente han hecho el mal, de manera que Dios cambió de política. Ahora tiene sus ojos puestos en nosotros".

Ese fue el clima de hipnosis creado por Hitler y la raza alemana adquirió enorme poder gracias a él. Apenas diez años antes los alemanes habían experimentado la derrota en la Primera Guerra Mundial. La metodología hipnótica de Adolfo Hitler surtió efecto en tan sólo diez años.

Nobunaga engañó a su ejército: la moneda tenía dos caras. Pero tan pronto como el ser humano cree, fabrica su realidad. Esa es la estructura de la hipnosis y también la estructura del mundo, el mundo en el cual vivimos cada uno de nosotros.

El Zen desea que trascendamos ese mundo y reconozcamos que todo es creencia: la derrota, la victoria, la debilidad, el pecado, la santidad; todo ello son creencias, conceptos mentales, juegos de la mente. Dios es un metajuego.

Al abandonar todas las creencias lo relativo desaparece y emerge lo real.

A continuación, una breve historia tibetana:

Hace mucho tiempo estaba un peregrino en el desierto del Tibet. La noche era oscura como boca de lobo, el viento le azotaba la barba y los cabellos, y sus pies tropezaban con los afilados guijarros. El peregrino había abrigado la esperanza de hallar un gran maestro, más allá del desierto, pero ahora no estaba tan seguro. Quizá muriera de sed antes del amanecer. Entonces elevó una plegaria ferviente a Amida Buda, el señor de la luz.

Inmediatamente, su pie tropezó con algo que no era una piedra. Era un tazón de plata lleno hasta el borde de nieve derretida. El peregrino sació su sed en la medida en que sus fuerzas se lo permitieron y, después, con una oración de gratitud en los labios, se dejó caer en la arena y se durmió.

Al amanecer, el peregrino extendió la mano para beber nuevamente del tazón de plata y descubrió con horror que se trataba de un cráneo humano. La carne que colgaba todavía de los huesos demostraba que el cráneo debió estar lleno de vida hasta hacía poco. Además, en la cavidad había algo que parecía líquido cerebral lleno de gusanos grises parecidos a pensamientos sucios. El peregrino vomitó y, en ese momento, le envolvió el satori. Y entonces dio media vuelta para regresar. Había encontrado lo que había ido a buscar. Había encontrado a su maestro junto con su templo: el templo del cráneo.

La importancia de esta historia es enorme. ¿Qué sucedió en realidad? ¿Cómo sobrevino el estado de *satori*? Durante la noche, atenazado por la sed, creyó que el tazón de plata era un regalo de Buda. Era una noche oscura y todo fue una creencia producto de su sed. Estaba a punto de morir y su mente seguramente soñó y proyectó su creencia. Proyectó un tazón de plata en un cráneo humano. Y pensó que el líquido encefálico no era otra cosa que agua refrescante. Y así fue: cuando pensó que era agua helada, eso fue en realidad; al pensar que era un tazón de plata, eso fue en realidad.

Vivimos en nuestras proyecciones.

Feliz, el peregrino agradeció a Buda y se durmió. A la mañana siguiente, al salir el sol, abrió los ojos y quiso ver el tazón de plata que le había salvado la vida. No era otra cosa que un cráneo humano todavía con trozos de piel adheridos a él y lleno de líquido encefálico y gusanos nauseabundos. Imaginen lo que sintió ese pobre hombre. Vomitó. Ya no era un tazón de plata lleno de agua. Vomitó, y al hacerlo, se hizo la luz. Reconoció que todo era un juego de la mente: lo que vemos como un tazón de plata se convierte en un tazón de plata.

En la noche no hubo náusea. Bebió el líquido junto con los gusanos pero no hubo náusea ni vómito. Y agradeció a Buda. Y durmió apaciblemente durante toda la noche porque todo estaba bien. Ahora, al cabo de muchas horas, al ver, vomitó.

Comprendió algo claramente: que todo estaba en la mente. Entonces, si todo está en la mente, no hay necesidad de ir a ninguna parte y se puede abandonar la mente sin salir de la casa. Ese fue el *satori*: reconocer que era solamente una idea. Si se hubiera levantado temprano y se hubiera ido, no habría vomitado. Era sólo una idea. Y, ¿quién sabe? Quizás en la noche Amida Buda logró producir un tazón de plata ¿Será? Estos budas son gentes extrañas, capaces de hacer cosas como esa. Es probable que en la noche hubiera bebido de un tazón de plata, ¿quién sabe?, y que no hubiera habido motivo para vomitar. O quizás Amida Buda produjo el cráneo lleno de líquido y gusanos inmundos en la mañana. ¿Quién podría decirlo?

Pero ése no es el punto. Una cosa es cierta: cuando creemos una cosa, vivimos una realidad, cuando creemos en otra cosa vivimos otra realidad. Es sólo cuestión de creencia. Todos los mundos son mundos de creencia.

De allí el *satori*. Seguramente rió. El vómito se convirtió en una experiencia maravillosa. Seguramente rió al comprender la raíz de todo. Ya no había necesidad de buscar a un maestro porque lo había encontrado. Y no había necesidad de acudir al templo, porque lo había encontrado allí, en ese cráneo humano.

Seguramente regresó danzando, celebrando, sintiendo que había nacido en él un hombre nuevo; un hombre que ya no dormía en sus pensamientos ni en su mente, un hombre que ya no vivía en proyecciones ni en sueños; un hombre capaz de ver con absoluta claridad, poseedor de una conciencia transparente.

Eso es *satori*.

TRES

CASTILLOS DE ARENA

Unos niños jugaban a la orilla de un río. Hacían castillos de arena, y cada uno defendía el suyo diciendo: "Este es el mío". Mantenían sus castillos separados para que no hubiera dudas sobre a quién le pertenecía cada uno. Cuando estuvieron todos terminados, uno de los niños pateó el de otro y lo destruyó por completo. El dueño del castillo se enfureció, zarandeó al otro por el pelo, lo golpeó y gritó: "¡Dañó mi castillo! Vengan todos a ayudarme a castigarlo como se merece". Los demás acudieron en su ayuda, golpearon al infractor con un palo y después lo patearon mientras yacía tirado en el suelo.

Después regresaron a su juego y continuaron insistiendo: "Este es el mío. No le pertenece a nadie más. ¡Manténgase alejados! No toquen mi castillo".

Pero comenzó a oscurecer y los niños sintieron que era hora de regresar a sus casas. Ahora a ninguno le importó lo que pudiera sucederle a su castillo. Uno de los niños destruyó el suyo con los pies y otro hizo lo mismo con las manos. Dieron media vuelta y regresaron cada uno a su casa.

La vida es una paradoja. Existe a través de la paradoja; es su propia forma de existir. La rueda se mueve sobre un eje estático; en el centro de un ciclón reina el silencio: en el centro mismo de la vida está la muerte. Así son las cosas: la existencia se da a través de la contradicción.

La existencia se contradice a sí misma constantemente, y de la contradicción nace la energía para vivir. De la tensión entre las contradicciones emana todo este drama, todo este juego. Es la dialéctica: la tesis y la antítesis. Y del conflicto constante entre la tesis y la antítesis se genera la energía. A partir de la fricción se crea la energía.

Basta con mirar a nuestro alrededor para ver la contradicción en acción: entre el hombre y la mujer, el día y la noche, el verano y el invierno, el éxito y el fracaso, el nacimiento y la muerte. En todas partes el juego se basa en los cimientos mismos de la paradoja. Quien no comprenda esto tendrá una vida desgraciada. Si no lo comprenden, si no lo asimilan en el interior de su corazón para convertirlo en un conocimiento luminoso, vivirán en medio de la angustia. Si no pueden aceptar esta contradicción, jamás podrán reconocer que realmente no hay tal contradicción sino que los opuestos se complementan.

Vista bajo esa luz, la vida se ilumina. Entonces nos llenamos de una atención plena; reconocemos que la muerte no es mala, y no sólo eso, sino también que, sin ella, sería imposible la vida.

Así, la vida le debe todo a la muerte y, por tanto, la muerte no está contra la vida, no es su enemiga sino su amiga. Al reconocerlo así, el miedo a la muerte desaparece; al reconocerlo así, la angustia y la ansiedad desaparecen; al reconocerlo así, la dicha se apodera del ser. Pero cuando no se ve así surge el conflicto. La razón de la desdicha es la incomprensión. La comprensión es dicha y la incomprensión es desdicha.

Traten de penetrar en el rincón más hondo de su ser para ver cómo son las cosas allí y lo que están haciendo con ellas. Cuando escudriñamos el fondo de nuestro ser encontramos la nada pura. Esa es la razón por la cual la gente no escudriña su interior.

Sócrates insiste: "Conócete a ti mismo"; los Upanishads lo gritan: "Adéntrense en su interior. El camino es hacia el interior". Los budas continúan convenciéndolos de que deben buscar en su interior pero ustedes insisten en buscar afuera. No se interesan por prestar atención a los budas. Aunque escuchan, las palabras les entran por un oído y les salen por el otro; y es porque allá en el fondo saben que si miran hacia adentro se encontrarán con la nada. No hay nada, y eso asusta.

Allá en el fondo solamente está la nada. La rueda de todo se mueve sobre el eje de la nada. Entonces, temerosos de la nada interior, corren hacia el mundo exterior; el miedo mismo a la no existencia los impulsa a emprender uno y mil viajes. Es lo que el Zen denomina "el mundo de las mil y una cosas". Corren primero en una dirección y después en otra. Es preciso correr porque, de no hacerlo, tropezarían con la nada, y eso los atemoriza porque no desean ver que no son.

Su ser es un no-ser, un no ser que no está listo para reconocer y aceptar. Son muertos vivientes. Allí en el centro mismo de su ser está la muerte, el vacío, lo que el Buda denomina *anatta*. No hay ser, no hay "yo". De alguna manera, todo el mundo lo sabe, y ésa es la razón por la cual nadie se dirige al interior sino solamente al exterior. Allá en el exterior se pueden engañar, crear uno y mil juegos, jugar esos juegos que, si bien no servirán de nada, de todas maneras son una forma de pasar el tiempo. Los juegos pueden llegar a ser tan absorbentes que les permiten olvidar por momentos esa nada interior.

Pero esta nada interior no es accidental sino que es el ser mismo, por tanto, es imposible escapar de ella, independientemente de lo que hagamos. Nadie ha podido escapar de ella. Podemos postergar esa experiencia, pero algún día debemos vivirla.

Y ese día es nuestra gran bendición porque conocemos nuestro no ser interior, porque con esa experiencia desaparecen todos los miedos. Cuando reconocemos no ser, ¿cómo podemos sentir miedo? ¿Miedo de qué? ¿Miedo hacia qué? ¿Y quién podría sentir miedo? ¿Qué deseo podría existir si somos nada? ¿Deseo con quién, de quién, para quién? *Tanha*, el querer ser, desaparece.

Si somos nada, ¿cómo podríamos querer ser alguien? Al comprender que no somos encontramos una gran paz. El buscador desaparece, el deseador ha dejado de ser y el alguien buscado no aparece. Así, los cimientos desaparecen y todo el castillo de naipes se estrella contra el suelo.

Comprendemos ese no-ser interior, *anatta*, la no existencia o la muerte. El Zen la denomina "la muerte extraordinaria". No es cualquier muerte. La muerte corriente no tiene nada de excepcional: morimos y renacemos inmediatamente; no acabamos de abandonar un cuerpo cuando ya estamos entrando en otro útero. No hay mayor diferencia.

La verdadera muerte ocurre cuando nos enfrentamos directamente con nuestro no-ser interior, con el abismo. Nos atemorizamos y sólo deseamos apartarnos de él. Deseamos mantenerlo en el trasfondo y llenarlo. Eso es lo que la gente hace constantemente.

Samsara, el mundo, no es otra cosa que el esfuerzo por llenar ese vacío interior. Llenarlo con dinero, con mujeres, con hombres, con poder, con mansiones, con fama, con cualquier cosa, pero llenarlo. Amontonamos cosas en él para que llegue el día en que podamos sentir que no somos la nada, que somos *alguien*, que somos *algo*. Pero ese día nunca llega, no puede llegar porque el abismo es insondable. Aunque continuemos amontonando cosas, el abismo se las traga.

Hay una historia sufí muy famosa: un mendigo llegó hasta donde el emperador, quien salía por casualidad de su palacio para su caminata matutina. Al encontrarse con el mendigo, el emperador le preguntó: "¿Qué deseas?".

El mendigo rió y replicó: "¡Preguntas como si pudieras cumplir mi deseo! '¿Qué deseas?', me dices".

El rey se ofendió al sentirse cuestionado y exclamó: "Claro que puedo cumplir tu deseo. Sólo dime cuál es". A lo cual el hombre respondió: "Piensa dos veces antes de prometer".

El mendigo no era cualquier mendigo; en realidad, había sido el maestro del emperador en su vida pasada. El maestro le había prometido que volvería para tratar de conducirlo a la iluminación en su siguiente vida: "No lo lograste en esta vida, pero regresaré", había prometido. Pero el emperador no tenía recuerdo de esa promesa. ¿Quién puede recordar las vidas pasadas? Entonces insistió: "Dime cuál es tu deseo, sólo dímelo y te lo cumpliré. Soy un rey poderoso. ¿Acaso hay algo que quieras pedir que yo no pueda darte?".

Entonces el mendigo respondió. "Es un deseo muy sencillo. ¿Ves este tazón con el que pido limosna? ¿Podrías llenarlo con algo? Cualquier cosa me basta. No pido diamantes, ni oro, sólo cualquier cosa. ¿Podrías llenarlo?".

Entonces el emperador dijo: "¡Claro! Pareces loco. ¿Por qué no habría de poder llenarlo?". Hizo señas a uno de sus visires y le dijo: "Llena el tazón de este hombre con dinero". El tazón era pequeño, pero cada vez que lo llenaban, el dinero desaparecía. El rey comenzaba a asustarse porque el tazón permanecía vacío.

Entonces acudieron todos los cortesanos. Poco a poco corrió el rumor por toda la capital y comenzaron a llegar personas de todos los rincones hasta formar una multitud. El prestigio del emperador estaba en juego, pero como era hombre de palabra, les dijo a sus visires: "No permitiré que este mendigo me venza. Si he de perder todo mi reino, que así sea. El tazón parece mágico, pero debo demostrarle que tengo algo con lo cual llenarlo".

Poco a poco se vaciaban las arcas y la gente corría por el palacio cargada con tesoros para tratar de llenar el tazón, pero el recipiente parecía no tener fondo. Todo lo que se vertía en él desaparecía inmediatamente para no reaparecer jamás. Dejaba de existir.

Y así desaparecieron después los diamantes, las perlas y las esmeraldas. El visir se dirigió entonces al rey y le dijo: "Esto parece imposible. Tendrás que aceptar tu derrota. Este hombre no es cualquier mendigo. Hay algún mensaje en todo esto. Date por vencido ante este hombre".

Caía la tarde y toda la capital se había reunido allí y toda la gente miraba en silencio. "¿Qué sucederá?", se preguntaban todos a medida que la tensión iba en aumento. Finalmente, el rey se arrodilló a los pies del mendigo y le dijo: "Señor, te ruego que me perdones. Fui un tonto al pretender que poseía algo. No tengo nada para llenar tu tazón de la limosna. Solamente deseo saber algo, ¿cuál es el secreto del tazón? Te concedo la victoria, me declaro vencido, pero antes de irte satisface mi curiosidad y dime de qué está hecho tu tazón".

Entonces el mendigo se echó a reír y respondió: "¿No me recuerdas? ¿Acaso te olvidaste de mí por completo? ¡Mírame a los ojos! Soy tu antiguo maestro y fue esto mismo lo que traté de enseñarte en tu vida pasada pero no me escuchaste. ¡No hay magia alguna en este tazón! Sencillamente está hecho del corazón humano. No hay secreto alguno; así es el corazón humano".

El tazón misterioso. Depositamos cosas y más cosas en él, mundos enteros, y se desmaterializan y desaparecen. Y jamás, jamás estamos satisfechos.

¿Han visto alguna vez a un ser humano satisfecho? Si alguna vez encuentran a un hombre satisfecho, es porque ha aceptado su inexistencia. Eso es lo que significa el Buda. Esa es la iluminación: la nada iluminada, llena de luz. El hombre lo sabe: "Este soy yo, es mi ser. Este no-ser es mi ser". Y porque así lo acepta, no tiene que hacer esfuerzos para llenarlo o destruirlo. Es hermoso tal como es.

Esta comprensión transforma la vida. Sin ella, continuamos con nuestra carrera en pos del deseo. Ahora veamos: ¿Cuál es el mecanismo del deseo? Cuando entramos en modalidad de desear se apodera de nosotros una gran emoción ante la expectativa y la aventura. Nos sentimos animados por una fuerza nacida de ese algo que va a suceder. Tendremos una casa nueva, un jardín grande, una mujer hermosa, un yate, un automóvil, esto o aquello, y la sensación es de gran emoción. Y entonces entramos en posesión del automóvil, del yate, de la casa o de la mujer y, súbitamente, todo vuelve a carecer de significado nuevamente.

¿Qué sucede? El corazón lo desmaterializa. El automóvil está estacionado en el garaje, pero ya no produce emoción. La emoción estaba solamente en la dedicación al proceso de obtenerlo. Al dejarnos absorber por el deseo, olvidamos la nada. Nos dejamos absorber hasta tal punto que el deseo dota de poder a la mente. Estábamos tan ebrios con el deseo que olvidamos nuestra nada interior. Ahora el deseo se ha cumplido, el automóvil está en el garaje, la mujer en la cama, el dinero en el banco, y entonces toda la emoción desaparece y vuelve a aparecer en primer plano el vacío insondable, dispuesto a devorarnos.

Entonces es necesario crear otro deseo para escapar de ese abismo profundo, de esa muerte que nos espera. Es un abismo que puede devorarnos en un instante si no nos aferramos a algo. Por consiguiente, comenzamos de nuevo. Comenzamos a pensar en otras casas, en otras mujeres, en otros lugares, en otras ciudades. Es así como continuamos andando, de deseo en deseo. Y es así como nos convertimos en mendigos eternos, golpeando una puerta tras otra sin que nada pueda llenarnos jamás.

¿Han visto que los ricos son las personas más aburridas del mundo? ¿Por qué? Pueden satisfacer todos sus deseos pero no llenan nada. Tienen la casa maravillosa que deseaban, ¿y entonces qué? Ya no pueden pensar en algo todavía más maravilloso. Conozco algunos ricos que lo tienen todo. ¿Y entonces qué? Se encuentran en un callejón sin salida.

Una vez un astrólogo le pronosticó a Alejandro Magno que conquistaría el mundo entero: "Está en tu destino que vencerás. Pero permíteme recordarte algo: ¿qué harás cuando hayas conquistado el mundo entero, considerando que ya no habrá más mundo?' Y se dice que, por primera vez en su vida, Alejandro sintió tristeza. La idea le atemorizó súbitamente: "Conquistarás el mundo entero, pero, ¿después qué?". Es fácil comprender que en ese momento fue lanzado hacia su propia vacuidad.

Claro que podrán conquistar el mundo entero pero su corazón es de tal naturaleza que hasta el mundo entero perderá significado. Tan pronto como lo posean, perderán interés en él. Veamos la lógica: tan pronto como se tiene algo, ese algo pierde su importancia. Quien tiene inteligencia suficiente podrá reconocerlo inmediatamente: el automóvil en el garaje ya no importa; la mujer en la cama ha perdido todo significado.

Es sabido que Lord Byron, uno de los poetas más grandes de la lengua inglesa, se enamoró de muchas mujeres (cerca de sesenta en toda su vida). Se enamoraba un día y al siguiente se desenamoraba. Le hacía el amor a una mujer una sola vez y no más. Debió ser un hombre muy inteligente. Para hacerle el amor a la misma mujer dos veces se necesita un cierto grado de imbecilidad. Tuvo que haber sido un hombre de inteligencia superior. Si hubiera vivido en la India, quizás habría alcanzado el estado de Buda.

Finalmente, una mujer logró convencerlo para que se casara con ella porque no accedió a hacer el amor con él a menos que estuvieran casados. Sabía que había tenido muchas mujeres en su vida y que tan pronto como las llevaba a la cama perdía todo interés en ellas. Una sola vez y les daba la espalda, como si nunca las hubiera conocido. Toda la energía, todo el amor y el romance sencillamente se desvanecían, como si nunca hubieran existido.

Tras oír todas esas historias, esta mujer decidió que no le permitiría tocarla hasta que se casara con ella. Mientras ella más lo rehuía, más grande eran el interés y el deseo del poeta, quien casi pierde la cabeza por esa mujer. Finalmente accedió a casarse con ella.

Es necesario estar muy loco para contraer matrimonio, verdaderamente loco. Y las mujeres comprenden esto intuitivamente. No permiten que nadie se les acerque demasiado a menos que se sientan seguras del matrimonio y protegidas por la ley. De lo contrario, el amor desaparece como el rocío evaporado por los rayos del sol, a menos que haya una ley sólida. El matrimonio es una ley sólida en la cual se puede confiar. Cuenta con los tribunales, la policía y los magistrados.

El amor por sí solo es tan vulnerable como la gota de rocío, que puede desaparecer en cualquier momento bajo el calor del sol. Ahora está aquí y en un instante desaparece; no se puede confiar en ella. Las mujeres son muy sensatas e intuyen que el amor no dura para siempre. Entonces, antes de que eso suceda, recurren a la ayuda de la ley.

Esta mujer era verdaderamente inteligente, así que forzó el matrimonio. Byron se casó. Cuando salían de la iglesia, mientras todavía sonaban las campanas y los invitados los rodeaban para felicitarlos, súbitamente la esposa sintió que Byron ya no estaba allí. Aunque estaban tomados de la mano, no había energía, era como si la mano estuviera muerta. El poeta había visto una mujer hermosa que pasaba por la calle y la había seguido. Al dejar de sentir la energía, las pulsaciones del amor, la desposada le preguntó: "¿En qué estás pensando? ¿Adónde fuiste?"

Byron era un hombre muy sincero y respondió: "Lo lamento, pero me parece que este matrimonio ha llegado a su fin. Esa mujer me robó todo el corazón. Sé que hace apenas algunas horas me moría por ti y estaba dispuesto a hacer lo que fuera. Estaba dispuesto a morir por ti. Pero ahora, sabiendo que eres mía, ya no hay aventura. Tengo tu mano en mi mano y eres mía. Todo el deseo de poseerte ha desaparecido".

Qué gran inteligencia. Me encanta Byron. Su propio país lo ha condenado en extremo; fue expulsado porque la gente le temía. Se decía que, cuando llegaba a un hotel o un restaurante, los hombres huían con sus esposas. ¡Era un hombre verdaderamente encantador! Entonces todos los esposos y todos los padres de familia se aliaron en su contra y, finalmente, Byron tuvo que abandonar Inglaterra. Y se dice que cuando se iba y le decía adiós a su país, miles de personas salieron a despedirlo. Entre ellas había centenares de mujeres vestidas de hombre, hasta mujeres de la familia real y de las familias más prestantes que salieron a ver por última vez a Byron.

En verdad era un hombre guapo, muy inteligente y buen mozo. Era *realmente* un poeta; la poesía vibraba en cada una de las fibras de su ser. Pero fue desterrado porque su país no podía darse el lujo de albergar a un hombre tan peligroso. Aún así, sus ideas eran reveladoras. Basta con considerar lo que le dijo a su esposa cuando apenas se habían casado. Se necesita valor para decirle algo así a una mujer mientras las campanas de la iglesia repican todavía y los invitados rodean a los recién casados: "Lo lamento, pero ya no me interesas".

Esa autenticidad, esa sinceridad, son la cualidad de un hombre religioso. Byron tuvo la mala fortuna de nacer en Inglaterra porque si hubiera elegido India se habría convertido en Buda. Es esa clase de esclarecimiento la que convierte a un hombre en Buda. Si un hombre con ese grado de inteligencia encuentra el camino correcto sencillamente se convierte en la llama de Buda.

Tan pronto como comenzamos a lograr algo, perdemos inmediatamente el interés. Todos ustedes lo saben porque a todos les ha sucedido de una u otra forma. Es probable que no lo manifiesten y ni siquiera se lo digan a sí mismos ni lo acepten. Es que la idea es verdaderamente aterradora: trabajar tantos años para conseguir el dinero para comprar una casa y, súbitamente, cuando ya tienen la casa soñada en las montañas, tan pronto como es suya y tienen las escrituras en la mano, pierden todo el interés.

Pero así son las cosas y la persona inteligente lo reconoce inmediatamente. Los imbéciles tardan meses, hasta años, pero llega el día en que también reconocen la nada. Todo era ilusión. La vida lo demuestra una y otra vez. Todos los deseos frustran; todos los deseos terminan en frustración. Y la única forma conocida de salir de esa frustración es creando un deseo todavía mayor.

Ahora bien, eso es una necedad. Es lo que Buda llama *avidya*, o ignorancia. Pese a ver que todos los deseos fracasan, no reconocemos que el deseo mismo es un fracaso. El día en que comprendemos que el deseo como tal fracasa, se produce un punto de quiebre en la vida, un giro de ciento ochenta grados. Es lo que los cristianos denominan "conversión", palabra que significa "volcarse hacia adentro".

Buda tiene el término acertado para esto: *paravritti*, o volver atrás. *Paravritti* es un giro de ciento ochenta grados, es ver que el deseo termina en fracaso, y es reconocer que ningún deseo podrá prosperar a causa de su propia naturaleza. El deseo es apenas una postergación: tan pronto como entramos en posesión de lo deseado, ese algo pierde toda su importancia; existe solamente en virtud de la espera, mientras estamos en la búsqueda, durante el camino. Cuando se llega a la meta, todo termina y surge la necesidad de un nuevo deseo.

Conozco una parábola muy antigua sobre un valle muy fértil en los Himalayas. Los pobladores eran ricos, tenían más frutos de los que necesitaban, más cultivos, más leche, más mantequilla, mucho más de lo que necesitaban. Tan fértil era el valle que bastaba con que un solo hombre trabajara para que el resto de la familia pudiese descansar. Eso era todo: el trabajo de un solo hombre.

No tardaron en aburrirse. No había mucho que hacer. Todos tenían de todo. No había necesidades insatisfechas. Hasta tal punto se aburrieron que comenzaron a pensar en qué hacer con la vida, pues la vida no tenía ningún significado (no olviden que cuando el hastío se apodera de la sociedad aparecen las escuelas de filósofos que dicen que la vida carece de significado).

Eso es lo que sucede en Occidente: los existencialistas dicen que la vida no tiene significado. Sartre, Kafka o Camus sostienen que la vida es vacía, que no tiene significado. Eso sucede solamente cuando la sociedad es rica; es el símbolo de la prosperidad. No tardan en aparecer los filósofos que insisten en que la vida carece de significado.

En una sociedad pobre nadie dice que la vida carezca de significado; al contrario, tiene un significado infinito. Las cosas más pequeñas son importantes: tener cobijo, conseguir alimento para los hijos, conseguir ropa para la esposa, conseguir un sari nuevo para la mujer, o un adorno nuevo. Como son tantas las cosas que no se poseen, la vida está llena de significado. Existe la posibilidad de tener esto o aquello, o mil cosas más que no se poseen. Las personas pasan de un deseo a otro y la vida continúa teniendo significado.

Cuando se tiene todo, se pierde el significado. Eso fue lo que sucedió en el valle y es lo que está sucediendo en Estados Unidos. El hastío se ha apoderado de la gente, se ha asentado en el país.

En aquel valle se enseñoreó el aburrimiento; y, por supuesto, el rey era el más hastiado de todos, así que le pidió a su gente que buscaran alguna aventura, alguna cosa en la cual pudieran comenzar todos a trabajar: "Cualquier cosa estará bien".

Se oyeron muchas propuestas. Un joven se levantó y dijo: "Miren ese pico del Himalaya que se perfila entre las nubes. Debemos trepar hasta allá". La gente se burló: "¿Cómo podríamos hacer semejante cosa? Es peligroso. Además, los dioses se enojarán". El sacerdote fue quien más se opuso: "Veneramos ese pico. Sería un sacrilegio trepar hasta él".

Sin embargo, el rey se mostró muy interesado, y así lo manifestó. Era algo totalmente inútil, pero cuando hay aburrimiento, cualquier idea peregrina sirve. Fue por eso que el hombre llegó a la luna en una expedición completamente inútil; sin embargo, el alunizaje creó gran emoción. La humanidad hace cualquier cosa por sentir emoción.

Cuando el primer hombre pisó la luna, toda la humanidad se estremeció. Todo el mundo estaba pegado a los televisores. Pero, ¿saben qué? A la media hora había desaparecido la emoción, a la media hora todo el mundo estaba cansado de ver la hazaña. ¡Había terminado! No hay mayor cosa en la luna; ya nadie habla mucho de ella. Ahora hablan de Marte y de otras cosas.

El rey se mostró interesado, y entonces dijo: "Hagan los arreglos. Organicen un grupo y yo les daré el dinero que necesitan. Sí, es preciso conquistar esa cima. Allí frente a nosotros hay un desafío".

El sacerdote trató de convencer al rey de la inutilidad de la empresa: "Aunque logremos ascender, ¿qué pasará después?". Y el rey respondió: "Ese no es el punto. ¿A quién le interesa lo que vendrá después? El ascenso mismo será una aventura maravillosa". Todos los pobladores del valle entraron en una actividad febril para fabricar lo necesario para subir hasta la cima de la montaña puesto que, siendo la primera vez que alguien lo hacía, no había los implementos necesarios.

Pasaron los años y los grupos de expedicionarios fueron logrando su meta. Pasó una generación y luego otra y luego una tercera. Cuando este último grupo estaba cerca de la cima, un anciano que había ayudado a las anteriores generaciones, y que era uno de los guías más destacados, dijo: "Esperen. Tengo miedo. Si llegamos a la cima, la cual está muy cerca, ¿qué haremos después?".

Entonces todos callaron entristecidos. El hastío se apoderó de ellos nuevamente. Durante tres generaciones habían vivido sin aburrirse puesto que el entusiasmo los empujaba. El espíritu aventurero rondaba por doquier. Aunque tal empresa no tenía utilidad alguna y carecía de significado, era la forma de mantener alejado el aburrimiento. Y ahora, súbitamente...

Cuenta la historia que el anciano era el mismo joven que había propuesto una vez la idea de conquistar el pico del Himalaya. Pero ahora les dijo: "Hijos míos, debemos regresar y volver a comenzar el ascenso porque no hay más picos tan altos como éste. ¿Qué harán una vez que lo conquisten?".

Y cuenta la historia que todos reflexionaron y, finalmente, decidieron regresar al valle para comenzar el ascenso nuevamente.

Así son las cosas. Seguramente habrán oído hablar del mito griego de Sísifo. Los dioses le impusieron un castigo muy extraño consistente en empujar una roca hasta la cima de una montaña. La roca era muy pesada, y a medida que ascendía, más pesada se tornaba. Era una tarea que tardaba años. Y cuando llegaba a la cima, la roca rodaba al fondo del valle y era necesario comenzar de nuevo. El castigo era regresar al valle, levantar la roca y comenzar a empujar nuevamente.

La mitología griega dice que los dioses estaban muy enojados con Sísifo. Pero a mí no me lo parece. En efecto, mejor castigo habría sido que la roca jamás rodara nuevamente hasta el valle porque, ¿saben que habría hecho Sísifo? Se habría suicidado sobre la roca.

No me parece que los dioses griegos sean muy inteligentes. Es mejor aprender de los dioses indios. Si el mito hubiera sido indio, el castigo habría sido el siguiente: sentir la roca cada vez más ligera y la tarea más fácil a medida que ascendiera. Y es que cuando las cosas son difíciles hay alegría; cuando las cosas son fáciles, el ego no siente desafío alguno y el gozo se esfuma. Al llegar a la cima, todo terminaría. Entonces, ¿qué haría Sísifo? Los dioses indios lo dejarían allá en la cima de la montaña donde, seguramente, estrellaría su cabeza contra la roca.

El mito griego no parece un castigo sino más bien un premio. Parece castigo porque no comprendemos la vida. Tan pronto como culmina la tarea, la roca rueda nuevamente hasta el valle. Sísifo debe correr hasta abajo, encontrarla y comenzar a empujarla nuevamente. Ese es su castigo.

Es así como sucede en la vida. Cada vez que se cumple un deseo, este rueda nuevamente hasta el valle y es preciso regresar. Hay que desear nuevamente, fabricar un nuevo deseo para que la vida vuelva a ser emocionante y no haya necesidad de enfrentar la nada interior. Esto es lo que llamamos *samsara*: el mundo. *Samsara* no es otra cosa que el empeño por evitar la verdad de lo que somos; escapar de nosotros mismos y mantener bajo control nuestra esencia profunda; es perderse en el ciclón sin mirar nunca el centro silencioso; es quedar atrapados en la rueda sin jamás centrarnos en el eje estático sobre el cual gira.

Pero la rueda gira sobre una pieza inmóvil, y en el centro del ciclón hay un núcleo silencioso. Lo mismo puede decirse de la vida. La vida es como una rueda y en sus profundidades están *anatta*, el no-ser, y *shunyata*, la nada. De allí proviene todo, es la semilla de todo. La nada significa ausencia de cosas. Es un espacio informe y sin límites.

El viaje de regreso a casa se inicia cuando comenzamos a sintonizarnos con ese vacío informe, a entrar en armonía con él en lugar de rehuirle. Cuando llegamos a ese espacio vacío y nos regocijamos en él sin sentirnos ajenos, es una verdadera bendición.

A la mente occidental le incomoda inmensamente la idea: "¿Cómo puede haber alegría en la nada?". Los occidentales siempre se han esforzado por *ser*, y, para ellos, la nada es sinónimo de muerte y aniquilación. ¿Cómo puede haber alegría en la nada? Es por eso que los filósofos occidentales piensan que Buda es el mayor pesimista del mundo. Pero no es así; esa es sólo su interpretación. Para la mente occidental no es posible encontrar alegría en la nada.

Lo que sucede es que no comprenden. Cuando descubrimos que no somos, desaparece la angustia. Ni siquiera la muerte nos atemoriza. Puesto que no somos, no hay nada que la muerte pueda destruir. Nos liberamos de la muerte. Cuando descubrimos que no somos, dejamos de preocuparnos por el éxito o el fracaso; no hay nadie que pueda prosperar o que pueda fallar. Surge la ecuanimidad porque vemos que todo es lo mismo. Cuando reconocemos la nada, desaparece la tensión. ¿Cómo podría haber tensión y esfuerzo? No hay nada que genere tensiones. De la nada no puede surgir perturbación alguna.

Esta nada ofrece un reposo sin igual, absoluto. Todo se detiene. Ahora nada de lo que suceda nos afecta. Si adquirimos riqueza no hay emoción, y si lo perdemos todo tampoco nos molestamos. Si logramos el éxito, perfecto; si fracasamos, no hay problema. Todo estará bien puesto que el equilibrio se manifiesta en nuestro ser. El equilibrio es total. Si la vida va por la derecha, no hay problema; y si va por la izquierda, tampoco. Nada importa ya.

Eso es lo que llamamos dicha. La dicha no es lo mismo que la felicidad, es *mucho más* trascendental. En la dicha no hay felicidad ni infelicidad. La dicha es un estado imperturbable e inmutable, sin importar lo que pase. El ciclón continúa rugiendo, pero en el centro hay silencio. Surge la serenidad.

Esto es lo que denominamos *samadhi*. Y en el mundo solamente hay dos caminos: uno se aleja de nosotros, el otro nos lleva hacia nosotros mismos. El camino que se aleja se divide en incontables senderos. Las personas pueden alejarse por la senda del dinero, o la del poder, o la del sexo, o la del alcohol, o la de las drogas, o cualquiera otra entre miles. Todos esos senderos van en una misma dirección: hacia afuera, cada vez más lejos del centro, hacia la periferia. Pero esa periferia no existe.

Entonces la persona continúa avanzando, cada vez más descontenta, más insatisfecha y más angustiada. El destino último es la locura. Si Occidente continúa avanzando hacia su conclusión lógica, toda la sociedad caerá en la locura. Si esa mente ávida de lo externo llega hasta el extremo, lo único que le espera es la locura. El destino final es la locura.

El otro viaje es hacia el interior. Es el regreso al hogar, al centro. A medida que avanzamos por ese camino hay más silencio, más serenidad, más ecuanimidad, más equilibrio, más sensatez, más estabilidad;

y todas ellas aparecen armónicamente, súbitamente, el día en que llegamos al hogar, encontramos la dicha.

Las siguientes palabras son de Christmas Humphrey:

> *"Entonces viene el salto... Pero el abismo en el cual caemos es plenitud y vacío. El salto va del pensamiento a la ausencia del mismo; de la dualidad máxima de la ilusión y la realidad, a una carcajada y una taza de té. ¡Pero cuán distintos son los ojos con los cuales vemos el plato! Y con esa misma serenidad mental levantamos los platos de la mesa".*

Todo permanece como es. Bebemos el té, pero debemos levantar los platos también. ¡Pero con cuánta serenidad! ¡Con cuánta gracia y silencio!

La danza continúa, pero ya no hay danzante. Y cuando no hay danzante, la danza tiene gracia. Cuando no hay danzante desaparece toda conciencia del yo porque éste deja de existir. Cuando la persona no tiene conciencia de sí misma, la danza es total, absolutamente total. Solamente hay danza sin danzante. La presencia del danzante siempre perturba la danza. Mientras más conciente de sí misma es la persona, menos alegría hay en la vida porque ésta es fragmentada, dividida, esquizofrénica.

Cuando la persona es total, total hasta el punto en que la acción lo es todo y no hay actor detrás de ella, entonces la vida se llena de gracia, de belleza y de bendición.

La vida continúa (eso es algo sobre lo cual el Zen hace énfasis): de todas maneras se sacará el agua del pozo, se cortará la leña, se preparará la comida, pero con una gracia y una serenidad incomparables. ¡Cuán grande es el milagro! Poder continuar en este mundo hermoso sin un yo. Entonces los árboles, las aves y las rocas se comunicarán con nosotros. Es el yo el que siempre se opone a la comunicación y el que constituye el obstáculo; es el yo el que le impide fluir al ser y lo mantiene confinado.

Llegamos al mundo vulnerables y con las manos vacías, y debemos abandonarlo de la misma manera; pero también debemos vivir en él vulnerables y con las manos vacías. Así, la vida es religiosa. Es cierto que llegamos con las manos vacías, pero también es cierto que nos vamos con las manos vacías; entonces, ¿por qué entre esos dos momentos nos empeñamos en ser posesivos? ¿Por qué no permanecer en el mundo con las manos vacías si así entramos en él y así lo abandonamos? La vida es religiosa cuando podemos vivir con las manos vacías, sin ser posesivos, sin obsesionarnos por adquirir, sin ambición, sin la inquietud de querer ser.

La persona religiosa no es tal porque desee ser espiritual. No. Esa espiritualidad sigue siendo parte del mundo porque es un deseo más. La persona religiosa es aquella que ha comprendido la naturaleza del deseo y, al comprenderla, lo ha aniquilado. Una persona religiosa es una persona sin deseos.

Pero permítanme recordarles: no comiencen a desear deseo.

La persona religiosa es aquella que ha reconocido no ser. Si no se es, ¿cuál es el punto de continuar coleccionando cosas para llamarlas "mías"? Es el yo el que continúa acaparando cosas que llama "mías": "Mi casa, mi esposa, mi esposo, mi dinero, mi prestigio, mi respetabilidad, mi iglesia, mi país, mi religión, mi Dios, mis escrituras..." y así sucesivamente.

El "mi" y lo "mío" nacen de la idea del "yo". Y el "yo" no existe, es un supuesto que simplemente hemos asumido. Todo este juego es muy oscuro, muy falso, porque la cosa básica no existe. Antes de penetrar en el mundo del "mi" y de lo "mío", por lo menos miren e indaguen si son o no son; de lo contrario, todo el esfuerzo será en vano, será como construir castillos de arena.

Es por eso que el Zen dice, en palabras de Hui-Neng: "Toda doctrina es, por naturaleza, oscura. Hasta el *zazen* puede ser una trampa. Lo mejor es no perseguir ninguna disciplina. El hábito adormece. En cuanto a los textos sagrados, deberían ser destruidos".

¿A qué se refiere esté Hui-Neng cuando dice que toda doctrina es oscura por naturaleza? Si convertimos la ausencia de deseo en doctrina, como lo han hecho los budistas, o si convertimos en doctrina el concepto del desapego, como lo han hecho los jainistas, quedamos atrapados en una nueva trampa. El desapego no se opone al apego; la ausencia de deseo no se opone al deseo. No se puede desear la ausencia de deseo y no se puede practicar el desapego porque de la práctica nace el apego.

El apego o el desapego surgen cuando comprendemos el primero. Basta con mirar el proceso mismo del apego para reconocer cuán inútil y vano es. Cuando es inútil y carece de significado, desaparece espontáneamente. Espontáneamente. No es la persona quien se deshace de él porque entonces está ahí todavía. Al considerarse renunciante, afirma: "Soy un renunciante, estoy lleno de santidad porque he renunciado al mundo entero".

Buda dice que quien renuncia al mundo entero no renuncia a nada porque la enfermedad de base persiste. Antes exigía dinero y ahora exige renunciación, pero el "yo", el ego, todavía está allí.

Por tanto, Hui-Neng tiene razón cuando dice que toda doctrina es oscura por naturaleza: "No fabriquen doctrinas". El Zen está contra todas las doctrinas. El Zen dice: "Basta con mirar la realidad". Por eso es que no se necesitan escrituras. El Zen dice: "Quemen todas las escrituras". Y es que las escrituras sólo les pondrán ideas nuevas en la cabeza, les ofrecerán picos nuevos para conquistar; las escrituras les generarán más deseos, les presentarán más objetivos para llegar a ser, para *tanha*. Entonces ahí termina todo porque un día comprenden que es inútil perseguir el dinero pero al día siguiente se lanzan en pos de la meditación.

Un día descubren la inutilidad de este mundo y entonces comienzan a pensar en Dios. El deseo se traslada pero no desaparece, el deseo ha cobrado nueva forma pero no ha desaparecido, ahora se ha volcado sobre un nuevo objeto, un nuevo territorio, una nueva dirección y allí permanece. Y si el deseo permanece, también el mundo lo hace.

Hui-Neng dice: "La comprensión es libertad". Estas palabras encierran un enorme significado. La comprensión es libertad. No hace falta hacer nada, sólo es necesario observar. Basta con ver las cosas tal y como son, la manera como funcionan. Basta con ver cómo opera el deseo. Que esto quede muy claro: la comprensión es libertad. No es necesario esforzarse por conseguir la libertad. Basta con ver cómo son las cosas y cómo funcionan. Miren la forma como han vivido hasta ahora y como continúan viviendo en este momento. ¡Sencillamente observen!

Por ejemplo, en este momento me escuchan a mí. Si escuchan con deseo, perderán el punto porque estarán formándose ideas sobre cómo remontar el próximo pico. Estarán escuchando con el propósito de practicar. Mientras me escuchan están tomando notas mentales y no comprenden: "Esto me parece bien y, sí, deberé practicarlo". Entonces surge un nuevo deseo, una nueva idea comienza a apoderarse de ustedes, y nuevamente se mueven en el mundo, en ese mundo de las mil y una cosas.

Escúchenme con comprensión únicamente. Nada tienen que practicar. Decídanlo para siempre aquí conmigo: no hay nada que practicar porque ése no es el punto. Comprendan, estén atentos, observen. Mientras hablo, olvídense de la práctica, olvídense de tomar nota; olviden que deben hacer algo con estas palabras. No tienen que hacer nada, solamente limitarse a atender a estas palabras con la mayor profundidad posible, ahora mismo. Si escudriñan estas palabras, algo comenzará a cambiar en ustedes. Verán que son ciertas; no verán la obligación de practicar sino que reconocerán su veracidad.

Y la luz de la verdad transforma. Eso fue lo que quiso decir Jesús cuando dijo que solamente la verdad libera, no las doctrinas, ni las teorías, ni los dogmas ni las escrituras.

Pero no pregunten cómo conocer la verdad. Si involucran el "cómo", involucrarán el deseo. El "cómo" es el administrador de la mente deseosa. Pregunta constantemente: "¿Cómo?", "¿Qué debo hacer?". No es cuestión de hacer, es cuestión de ver, de ver las cosas tal y como son. Observen la forma en la que continúa funcionando la mente, como han funcionado ustedes hasta ahora. Observen sin motivación alguna.

"La comprensión libera. La claridad trae consigo la ausencia de opciones para elegir". Estas palabras de Hui-Neng encierran una belleza tremenda. "La claridad trae consigo la ausencia de opciones para elegir". Cuando hay claridad no hay necesidad de elegir, pues la elección es producto de la confusión. Elegir implica pensar: "¿Debo elegir este camino o aquel otro?" La confusión impide ver y hace dudar: "¿Debo tomar el *sannyas* o no? ¿Debo meditar o no? ¿Debo amar a esta mujer o no? ¿Debo hacer esto, o mejor aquello?

Esas cosas existen por falta de claridad. Y los supuestos maestros religiosos, los llamados sacerdotes, insisten en enseñarles lo que deben hacer. Ese no es el oficio de un verdadero maestro. Ellos son apenas pseudomaestros. Ustedes recurren a ellos con la mente confundida: "Tengo dos alternativas, *a* y *b*. ¿Qué debo hacer?". Y ellos responden: "Haz lo primero porque es lo correcto mientras que lo segundo está mal". No ayudan a obtener claridad, no confieren claridad, sencillamente dan algo a lo cual aferrarse; enseñan la idea del bien y del mal.

Ahora bien, la vida es muy misteriosa, pues algo que estaba bien en la mañana, por la tarde está mal. Entonces hay que volver nuevamente donde el sacerdote y continuar siguiendo sus preceptos.

Un verdadero maestro no da nunca la idea del bien y el mal, sencillamente brinda discernimiento y atención, pues es probable que no pueda estar con ustedes en la tarde...

El otro día vino a verme un buscador. Se ha llenado de miedo a la muerte. ¡Bien, excelente! Los médicos le dicen que su vida puede estar en peligro, de manera que no ha podido conciliar el sueño desde hace tres días y tiembla como una hoja. Esta es una oportunidad maravillosa porque, pese a que todos debemos morir, no siempre la muerte viene precedida por esta clase de información.

Aquí estuvo anoche, lleno de miedo. Entonces le dije: "Observa la situación. ¿Qué tienes que perder? ¿Qué has ganado en tu vida? El miedo se debe a que la muerte te arrebatará todo lo que has acumulado en la vida. ¿Qué tienes? Si observas con mucha atención, verás que no tienes nada. ¿Entonces a qué viene el miedo? No perderás nada en lo absoluto".

Le pedí que observara el miedo a la muerte lo más profundamente posible, sin evadirlo. Todo el mundo le dice: "Olvídate, no te preocupes, no es nada. Seguramente habrá un medicamento, una operación, alguna cosa". Todo el mundo lo consuela y él se consuela a sí mismo buscando medios y racionalizaciones.

Le pedí que mirara a la muerte de frente. La muerte existe en el centro mismo de nuestro ser; no está en contra nuestra. Estamos más cerca de la muerte que de la vida porque la vida es la rueda que da vueltas mientras que la muerte es el eje estático.

Entonces le dije: "Tienes suerte de que la muerte te avise que tiene una cita contigo. Y también tienes suerte porque yo estoy aquí y puedo ayudarte a mirarla de frente".

Mientras hablaba me daba cuenta de que él esperaba unas palabras de consuelo. No quería que le dijera que escudriñara la muerte. Esperaba que yo le prometiera algo, que le dijera: "No te preocupes, que yo te protegeré"; ansiaba que yo le diera consuelo.

Pero el oficio del maestro no es consolar sino despertar. Si la muerte viene, pues viene. Es preciso aceptarla, compenetrarse con ella, comprenderla plenamente. Es probable que no llegue porque los médicos no son infalibles, pero, ¿por qué desperdiciar la oportunidad? Es probable que no suceda, pero si la idea está planteada, ¿por qué no ahondar en ella? ¿Y por qué no degustarla? Si no llega, perfecto; si llega, estará listo para ella. Es cuestión de sumergirse en ella con aceptación y receptividad. Y con esa aceptación y receptividad vendrá una revelación: nuestro núcleo interior. Y al estar en armonía con ese núcleo profundo, todo el miedo desaparece.

Le dije: "Es probable que no mueras en esta ocasión, pero algún día lo harás; es probable que la próxima vez no esté yo aquí para ayudarte a ver con claridad ni para consolarte. Por tanto, si realmente te amo, no debo consolarte porque la próxima vez quizás no esté aquí, y entonces no podrás encontrar el camino por ti mismo".

El consuelo no es el camino. El camino es la comprensión, lo que Buda llama *vipassana*, o mirar a fondo. Un maestro ofrece claridad para ver las cosas, y cuando se miran las cosas, lo obvio salta *tan* claramente a la vista que no hay dilema posible; no hay necesidad de escoger porque la claridad muestra el camino, se convierte en luz y guía.

Estas fueron las últimas palabras de Buda antes de abandonar el mundo, cuando sus monjes sollozaban y se lamentaban: "Basta de tonterías. Escúchenme: sean luz para ustedes mismos. Recuerden éstas, mis últimas palabras. Sean luz para ustedes mismos: *appo deepo bhava*".

¿Qué es esa luz? La claridad para ver las cosas. Si es la muerte, miren la muerte. Si es el amor, miren el amor. Si es la vida, miren la vida. Si es la ira, miren la ira. Es *una* cosa: mírenla, compréndanla. En la mañana es el amor y en la tarde puede ser la muerte; al anochecer puede ser una cosa y en la noche otra distinta; pero si tienen la capacidad para ver las cosas como son, podrán ver lo obvio. Una vez reconocido lo obvio, la necesidad de escoger desaparece.

Eso fue lo que quiso decir Krishnamurti cuando dijo: "No opten". Pero no se puede hacer un esfuerzo para dejar de optar, no se puede *optar* por no optar. No pueden decidir, de la noche a la mañana, que de ahora en adelante no optarán, pues eso, en sí mismo, constituye el acto de optar por algo.

No se puede optar por no optar, no se puede desear no desear, no se puede practicar el desapego.

Este es el mensaje del Zen: observen, y lo obvio se manifestará. Y cuando sepan que ésta es la pared y aquella es la puerta, no tendrán que elegir por dónde salir; saldrán por la puerta. No tendrán que preguntarse: "¿Debo salir por la puerta o por la pared?" Sencillamente saldrán por la puerta.

Volvamos a la historia. Es una historia sencilla pero extremadamente hermosa. Todas las cosas hermosas son sencillas; muy obvias, muy claras. Esta parábola la utilizó Buda muchas veces, y fue algo que en realidad sucedió, así que no es solamente una parábola. Buda pasaba un día por la orilla de un río y, al observar a los niños jugando, comprendió todo esto. A la mañana siguiente habló al respecto y creó una parábola extraordinaria. Préstenle atención y observen cada una de las palabras.

Unos niños jugaban a la orilla de un río...

Si todavía juegan, son niños. Su juego puede llamarse amor, o política o dinero. Quizás jueguen en la plaza de mercado o en Nueva Delhi, o en Washington, pero si todavía juegan, son infantiles. Si todavía participan en los juegos y se los toman en serio, tan en serio como para matar o dejarse matar, entonces es porque no han crecido.

Unos niños jugaban a la orilla de un río...

El río simboliza la vida. La vida fluye como un río, y en sus orillas los niños juegan mil y un juegos. La vida continúa fluyendo mientras nos dejamos absorber hasta tal punto por los juegos que nos olvidamos de ella por completo. La vida fluye en nuestro interior, pero nosotros estamos enganchados en nuestros juegos, preocupados por ellos.

La preocupación es una enfermedad fundamental de la mente; es una forma de evitar el río de la vida. ¿Qué quiero decir cuando hablo de "preocupación"? Preocupación es estar en el pasado o en el futuro, preocupación es estar en cualquier parte menos en el presente. Cuando se está aquí y ahora, no hay preocupación, pues no hay ocupación sino simple claridad y vulnerable apertura.

Una mente despreocupada es una mente alerta e inteligente, y la mente inteligente está en sintonía con el río de la vida y fluye con él. La mente preocupada juega juegos, y los juega muy en serio. Basta con salir a la plaza de mercado para ver a las personas jugar el juego del dinero con toda la seriedad del mundo. Pero, cuando mueran, dejarán allí todo su dinero a pesar de haber jugado el juego con tanta seriedad.

Basta ir a una ciudad capital para ver a la gente empeñada en el juego del poder. Esta palabra "capital" es muy hermosa. Viene de la palabra latina "capita" que significa "cabeza"; así, capital es ciudad cabeza o ciudad loca. En las capitales se han reunido toda suerte de personas locas.

Si Dios quisiera salvar al mundo, le bastaría con un solo milagro: hacer desaparecer las capitales. Ya no habría Nueva Delhi, ni Washington, ni Moscú, ni Pekín, ni Londres, y con ellas desaparecerían todas las personas locas que moran en las capitales, pues si no están ya en las capitales, están emigrando hacia ellas.

Un juego extraordinario. Millones de personas mueren en ese juego de los "ismos": comunismo, fascismo, nazismo, socialismo. China, Rusia y Estados Unidos; India, Paquistán y Bangladesh. Y continúan peleando, y muy en serio, pues está en juego su vida. Todos son niños, adolescentes que se olvidaron de crecer.

Y continúan perdiéndose la corriente de la vida por su eterna preocupación. Todo el mundo está tan absorto en ese juego... ¿Han observado a los jugadores de ajedrez? Se olvidan del mundo entero cuando están jugando, lo olvidan hasta un punto tal, que si se estuviera incendiando la casa no se darían cuenta. Tan embebidos están con sus falsos caballos y alfiles... ¡Tan sólo unos símbolos!

Todo el mundo juega el juego de la preocupación. Si son cristianos y me están escuchando, están preocupados; si son musulmanes, están preocupados; si son budistas, están preocupados, e inclusive, si creen en el Zen están preocupados. Todas las creencias generan preocupación. Si me están escuchando y mentalmente se están repitiendo: "Sí, esto también lo dice el santo Corán", entonces no son santos en lo absoluto. O si están pensando: "Claro, esto es lo que dice Jesús en el Nuevo Testamento", entonces no han conocido a Jesús; no han comprendido a Jesús y tampoco me comprenderán a mí.

"Preocuparse" significa vivir en el pasado, en el futuro, pero nunca en el ahora. Cuando se está en el ahora no hay juego. Los juegos se detienen y es posible fluir con el río de la vida. Hay espontaneidad, hay una gran inteligencia y una gran celebración. Los juegos desaparecen y no es necesario tomar las cosas en serio. Si hay éxito, perfecto; si hay fracaso, perfecto. No importa. Eso es lo que quiero decir con eso de que "los juegos desaparecen". No quiero decir que cuando despierten y estén alertas no deban vivir la vida común y corriente. Claro que sí, vivirán la vida corriente, continuarán cortando leña, trayendo el agua, pero con gran serenidad. Continuarán riendo y amando, pero el carácter de todo será completamente diferente.

En el ahora nada importa. Si la mujer los abandona, podrán decirle adiós con toda gratitud; si les roban su dinero, podrán decir: "Bien, alguien más lo necesitaba". Ya no hay seriedad; eso es todo. La seriedad desaparece. Aunque continúan jugando, lo hacen sabiendo que los caballos, los alfiles, el rey y la reina no son más que símbolos, no son más que una metáfora.

Unos niños jugaban a la orilla de un río. Hacían castillos de arena, y cada uno defendía el suyo diciendo: "Este es el mío".

El juego es serio cuando viene acompañado del "mi" y de lo "mío" ("Este es el mío"). La seriedad es producto de la actitud posesiva.

A través de lo "mío" creamos el "yo" que se aferra. Mientras más tengan, mientras haya más cosas a las que puedan llamar suyas, más grande será su "yo"; mientras más grande sea el territorio de lo "mío", más fuerte será el "yo". Así, el presidente de un país tiene un "yo" que llega hasta el cielo, pero cuando deja de ser presidente del país, el "yo" se contrae, la torre desaparece y la persona queda reducida a ser un simple tronco cortado.

Cuando tienen dinero, caminan pisando duro; cuando el dinero desaparece, comienzan a trastabillar. Cuando tienen dinero en el bolsillo no sienten frío porque el dinero brinda calor, pero cuando el dinero desaparece, se estremecen de frío. El calor y la energía desaparecen.

Los niños, en su juego, defienden sus castillos de arena. Todos los castillos están hechos de arena; no los hay de ningún otro material. Los castillos de arena están condenados a derrumbarse porque no hay forma de protegerlos. Toda protección es inútil porque, por su naturaleza, el castillo es deleznable.

¿Cuántos castillos han sido erigidos y han desaparecido? Aún así, continuamos haciendo castillos cada vez más grandes. Cuando un castillo pequeño desaparece, pensamos que quizás uno más grande será estable. ¿Cuántas personas han pasado por esta Tierra antes que nosotros? ¿Y cuántos millones de millones de castillos han desparecido? Los castillos erigidos por Alejandro Magno, los de Nadirshah, los de Akbar... Todos han desaparecido, todos fueron hechos con la misma arena. Y ustedes los construyen de nuevo con la misma arena.

Comprendido esto, la idea del "mi" y de lo "mío" se desvanece.

Mantenían sus castillos separados...

Por supuesto. Cuando uno depende de su castillo, debe mantenerlo separado. Es preciso delimitarlo, amurallarlo y poner un aviso que diga: "Prohibido el paso. La puerta está cerrada. Este camino es propiedad privada. Esto es mío, y el que pase será castigado".

Mantenían sus castillos separados para que no hubiera dudas sobre a quién le pertenecía cada uno.

Todo el mundo tiene su propia placa con su nombre. Pero ese mismo castillo fue de alguien alguna vez y le pertenecerá a alguien más después. En efecto, el mismo castillo es de nadie; le pertenece solamente a la arena. La arena permanece mientras que las personas vienen y van. Los juegos comienzan y terminan mientras que la arena permanece por siempre. La arena es eterna y los castillos son transitorios.

Cuando estuvieron todos terminados, uno de los niños pateó el de otro y lo destruyó por completo. El dueño del castillo se enfureció...

La próxima vez que sientan ira, observen lo que sucede. Seguramente alguien destruyó su castillo. La próxima vez que sientan ira recuerden esta parábola. Seguramente soltarán una carcajada. La ira es completamente inútil. No hay "yo" ni "mío". Si el castillo se derrumbó era porque tenía que derrumbarse. Era un castillo de arena.

El dueño del castillo se enfureció, zarandeó al otro por el pelo, lo golpeó y gritó: "¡Dañó mi castillo! Vengan todos a ayudarme a castigarlo como se merece".

Eso es lo que sus tribunales, sus leyes y su policía insisten en hacer. Alguien destruye un castillo y el dueño grita: "Vengan todos a ayudarme a castigar a este hombre". Y claro, acudirá gente en su ayuda porque los demás también tienen castillos que proteger.

Así que el mundo está de acuerdo: esa es la forma de castigar al delincuente. Es por eso que en las cárceles hay miles de personas castigadas por todos ustedes, porque se atrevieron a perturbar el castillo de alguien. Alguien robó el dinero del otro, o la vaca de otro, o cometió una falta menor como robar frutas de un árbol de otro. Todos los árboles son de Dios, pero hay alguien que se considera el dueño y se enoja porque otro se ha atrevido a llevarse unas cuantas manzanas.

La ira es producto de la tenencia. Si realmente desean deshacerse de la ira, tendrán que renunciar a poseer. Muchas personas acuden a mí y me dicen: "La ira nos aqueja. ¿Cómo podemos dejar de sentir ira?". Piensan que es cuestión de deshacerse de la ira de un momento a otro. No comprenden que es más complicado. No es posible deshacerse de la ira sin antes renunciar a poseer.

La ira es solamente una hoja del árbol de la posesión. Si poseen, no podrán deshacerse de ella. Poseen una esposa, y alguien le guiña el ojo: ira. ¿Cómo evitar la ira? Si es "su" esposa porque la poseen, nadie puede atreverse a sonreírle o a enviarle un beso. Es *su* esposa, es de su propiedad. E, igualmente, la esposa pierde la cabeza tan pronto ve que otra mujer trata de jugar algún juego con *su* esposo.

Somos dueños de las personas y de las cosas. De esa tenencia surgen la ira y el enojo. Si realmente desean dejar atrás la ira y el enojo (¿y quién no querría hacerlo, a menos que estuviera feliz con su neurosis?), si realmente desean deshacerse de su neurosis, deben renunciar a poseer. La simple idea de que se puede poseer algo es estúpida.

Además, otros acuden a ofrecer su ayuda, pues temen por *sus* pertenencias. Si alguien traspasa una cerca y no es castigado, entonces la gente comenzará a destruir las propiedades ajenas.

Y así es como todo el mundo se llena de ira. Si ven a un ladrón, saltan sobre él. Aunque robó el dinero de alguien más, todo el mundo está dispuesto a saltar sobre él para golpearlo y patearlo. Y dicen: "Es un ladrón. Debemos castigarlo". Pero, ¿cuál es la razón para castigarlo si no se ha llevado su dinero sino el de otra persona? Pues porque representa un peligro. Si se le permite robar el dinero de otra persona, algún día se llevará el propio. Entonces es mejor proceder con cautela y cortar el mal de raíz. Para eso existen las leyes. La ley siempre está a favor de los dueños, la ley es capitalista. Hasta en la Unión Soviética, cuando había desaparecido el capitalismo, la ley favorecía siempre al estado porque éste era el dueño de todo. La ley siempre está al servicio de quien posee (si el estado es el dueño, entonces la ley está a su servicio). El magistrado, la ley, la policía, todos están al servicio de quienes *tienen* y en contra de quienes *no tienen*.

No puede ser muy bueno un mundo donde la propia ley sirve a los que *tienen*. ¿Cómo puede ser justa esa ley? Es imposible. Está en contra de quienes no tienen nada y a favor de quienes lo tienen todo. Ha sido creada por los que tienen a manera de conspiración contra los desposeídos. Así ha sido en todas las sociedades: las leyes siempre han sido injustas. La mal llamada justicia es sólo una pretensión, pues un mundo en el cual existe la propiedad no puede ser justo.

Es por esto que el Zen es muy anárquico. Yo soy anarquista. Creo en un mundo en el cual no haya leyes. Las leyes podrán desaparecer solamente cuando desaparezca la propiedad; no podrán desaparecer con sólo cambiar la propiedad. En la Unión Soviética cambiaron la propiedad; los desposeídos pasaron a ser propietarios y los antiguos propietarios pasaron a ser los desposeídos, pero nada cambió. Quien quiera que posea, será dueño de la ley, y la ley estará a su favor. La ley está al servicio de los poderosos, jamás de los débiles.

"¡Dañó mi castillo! Vengan todos a ayudarme a castigarlo como se merece". Los demás acudieron en su ayuda, golpearon al infractor con un palo y después lo patearon mientras yacía tirado en el suelo.

Después regresaron a su juego y continuaron insistiendo: "Este es el mío. No le pertenece a nadie más. ¡Manténgase alejados! No toquen mi castillo".

¿No lo ven? Es el mismo juego que se ha jugado de mil maneras en el mundo entero a través de los siglos: "Esto es mío y de nadie más. ¡Fuera todos! ¡No toquen mi castillo!". Ese es el juego total llamado mundo.

Pero comenzó a oscurecer...

La noche llega inevitablemente; es imposible escapar de ella.

Pero comenzó a oscurecer y los niños sintieron que era hora de regresar a sus casas. Ahora a ninguno le importó lo que pudiera sucederle a su castillo. Uno de los niños destruyó el suyo con los pies y otro hizo lo mismo con las manos.

Dieron media vuelta y regresaron cada uno a su casa.

Infortunadamente, esto no le sucede a todo el mundo. Llega la noche pero la persona continúa aferrada a la mañana. Llega la noche, llega incluso la muerte, pero la persona continúa aferrada a la vida y al nacimiento.

La noche llega inexorablemente para todo el mundo, pero sólo hay unos cuantos afortunados que *aprovechan* la noche para comenzar a ver que nada nos pertenece y que todo castillo es un castillo de arena.

Entonces dejan de preocuparse por lo que pueda sucederles a sus castillos. No sólo no les importa si alguien los daña, sino que ellos mismos saltan encima y los destruyen. Todo ha terminado. Ha llegado la noche. El mundo ha terminado y ha llegado la hora de emprender el regreso a casa.

En el Zen, "regresar a casa" significa adentrarse dentro del propio ser. Aprovechen la noche cada vez que llegue. Ella llega muchas veces en la vida, a veces en forma de fracaso o de frustración, a veces en forma de tristeza o de depresión. Aprovéchenla.

Podrá presentarse en forma de miedo, angustia, enfermedad o muerte, pero aprovéchenla. Cuando llegue la noche, traten de ver que nada les pertenece, que no pertenecen a nada y que toda la idea de la pertenencia es absurda. Véanlo. Y cuando comiencen a sentir que el mundo externo carece de significado, no creen nuevos significados externos sino inicien el viaje hacia su hogar interior.

Pero comenzó a oscurecer...

Cada vez que sientan que oscurece, que los invade la tristeza, que las cosas se ven mal, que los asuntos van por mal camino, recuerden que es un llamado: "Regresa a casa; ya has jugado suficiente".

...*"Y los niños sintieron que era hora de regresar a sus casas".* Ahora a ninguno le importó lo que pudiera sucederle a su castillo. Uno de los niños destruyó el suyo con los pies y otro hizo lo mismo con las manos. Dieron media vuelta y regresaron cada uno a su casa.

Regresen a sus hogares, busquen su hogar interior. Es el hogar del no-ser, de *anatta*, de la nada, del vacío absoluto. Es informe, no tiene nombre, es el nirvana.

Una vez regresen a sus hogares, verán las cosas de una manera completamente diferente. Habrá dicha y celebración. Y no habrá noche. Siempre será de mañana porque siempre habrá primavera. Habrá música y danza, y la vida será siempre una fiesta.

Así, la próxima vez que sientan que oscurece y cae la noche, aprovechen esa oportunidad como un trampolín. Salten hacia su propio ser y desaparezcan allí.

Ya se han movido demasiado hacia las cosas; ahora comiencen a moverse hacia la nada, hacia la ausencia de cosas. Ya han puesto demasiado los ojos en los demás; es hora de mirarse ustedes mismos. Son tan necios que, incluso cuando se miran, ven su imagen en lugar de su ser. Sí, algunas veces se paran ante el espejo y se miran, pero eso es mirarse como si fueran alguien más, es mirarse desde afuera, mirar el rostro, la piel y el exterior.

Ya han mirado demasiado a los demás y se han mirado como quien mira a otro. Ha llegado la hora, y comienza a oscurecer. Comiencen a mirar hacia adentro. Que haya una explosión de comprensión. Esa explosión los transformará. Dejarán de ser orugas para convertirse en mariposas.

CUATRO

¿QUÉ ES TODO ESTO?

Un maestro se puso de pie para dirigirse a un grupo deseoso de encontrar la iluminación, pero se limitó a exclamar: "¡Ja, ja, ja! ¿Qué es todo esto? Vayan a la parte posterior del salón y disfruten de una taza de té". Y, con esas palabras, bajó del estrado y se fue.

Lo único que puede decirse categóricamente sobre lo último, es que no hay nada que decir. Hasta eso es decir mucho; hasta eso es demasiado para expresarlo en palabras. Es por eso que los grandes libros sagrados hablan con negaciones: no dicen lo que Dios es sino lo que no es. Al decir lo que no es, no dicen nada sobre Dios; sencillamente dicen algo acerca de lo que Dios no es. Si comprenden eso, con el tiempo volverán sus ojos hacia Dios. Si reconocen la falsedad de lo falso, entonces, tarde o temprano, tropezarán con lo real. Reconocer la falsedad de lo falso es conocer lo real.

Buda, Mahavira, Krishna, Cristo... ninguno dice nada acerca de la verdad. Hablan de lo que *no* es la verdad; señalan lo que no es verdad y nos familiarizan con aquello que no corresponde a la verdad. Si esa familiaridad logra llegar al fondo de nuestro corazón, tarde o temprano reconocemos la verdad. La oscuridad se puede expresar con palabras, pero no así la luz; el odio se puede expresar con palabras, pero no así el amor.

¿No lo han observado en su propia vida? Cuando están llenos de odio, el lenguaje es muy intenso. Cuando están llenos de odio, las palabras brotan con facilidad. Las personas hablan exaltadamente cuando están enojadas y furiosas. Cualquiera puede ser un gran orador cuando está lleno de ira, no hay necesidad de buscar las palabras porque éstas sencillamente salen a borbotones. Toda la timidez desaparece. Pero cuando están enamorados, las palabras son casi impotentes. Hasta la frase "te amo" parece plana, sosa, muerta.

Lo malo se puede expresar con palabras, pero no así lo correcto. Es por eso que Lao Tse dice: "Aquello que se puede poner en palabras de por sí no es verdad". Puesto que puede pronunciarse o ya se ha pronunciado, ha perdido su verdad. La verdad no puede ponerse en palabras. La verdad se puede mostrar pero no decir. Los dedos señalan a la luna: no dicen lo que es la luna, pero pueden mostrar y orientar la mirada hacia ella.

No se dejen atrapar por los dedos. Esa es una de las revoluciones que el Zen le trae al mundo. El Zen quema las escrituras y nos ayuda a desprendernos de los dedos.

Si les muestro la luna y apunto a ella con el dedo, no se apeguen al dedo porque él no es la luna. Si se obsesionan con el dedo, no podrán ver la luna. Para ver la luna es preciso olvidarse del dedo. Para ver la luna tendrán que renunciar completamente al dedo. Tendrán que aceptar la indicación y seguirla; al hacerlo, olvidarán el dedo. El dedo no interesa. Puede ser un dedo maravilloso y pertenecer a la mano de un gran artista. O puede ser un dedo feo, o enfermo, o sano, o blanco, o negro, o masculino, o femenino. No interesa.

Las cualidades del dedo carecen de importancia porque cualquier dedo puede apuntar a la luna. Pero las personas se han apegado excesivamente a los dedos. Los jainistas se aferran al el dedo de

Mahavir y lo veneran, olvidándose de la luna; y los budistas veneran el dedo de Buda.

En efecto, hay un templo en Japón donde no hay una efigie de Buda sino un dedo que señala hacia algún punto desconocido. Quienes construyeron el templo seguramente eran muy perceptivos. Pero las personas veneran el dedo, le llevan flores y se arrodillan ante él, y nadie se detiene a mirar hacia dónde apunta el dedo.

Los cristianos sujetan otro dedo. Y todo el mundo discute: "¿De quién es el dedo más hermoso? ¿De Cristo o de Buda? ¿De Krishna o de Mahoma?". ¿De qué hablan? ¡Cuántas necedades! Hablan de los dedos cuando estos carecen de importancia. Cualquier dedo puede apuntar a la luna y todos los dedos que apuntan a la luna son iguales. Son iguales en cuanto a que señalan a la luna; todos sus demás atributos son irrelevantes.

Buda habla en un lenguaje, Jesús en otro y Mahoma en otro. Eso no importa. Al hombre perceptivo le basta la indicación, el hombre perceptivo avanzará hacia la luna sin prestar atención a los dedos. Tan pronto como ustedes comiencen a avanzar hacia la luna, se darán cuenta de que todos los dedos apuntan hacia una misma meta.

Así, el Zen es un dedo que señala en silencio a la luna. Es así con toda religión esencial. ¿Por qué son tan impotentes las palabras? ¿Por qué la verdad no puede ser dicha? Es necesario comprender unas cuantas cosas antes de adentrarnos en esta breve anécdota.

Las palabras sencillamente no dan en el punto debido a aspectos estructurales del lenguaje mismo. Ante todo, el lenguaje es utilitario. Es bueno en lo que concierne al mundo de la utilidad. Si vamos al mercado a comprar algo necesitamos del lenguaje pues facilita las cosas. El lenguaje es un lubricante que ayuda a la comunicación, pero solamente en el mundo utilitario.

Tan pronto como comenzamos a movernos hacia la existencia... La existencia no tiene utilidad, no es algo que pueda comprarse o venderse. La existencia no es utilitaria, no tiene propósito. La existencia es para observarse con profundo silencio en la mirada.

Si van al mercado y permanecen en silencio, tanto ustedes como los demás se sentirán incómodos. Si van a la estación de policía y al preguntarles por su nombre ustedes asumen la actitud Zen, los agentes los tildarán de locos, desquiciados o astutos. En una estación de policía no hay forma de comprender el silencio. Y si se paran delante del mostrador de una tienda sin decir nada, el dependiente tampoco podrá comprender su silencio.

En el mundo corriente se necesitan las palabras. El lenguaje se inventó para este mundo ordinario, para el mundo del día a día. Pero el lenguaje no es para lo eterno. Allí no se compra nada. Allá no se habla con alguien en particular sino que se está en simple comunión con la existencia misma. No hay necesidad de hablar; las palabras son innecesarias. Esto es lo primero que deben comprender: el lenguaje tiene su utilidad y, por esa razón, tiene limitaciones también.

La existencia no comprende las palabras. El lenguaje es humano mientras que la existencia es mucho más amplia y no se limita a lo humano.

El otro día leí un libro del existencialista ruso Nikolai Berdyaev. Siendo existencialista, se aproxima mucho al punto de vista del Zen. Se aproxima, pero no lo penetra totalmente. Dice que, antiguamente, los místicos solían pensar que el conocimiento era divino. Para él, eso es inadecuado porque para que el conocimiento sea un conocimiento de la totalidad última, debe ser humano también. De lo contrario, lo humano debería excluirse. ¿Entonces cómo puede el conocimiento ser solamente divino? Debe ser humano y divino para incluir al hombre.

Aunque eso es cierto, el autor se queda corto. ¿Por qué no incluir también a los animales, o a los árboles, o a los minerales? Ellos también existen, y no hay razón para excluirlos. Berdyaev dice que para que el conocimiento sea total, debe ser divino y humano. Yo digo que debe ser mineral, vegetal, animal, humano, divino y más. Si falta algo, también debe incluirse.

Pero el lenguaje es humano. Los animales no lo comprenden, los árboles son indiferentes, las rocas no escuchan ni comprenden el lenguaje. Ni siquiera todos los seres humanos comparten un mismo lenguaje en este pequeño planeta donde hay miles de idiomas. Por consiguiente, el lenguaje es un invento humano muy local.

La existencia es enorme, verdaderamente gigantesca, y nosotros no somos más que unas pequeñas partículas. Nuestra Tierra es un planeta muy pequeño. Hasta nuestro sol es una estrella pequeña y mediocre (hay soles más grandes). En medio del infinito que nos rodea, no deberíamos ser tan provincianos.

A eso se refiere el Zen cuando dice que la verdad no puede expresarse en palabras. El lenguaje es algo muy provinciano y local, un invento de la humanidad. Si la humanidad desapareciera, todos los lenguajes desaparecerían con ella. Pero la existencia continuaría; la existencia ya estaba antes de la llegada del hombre, y continuará aunque haya una tercera guerra mundial y la humanidad desaparezca en un acto suicida. Los árboles continuarán floreciendo, la primavera llegará, las flores abrirán y las aves cantarán. La luna iluminará la noche y el sol calentará en el día. Nadie nos echará de menos. Recordemos que las cosas seguirán siendo como son. El hombre es tan insignificante...

Pero considerando que vivimos en un mundo humano con otras personas, comenzamos a pensar como si fuéramos únicos. Entonces el lenguaje adquiere suma importancia. Es algo que todos habrán observado. ¿Alguna vez han visto pinturas Zen? Esto también se aprecia en ellas. Cuando la gente mira una pintura Zen, por lo general se sorprende y se inquieta a la vez porque no comprende: el lienzo aparece vacío casi en un noventa por ciento; tan sólo en una esquina aparece una pintura minúscula. En esa pintura también hay montañas enormes, grandes árboles y ríos, mientras que el hombre aparece como una hormiga, como un punto sentado en un bote.

La pintura occidental es diferente: la figura humana ocupa todo el lienzo. El Zen se ríe de ello pues lo considera egocéntrico: "El hombre no ocupa el lienzo completo de la vida. Eso es perder el sentido de la proporción", dice el Zen. "Se pintan a ellos mismos demasiado grandes. ¿Dónde está el cielo? ¿Dónde está la inmensidad?".

Las pinturas occidentales no son representativas de la existencia. Las pinturas Zen sí, con el cielo vacío que ocupa el noventa por ciento o más (hay algunas pinturas en las que el cielo cubre casi el noventa y nueve por ciento). Parecería que el mayor interés es mostrar el cielo vacío, después las nubes, las montañas, los ríos y el hombre minúsculo, todo dentro de su correcta proporción.

Esa es la representación correcta. Pero nosotros tenemos estratagemas, de manera que insistimos en amplificar nuestra imagen y sobredimensionarnos.

Esto sucede todos los días. ¿Han observado lo que sucede cuando se miran al espejo? Su cara llena todo el espejo y no hay nada más. Al mirarse en el espejo tendrán la impresión equivocada sobre lo que son. Los espejos son estructuras excelentes para forjar el ego, puesto que los hace sentir como si fueran el todo. En el espejo no hay nada más. A la gente le encanta pararse ante el espejo: mientras más egocéntrica es la persona, más se fascina por el espejo que la halaga. Los espejos son lisonjeros y contribuyen a la manía de la grandeza.

Eso no es correcto. Vean los árboles que hay allí afuera: comparados con ellos somos muy pequeños; miren las nubes: comparados con ellas somos todavía más pequeños. Y después están el firmamento y las estrellas y el infinito. Comparados con esa inmensidad, somos insignificantes.

Nuestro lenguaje es incapaz de expresar el todo. Pero nuestro silencio sí puede expresarlo, porque cuando callamos nos sintonizamos con la existencia. De ahí que todas las religiones prediquen el silencio. Cuando estamos en silencio no somos seres humanos... somos la roca, el árbol, el animal y la nube. Cuando callamos estamos en sintonía con la existencia. Cuando callamos dejamos de estar en los confines de lo humano para hacernos partícipes de la vasta existencia.

El silencio es tremendo. A través del silencio se conoce la verdad, y si la verdad se conoce a través del silencio, solamente en el silencio se puede expresar. Si se conoce a través del silencio, ¿cómo podría expresarse a través del ruido? Las palabras son ruido.

El lenguaje sencillamente no lo logra. Para empezar, la verdad es enorme y el lenguaje es pequeño. Además, y esto puede parecer paradójico, la verdad es sutil mientras que el lenguaje es tosco. El lenguaje no puede reconocerla desde ningún punto de vista. Es como cuando el pescador lanza su red al río: atrapa los peces pero no el agua. El agua es más sutil y no es posible pescarla como se pescan los peces, en particular los más grandes, porque los pequeños también escapan. El agua es muy líquida y elusiva.

Por tanto, paradójicamente, la verdad es infinita, por una parte, y, por la otra, es sutil, pequeña, indivisible y atómica. De nuevo el lenguaje falla en su intento, pues, siendo un invento humano, no logra reconocerla. La verdad no es un invento humano; en cambio el lenguaje, es un producto del hombre, existe por conveniencia y es engañoso.

Ustedes llaman "rosa" a una flor que en India llamamos *gulab*. En seis mil idiomas habrá seis mil nombres para la rosa. Pero todos los nombres son inventos y, aunque la rosa no tiene nombre, si creemos que es así como se llama, entonces se convierte en rosa, pero si creemos en otra palabra, como *gulab*, entonces ése será su nombre. Las palabras no son más que cuestión de conveniencia.

La verdad no es cuestión de conveniencia. La conveniencia se acomoda a nosotros, pero con la verdad somos nosotros quienes debemos adaptarnos. Recuerden esa diferencia. La conveniencia es para uso nuestro, pero no podemos usar la verdad. Si desean moverse con la verdad, eso es exactamente lo que deben hacer porque la verdad no puede moverse con ustedes.

Hay dos tipos de personas en el mundo. Unas que desean que la verdad las siga y que jamás llegarán a la verdad porque piensan que ella debe convertirse en una especie de sombra suya. Esta clase de personas está más interesada en su ego que en la verdad. Cuando esas personas luchan por defender la verdad y dicen: "Esta es la verdad", en realidad no se interesan por ella, lo que están diciendo realmente es: "Esta es mi verdad y nadie puede atreverse a cuestionarla".

Fíjense: si yo digo algo contra su verdad, su reacción es de enojo. No se enojan porque lo que digo sea contrario a la verdad, no. Se enojan porque es *su* verdad y porque su ego se lastima. Si alguien dice algo contra *su* verdad, es el ego el que sufre, no la verdad. ¿A quién le interesa la verdad? Lo que sufre es "mi cristianismo", "mi hinduismo", "mi jainismo", "mi islamismo"; "mi Corán", "mi Veda", "mi Gita", "mi Biblia". Es necesario escudriñar el "mi". Aunque no lo digan, cuando afirman que lo que dice la Biblia es cierto, están dando a entender que "la Biblia es mi libro sagrado". No hay necesidad de expresarlo explícitamente. El ego opera con mucha astucia, nunca sale a la superficie, permanece oculto.

Cuando la gente discute, no lo hace en aras de la verdad. La verdad no necesita que la defiendan porque no se puede decidir por medio de una argumentación o una discusión. Ningún debate sobre ella puede ser decisivo. La discusión es cosa del ego: mi verdad contra la de la otra persona. Puesto que son los dos egos los que están en conflicto, se hace necesario demostrar que se tiene la razón. Aunque a veces tenemos la percepción de que lo que dice el otro es lo correcto, nos es imposible aceptarlo. Eso es algo que sucede con frecuencia, pues hay algo que nos indica que la otra persona tiene la razón, pero a la vez nos resulta inaceptable, inconcebible; sencillamente no puede ser porque es malo para el ego. Entonces hay que pelear.

Una vez tuve un vecino muy interesante en un pueblo en que viví durante algunos años. Era un hindú fanático, y le encantaba discutir conmigo durante horas. Yo me daba cuenta de que comprendía lo que yo le decía, pero de todas maneras discutía. Un día me sorprendí al descubrir que hablaba con otra persona y le decía las cosas que yo le había dicho esa misma mañana.

Entonces entré a su casa y le pregunté: "¿Qué estás haciendo?". Él se sintió muy avergonzado. "Apenas esta mañana estabas en contra de todo lo que estás hablando ahora mismo", le dije. Al verse agarrado con las manos en la masa, confesó: "Me sucede todos los días. Cuando te escucho, quiero manifestarte que estoy de acuerdo, pero mi ego se interpone. No puedo reconocerlo delante de ti, pero cuando llego a casa y reflexiono, reconozco que tienes razón. Y te sorprenderá saber que he venido hablando a favor tuyo con muchas personas, pero no lo podía reconocer delante de ti. Hoy me has atrapado con las manos en la masa, y ya me será muy difícil rebatir lo que dices".

La verdad fue que desde ese día no hubo más discusiones. Aunque continuó visitándome, se limitaba a oír en silencio. Lo que sucedió fue que tuvo un momento de esclarecimiento que lo transformó. Desde ese día se convirtió en buscador auténtico de la verdad. El ego dejó de interponerse y defender su "creencia" dejó de ser su preocupación principal.

¿Qué es verdad? ¿Qué es la verdad? El buscador auténtico está dispuesto a ir a la verdad donde quiera que ella esté. Hay dos tipos de hombres: el que desea que la verdad lo siga, y el que tiene el valor suficiente para disponerse a seguir a la verdad adonde quiera que lo lleve. Este hombre sigue a la verdad sin condiciones y de todo corazón. Y a menos que ustedes estén dispuestos a perseguir la verdad de todo corazón y con rectitud, no podrán encontrarla.

El lenguaje es un invento humano. La verdad no es invento, sino un descubrimiento; es redescubrir. La verdad ya está ahí. La palabra "verdad" no está ahí, como tampoco lo está la palabra "rosa". La rosa existe, pero no así la palabra "rosa"; el fuego existe, pero no así la palabra que lo designa. Dios está ahí, pero la palabra "dios" no, y, aún así, la gente continúa peleando por el hecho de si debe llamarse Dios, o Alá o Ram. Dios no tiene nombre; la verdad no tiene nombre. No se necesitan rótulos lingüísticos o, lo que es mejor: cualquier rótulo servirá. Si se necesita un rótulo, cualquiera servirá, bien sea Alá, o Ram, o Dios. Si sabemos que Dios no tiene nombre, y que la verdad tampoco, y esa noción prevalece, entonces cualquier nombre servirá. El fuego es fuego, sin importar cómo lo designemos.

La verdad existe, mientras que las palabras son hechas por el hombre. El silencio no es fabricado, y en ello radica su belleza. El silencio proviene de Dios, mientras que las palabras son producto del hombre. Si desean conocer a Dios, deberán guiarse por lo que proviene de él y buscarlo a través de su don. Ese don encierra un puente a través del cual podrán conectarse nuevamente con la divinidad.

El silencio es un precioso tesoro. Un solo momento de silencio vale más que horas de estudio o reflexión.

Puesto que el lenguaje es un invento humano, su naturaleza es dual. La mente humana es incapaz de ver ambos aspectos de la realidad al mismo tiempo; solamente puede ver uno a la vez. Sucede hasta con las cosas más pequeñas. Si les doy un guijarro, no podrán verlo en su totalidad aunque lo tengan en la mano. Verán solamente un aspecto y cuando le den la vuelta, verán otro aspecto, pero el primero habrá desaparecido. Ni siquiera es posible ver un guijarro en su totalidad, porque su totalidad es una inferencia. Primero ven una parte, después otra y, posteriormente, imaginan la totalidad.

En este momento me están mirando y, aunque ven mi rostro, no pueden ver mi espalda. Y si estuvieran viendo mi espalda, no verían mi cara. Si miran una moneda verán uno de sus lados a la vez. Siempre hay algo que falta.

La existencia es multidimensional, tiene muchos aspectos. Pero la existencia no solamente es multidimensional sino también paradójica. En ella conviven el día y la noche, aunque nosotros los vemos separados. La vida y la muerte conviven en ella, pero nosotros las vemos separadas. En efecto, las consideramos enemigas. No son enemigas: la vida va hacia la muerte y la muerte va hacia la vida; son como los valles y las montañas: inseparables. No puede haber montañas sin valles, y no puede haber valles sin montañas. Donde hay valles habrá montañas; donde hay montañas habrá valles. Son inseparables.

Pero la mente humana ve solamente un aspecto, y cuando ese aspecto paradójico se manifiesta, la mente lo ve como una lucha. Entonces el día es contrario a la noche, la luz es contraria a la oscuridad y el amor es contrario al odio. Pero no es así. El odio se convierte en amor y el amor se convierte en odio, pues son una sola onda, dos expresiones de una misma energía. Y si observan atentamente en silencio, podrán verlo claramente. ¡Es tan evidente! ¿Podrían odiar a una persona sin amarla? ¿Podrían hacer de una persona su enemiga sino han sido antes amigos suyos? Imposible. Primero hay que entablar amistad para luego poder tener una enemistad. Primero hay que amar para luego poder odiar.

Es por eso que odiamos precisamente a las personas a quienes amamos. El esposo odia a la esposa al mismo tiempo que la ama; y la esposa odia al esposo aunque continúa amándolo. Y a veces ustedes se desconciertan y se preguntan por qué. ¿Por qué se enojan tanto con su esposo? ¿Por qué sienten tanta ira hacia su esposa? ¿Por qué a veces piensan que querrían matarlo o matarla? Pero saben que los aman y no pueden vivir sin ellos. Cuando la esposa se va de la casa apenas por unos pocos días, sienten soledad y tristeza. Cuando la esposa está lejos sufren por su ausencia pero cuando está a su lado, piden a Dios que surja algún viaje; "¿Cuándo se irá para tener unos pocos días de paz y silencio?" El amor y el odio están entretejidos. En efecto, es un error decir que son dos porque son sólo uno, como son una la amistad y la enemistad.

La existencia es multidimensional y paradójica, pero el lenguaje no puede ser paradójico porque perdería su utilidad. Cuando alguien les pregunta algo y ustedes responden con un "sí y no", su respuesta no significa nada. Sólo significa algo si responden con un "sí" o con un "no". Pero la existencia responde "sí y no" al mismo tiempo. En ella, la afirmación y la negación no son separadas; el "sí" y el "no" son dos aspectos de la misma energía. Es por eso que el lenguaje es dual y crea una especie de esquizofrenia en la conciencia humana; crea una división.

La existencia, por su parte, no es dual sino una sola. En ella no hay divisiones. A ustedes les es difícil pensar que la muerte no es otra cosa que la misma vida, la culminación de la vida misma. Durante muchos siglos les han enseñado que la muerte es la enemiga y que es preciso evitarla, huirle, protegerse y defenderse de ella, pero no es así; ella es el telón de fondo de la vida. La vida es el rayo y la muerte es la nube negra. Sin la nube negra el rayo perdería su luz, no podría brillar. Si las estrellas titilantes en el firmamento son la vida, entonces la muerte es la noche oscura sin luna. Las estrellas están en su lugar durante el día, pero no las podemos ver sin la oscuridad. Estrellas y oscuridad van de la mano para formar las figuras contra el telón de fondo. Cuando el telón de fondo se convierte en la figura, igualmente, ella toma su lugar.

Cuando estamos vivos, la vida es como una luz en medio de una nube negra, una lámpara en una noche oscura. Cuando sobreviene la muerte, la oscuridad se convierte en la figura y la luz se retira al fondo. Entramos en reposo, en un reposo profundo. La muerte es el descanso de la vida. De la muerte renacemos una y otra vez, y a partir de la vida la muerte vendrá, una y otra vez, siempre juntas en un solo ritmo.

Es por eso que el lenguaje no pude expresar la unicidad, la ausencia de dualidad, *advaita*. El lenguaje es lógico, pues así debe ser. Si no es lógico, carecerá de significado.

George Gurdjieff estaba sentado con unas personas un día cuando recibió la visita de un periodista (Gurdjieff le tenía bastante aversión a los periodistas). Entonces, de buenas a primeras, le preguntó a la mujer que estaba a su lado qué día era. "Hoy es sábado", dijo la mujer. Gurdjieff hizo una mueca de asombro y dijo: "¿Cómo es posible? Apenas el otro día era viernes, ¿y hoy ya es sábado?"

La mujer no sabía qué hacer, aunque sabía que Gurdjieff a veces hacía afirmaciones bastante ilógicas. Pero el periodista pensó que el hombre estaba loco porque insistía en decir: "¿Cómo puede ser sábado cuando apenas el otro día era viernes? ¿Cómo? ¡Usted, explíqueme eso!"

El periodista pensó que era inútil pretender hablar con el hombre y escapó. Le pareció que Gurdjieff estaba loco y además era peligroso (un caucásico realmente grande y fuerte). Cuando hubo desaparecido el periodista, Gurdjieff rió. La mujer le preguntó, "¿Por qué se comportó así con ese pobre hombre?". A lo cual Gurdjieff respondió, "Me hubiera hecho perder innecesariamente el tiempo. Además, todo lo que tengo que decir es ilógico, y si no pudo tolerar apenas una frase ilógica, no podría haber comprendido lo que tengo que decir".

La verdad es ilógica; está más allá de la lógica, mucho más allá de sus confines. La lógica tiene unos límites claros. La lógica es como un jardín inglés, perfectamente diseñado y simétrico: un arbusto de un lado y otro exactamente igual del otro; el césped podado, los setos bien cortados en perfecta simetría.

La verdad se parece más a un jardín Zen. ¡La verdad se parece más a mi jardín! Mi jardinera tiene muchas dificultades con mi jardín. Ella quisiera arreglarlo y sembrar los árboles en perfecta simetría. Como buena griega que es, su mente es esencialmente lógica (ya saben, Platón, Aristóteles y demás), y ella está aquí, en manos de un ser muy ilógico. Yo le insisto en que siembre en cualquier parte y deje que el jardín parezca una selva.

Al principio, ella salía a trabajar al jardín cuando yo no estaba mirando y se dedicaba a cortar y podar los árboles. Ahora ha dejado de hacerlo. Ya no la veo ir de aquí para allá con las tijeras. Se ha acostumbrado al hecho de que así será siempre.

La verdad se parece más a la selva. Ni siquiera a un bosque, porque el bosque ha sido plantado. La selva es trabajo de Dios: asimétrica, ilógica, sin planeación, sin silogismos. Sencillamente está allí, con todos sus acertijos; en ella nos podemos extraviar.

He oído de un gran maestro Zen que amaba los jardines, y era él mismo un jardinero extraordinario. Una vez, el emperador le pidió que le enseñara a plantar un jardín hermoso, y así fue, estuvo trabajando con el maestro durante tres años, aprendiendo todo, y él mismo, con la ayuda de mil jardineros, hizo el jardín del palacio.

Al cabo de los tres años, el emperador le pidió al maestro que viniera a ver el jardín. Sería una especie de examen: si el maestro decía: "Muy bien", el emperador habría aprobado. Si el maestro decía: "No, debes comenzar a estudiar nuevamente", tendría que estudiar durante otros tres años. Todo se había hecho con mucho cuidado, y todo estaba en su lugar. Además, no había de qué preocuparse, puesto que mil jardineros habían trabajado durante meses.

Entonces llegó el día de la visita del maestro. El emperador estaba muy nervioso, y su nerviosismo fue creciendo mientras recorría el jardín con el maestro porque este se veía muy serio. La mañana era fría, pero el emperador transpiraba profusamente porque el maestro no decía ni una sola palabra, ni esbozaba tan siquiera una sonrisa.

Finalmente, atemorizado, el emperador preguntó: "Señor, ¿por qué guardas silencio? ¿Por qué no sonríes? ¿Por qué no dices algo? ¿Hay algo fundamentalmente mal con el jardín?"

"Sí, hay algo fundamentalmente mal", dijo el maestro. "¿Y qué podrá ser?" preguntó el emperador. A lo que el maestro respondió:

"Aquí se ve demasiado la mano del hombre. Dios está ausente. Has sido excesivamente matemático y lo has destruido. Has aplicado demasiado la lógica y el jardín es extremadamente simétrico. Todo es como debería ser. Eso es lo que está mal. Ese es precisamente el problema, que nada está mal".

Solamente la mente humana es capaz de tantas matemáticas. Dios no es matemático. En la puerta de la academia de Platón se leía: "Dios es matemático. Por favor no entres en esta academia a menos que conozcas las matemáticas".

Dios no es matemático, es muy asimétrico.

¿Entonces saben lo que hizo el maestro? Salió y les pidió a los jardineros que fueran a buscar las hojas secas que con tanto cuidado habían barrido y las arrojaran nuevamente al jardín.

Un jardín sin hojas secas es un jardín muerto. Las hojas secas pertenecen a él, son parte de él. De la misma forma que no puede haber vida sin muerte no puede haber hojas verdes sin hojas secas. Y el rumor de las hojas secas movidas por el viento es una música tan hermosa como la de las hojas verdes que están todavía en el árbol. Y, a veces, las hojas secas mecidas por el viento en el suelo son más musicales de lo que pueden llegar a ser las hojas verdes, pues son libres. Las hojas verdes todavía forman parte del mundo, las hojas muertas son como budas.

Entonces el maestro hizo que esparcieran toda clase de hojas secas por el jardín, esas mismas que se habían desechado anteriormente. En ese momento sopló el viento, se agitaron las hojas, y el maestro, sonriendo, dijo: "Eso está mejor. Ahora tiene un poco más de vida".

Esa es la actitud Zen.

El lenguaje es muy lógico, y así debe ser por necesidad. La verdad es muy ilógica, muy asimétrica. No es un silogismo, es poesía. No es aritmética, es música; se parece más al amor que a la lógica, y ésa es la razón por la que no se puede expresar con palabras.

¿Pueden ustedes explicar el amor con un silogismo? Sería como decirle algo así a una mujer: "Tu nariz es como debería ser, tu color es bonito, tu cabello es perfecto, tu cuerpo es proporcionado, tu vientre es firme, por tanto, te amo". La mujer seguramente gritaría y llamaría a la policía. Esa no es forma de enamorar a nadie. Nadie se enamora por efecto de un silogismo. El amor es un salto al vacío, no una conclusión. Cuando se elabora un silogismo se piensa por partes: la nariz, los senos, el vientre, la cintura, las piernas, las manos, los dedos, el cabello, el color, los dientes...

La lógica puede remitirse únicamente a las partes. ¿Pero dónde está el todo? ¿Dónde está la mujer, ésta mujer en particular? Ella no es sólo nariz, ni sólo cabello, o piernas o manos. Es mucho más que la suma de sus partes. Y es de ese "más" que nos enamoramos. Nos enamoramos del todo. Y amamos su nariz porque la amamos a ella primero, no al revés. Primero la amamos a ella y por eso amamos sus dientes, no al revés.

La lógica pasa por las partes, mientras que el amor pasa por el todo. La verdad es más como el amor; es comprender el todo. Ese todo es lo que denominamos Dios, o verdad, o Tao.

El lenguaje es lineal, opera en línea recta. En la vida nada funciona en línea recta. La vida se mueve en círculos. La tierra gira en círculo alrededor del sol y describe círculos alrededor de su eje, las estaciones suceden en círculo, las estrellas giran en círculo, todo se mueve en círculo. Solamente la lógica y el lenguaje se mueven en línea recta.

La existencia, a diferencia del lenguaje, no es lineal sino circular. No es posible expresar un círculo con líneas rectas. La línea del círculo es curva, jamás recta. La línea recta es un invento de la geometría, pues en la vida no existe. Euclides nos enseñó que las líneas rectas existen, pero en la actualidad ha surgido una nueva geometría no euclidiana que lo contradice.

¿Cómo trazar una línea recta? Si trazan una línea recta ahí donde están sentados en el suelo, no será recta, después de todo, puesto que la tierra es redonda. Así, si prolongaran su línea, algún día cerrarían el círculo. Cuando era corta parecía recta, pero en realidad no lo era; era un arco que formaba parte de un círculo gigantesco. Todas las líneas finalmente se convierten en círculo, de tal manera que todas forman parte de un círculo. Lo que sucede es que no lo comprendemos así. Y la lógica circular es muy diferente de la lógica lineal. La lógica lineal continúa progresando y progresando; evoluciona constantemente, desconoce la involución.

Es por eso que en las religiones Occidentales existe la noción de creación, pero no la de destrucción. Su dios solamente crea. ¿Y después? Las cosas se perpetúan por siempre, lo cual es absolutamente falso, pues todo debe descansar algún día.

En Oriente, Dios crea y Dios destruye. Un día comienza a existir el mundo y al otro día desaparece nuevamente. Toda esta experiencia de millones y millones de años es un día en el tiempo de Dios, el "día de Brahma". Y él es a la vez el creador y el destructor. La mente occidental no puede concebir a Dios como destructor, cosa que resulta muy lógica, pues el creador no puede destruir. Pero en Oriente conocemos misterios mucho más profundos: tenemos la sensación intuitiva del todo. Sí, el creador debe ser el destructor también o de lo contrario no existiría la muerte y habría vida solamente. Y no habría odio sino solamente amor, ni tristeza sino solamente alegría.

Pero así no son las cosas. Todo lo que nace muere. Toda esta existencia nace un día y muere otro. Solamente en Oriente tenemos los dos conceptos: la evolución y la involución. No todo avanza constantemente, pues también hay retroceso. Es un concepto que se puede apreciar fácilmente cuando vemos que en algunas cosas progresamos, mientras que en otras retrocedemos. Cuando el hombre adquiere mucha riqueza se empobrece por dentro; cuando el hombre lo tiene todo, por dentro siente que no tiene nada. Así, el avance y el retroceso van de la mano. Cuando una persona renuncia a todo, súbitamente descubre que es la dueña de su existencia; el mendigo se convierte en emperador y el emperador en mendigo.

La vida es una gran paradoja. No es lineal y tampoco es lógica. El tiempo se crea como producto del lenguaje y su estructura lineal: pasado, presente y futuro. En realidad no hay pasado ni futuro, solamente presente. Solamente hay eternidad. La existencia no tiene pasado ni futuro: vive en la eternidad y siempre está en el ahora.

Entonces, ¿cómo puede expresarse ese "ahora"? Es imposible hacerlo porque nuestro lenguaje trae consigo la noción del pasado y el presente. Nuestro lenguaje es producto de la memoria y está comprometido con ella. Puesto que su compromiso es con la memoria, piensa en el pasado, y como piensa en el pasado, también piensa en el futuro. El futuro no es más que una nueva proyección del pasado. Y en su ir y venir entre el pasado y el futuro se pierde del presente, que es la única realidad.

Dios es el presente. No podemos decir que "Dios era", pues sería una necedad. Tampoco podemos decir "Dios será", porque sería otra necedad. Solamente podemos decir que "Dios es". Dios es siempre, y no hay "era" ni "será". Dios es.

Este estado de "ser" es lo que el Zen denomina *tathata*, o mismidad. Este estado no puede expresarse por medio de palabras porque ellas lo destruirían. El lenguaje solamente lo dividiría en pasado, presente y futuro, y cuando uno divide la totalidad de una cosa, la destruye.

Podemos tomar una rosa, quitarle los pétalos y mirar en su interior para tratar de averiguar qué es lo que la hace vivir, pero entonces habremos destruido la flor. Podemos recurrir a la química para descomponer la flor en todos su elementos, podemos descubrir su aroma y la sustancia que la produce, podemos descubrir por qué es roja o amarilla o negra y determinar cuáles son todos sus componentes; sin embargo, no podremos encontrar lo más importante:

su belleza. Podemos embotellar todos los componentes químicos medidos, clasificados y rotulados, pero habrá un frasco que permanecerá vacío: el rotulado con el nombre de "belleza". No podremos encontrar la belleza porque ella solamente está en el todo. De la misma manera, la verdad sólo está en el todo.

El lenguaje es lineal, mientras que la verdad es simultánea. Ustedes están aquí, los árboles están aquí, las aves, las nubes y las estrellas están aquí. Todo existe aquí en este momento. No es que ustedes existan primero y después los árboles, seguidos de las nubes y las estrellas. Todo existe simultáneamente. Pero si tuviéramos que escribir un ensayo, primero escribiríamos sobre las personas reunidas aquí, después sobre los árboles, las nubes, las estrellas; luego las estrellas más lejanas y, poco a poco, a medida que fueran brotando las palabras, todas se encadenarían para formar una fila. De esa manera, las cosas existen en primero, segundo y tercer lugar, y se crea una fila.

La existencia no hace cola, sino que ocurre toda simultáneamente. Es por esto que no puede expresarse con palabras.

Finalmente, el lenguaje es un eco, un reflejo en el espejo, una sombra. ¿Cómo podría expresar la verdad? El lenguaje es la carta del restaurante, pero no es la comida. Podemos leer la carta pero no comerla. La carta logra abrir el apetito, pero no puede satisfacerlo.

Las palabras de un maestro pueden abrirles el apetito por Dios, pero no satisfacer su hambre de Él. Las escrituras pueden provocar deseo, pero no satisfacerlo. Las palabras pueden desafiar pero no pasan de ahí, porque son solamente una sombra. La palabra "fuego" no es fuego, ni la palabra "alimento" es alimento. Lo mismo sucede con la palabra "dios": ella no es Dios.

Es por eso que los maestros Zen tratan de buscar medios no lingüísticos. Algunas veces, el maestro Zen puede lanzar un grito, generar un sonido que no significa nada. A veces ríe. Otras veces llora con los ojos anegados en lágrimas. A veces permanece en silencio sin hacer nada. Otras veces golpea a su discípulo o lo lanza lejos.

Los maestros Zen tratan de encontrar formas no verbales de provocar, de traer a la gente a la realidad que la rodea. Pero la gente está perdida en su propia cabeza. Son tantas las nubes de lenguaje, palabras y filosofías que dan vueltas en la cabeza que las personas están adormiladas. Necesitan que alguien grite, que alguien las golpee fuerte para que despierten, aunque sea por un momento.

Los maestros Zen nos dicen: "Usar las palabras es como golpear la luna con un palo o rascarse el zapato cuando se tiene rasquiña en un pie". Eso me gusta. Insistir en rascarse el zapato cuando la rasquiña se siente en el pie. De nada sirve. Eso es lo que hacemos siempre. Rascamos el zapato cuando la rasquiña está en otra parte. Debemos ir directamente a la realidad. Hasta una pequeña capa de tela es suficiente para impedir el contacto con la realidad. Y el lenguaje es una capa bastante gruesa.

> En las noches, la luna se refleja en las aguas, pero basta con tratar de ubicar el punto exacto donde toca el agua para descubrir que no hay siquiera una sombra.

Estas palabras son de un maestro Zen llamado Takuan, quien dice que lo mismo sucede con el lenguaje. Podemos oír y oír hasta el cansancio para luego descubrir que no hay ni siquiera una sombra en el punto donde nos tocaron las palabras. Se necesita algo más, algo más inmediato, más concreto.

Hay una anécdota maravillosa de la vida del maestro Rinzai.

Este maestro Zen se encontró en el camino con un grupo de monjes de otra escuela budista, y uno de ellos se aventuró a preguntarle al maestro: "¿Cuán profundo es el río del Zen?" (Se refirió al río porque el encuentro ocurría sobre un puente). El maestro Zen, conocido por sus actos directos, se apresuró a responder: "Averígualo tú mismo", y se ofreció a lanzar al monje al río.

El monje había hecho una pregunta hermosa, "¿Cuán profundo es el río del Zen?", pero al preguntarle a un maestro Zen es necesario estar listos para oír cualquier cosa. Puesto que el maestro Zen no busca la respuesta en su memoria, responde de manera inmediata. La pregunta surgió porque estaban parados sobre un puente, y quizás por eso mismo el monje recurrió a la metáfora del río; pero seguramente desconocía que a los maestros Zen no les agradan las metáforas sino la realidad. La metáfora funciona como un zapato, y la realidad es el pie que siente la rasquiña.

Rinzai dijo: "Averígualo tú mismo", y se ofreció a lanzar al monje al río.

Hasta el doctor Suzuki, quien introdujo el Zen en Occidente (y que, al hacerlo, le hizo un gran favor a la humanidad en sólo setenta años, nadie le ha hecho antes un favor tan grande ha comentado está anécdota: "Por fortuna, los dos amigos intercedieron y solicitaron clemencia, y así salvaron la situación".

Hasta el doctor Suzuki ha manifestado su temor, pues actuar así es llevar las cosas demasiado lejos. Sin embargo, en mi opinión, no fue una suerte que los dos intercedieran. Habría sido perfectamente correcto lanzar al monje al río para que conociera la realidad en lugar de continuar pensando en metáforas. Pensar en metáforas no sirve de nada.

No creo poder estar de acuerdo con Suzuki. Le tengo un gran afecto pero no creo poder estar de acuerdo con su afirmación de que fue una suerte que los otros dos intercedieran y salvaran la situación. En realidad destruyeron toda la situación. Quién sabe, quizás al caer al río el hombre habría alcanzado la iluminación. Porque cuando un hombre como Rinzai ofrece lanzar a otro al río, tiene que ser con un propósito. Un hombre como Rinzai sabe lo que hace, y es perfectamente conciente de la situación.

Hay personas que despiertan solamente cuando ven de cerca a la muerte, pues el resto del tiempo viven adormilados. Personalmente pienso que fue infortunado que los otros dos monjes intercedieran pidiendo clemencia, porque el pobre hombre perdió una oportunidad inigualable: ante él se abría la posibilidad de *satori*. De hecho, un hombre como Rinzai no ofrece lanzar a cualquiera ni a todo el mundo. Un hombre como él ofrece lanzar a alguien al río sólo cuando ve la posibilidad y el potencial.

Es así como el Zen maneja las situaciones, las preguntas y los retos.

Otra anécdota:

Un monje regresó de un viaje muy largo y se encontró con la noticia de que su hijo pequeño había muerto. De hecho, el cortejo fúnebre atravesaba la aldea en ese momento. Transido de dolor, el monje se lanzó hacia la aldea blandiendo una espada en el aire. Llegó hasta donde estaba la procesión y se detuvo al lado del maestro que caminaba al lado del ataúd.

El monje alzó la espada y, enfrentándose al maestro, exclamó: "¿Podría pronunciar una palabra, maestro?"

Ahora bien, ésta es una manera muy peculiar de proceder del Zen. La pregunta es: "¿Podría pronunciar una palabra para resolver este problema en que me encuentro? Mi hijo a quien amaba intensamente ha muerto. ¿Podría decir una palabra para resolver este problema?". El monje corre blandiendo la espada y la alza sobre la cabeza del maestro pidiéndole que diga una palabra: "¿Podría decir algo que me ayude a ver este problema, a superarlo, a dejarlo atrás?"

El maestro levantó la tapa del ataúd y dijo: "Ves, no te he ocultado nada, ni siquiera esto".

Era un maestro extraordinario. Levantó la tapa del ataúd y conminó al padre a ver el cuerpo sin vida del hijo, a ver la muerte de alguien tan joven e inocente. Muerto tan vivo. Porque cuando muere un niño, la muerte es joven, inocente y muy radiante. Es mucho más fácil ver la muerte en la cara de un niño que en la de un viejo. Cuando muere un viejo, la muerte también es vieja, pero cuando muere un niño, la muerte es muy joven y fresca, como una flor.

El maestro levantó la tapa y dijo: "Ves, no te he ocultado nada, ni siquiera esto. He hablado sobre la vida, te he ayudado a ver la vida. Ahora debes ver también la muerte. Ni siquiera esto te he ocultado. No, todo ha sido revelado. Conocías la vida, y ahora conoces también la muerte".

"Así es, así es", replicó el monje cuando el dolor le reveló lo que le había estado oculto durante tanto tiempo.

¿Qué era lo que había estado oculto? ¿Qué fue lo que el dolor le reveló? ¿Qué hizo ese maestro al levantar la tapa del ataúd y mostrarle al hombre su hijo muerto?

El hombre estaba furioso, dispuesto a matar o a morir. La ira lo cegaba y blandía su espada amenazador. Seguramente sentía gran apego hacia su hijo; quizás ese hijo era su vida entera. Estaba fuera de sus cabales, pero el rostro frío de la muerte le hizo recuperar la cordura y pudo reconocer su apego. Pudo ver que ni su hijo ni la muerte misma era lo que le preocupaba, sino su propio apego y su actitud posesiva. Básicamente lo que le preocupaba era su propia muerte. Su hijo le demostró que todo el mundo está destinado a morir; su muerte le demostró que hay que estar listos para morir en cualquier momento, porque hasta un niño puede desaparecer de este mundo.

La muerte fría y serena le reveló todas esas cosas. La vida es cálida, la muerte es fría. Pero la muerte está tan viva como la vida.

El maestro dijo: "Ves, no te he ocultado nada, ni siquiera esto", y con esas palabras el monje comprendió y experimentó un gran despertar: "Así es, así es", replicó cuando el sufrimiento le reveló lo que había permanecido oculto durante tanto tiempo.

Los maestros Zen son directos, inmediatos. Nadie puede prever sus respuestas porque nunca reaccionan. Ahora, ésa no fue una reacción porque no era una respuesta preparada. La situación era tan nueva (quizá nunca había sucedido antes y quizá no volvería a repetirse nunca). Nada se repite. Cuando estamos realmente vivos y somos espontáneos, nada se repite. Cada situación trae su propia respuesta.

La respuesta del maestro no fue ensayada. Levantó la tapa del ataúd; el suyo fue un acto de absoluta responsabilidad.

Hay otra anécdota bastante extraña.

Un día llegaron inesperadamente unos visitantes a un monasterio, de tal manera que fue necesario avisar al cocinero para que preparara más comida, pero el cocinero no era una persona cualquiera, sino alguien que había alcanzado su *satori*.

Puso manos a la obra rápidamente, pero, en su prisa por recoger tallos de verduras, recogió también una serpiente. Oscurecía, el monje era viejo y no veía bien y, además, estaba apurado, pues los huéspedes esperaban y era necesario preparar algo inmediatamente. Se dispuso a picar los tallos con su cuchillo afilado, y no se dio cuenta de que estaba añadiendo proteína adicional a la olla. Al poco tiempo de comenzada la comida, el maestro hizo llamar al cocinero y le mostró la cabeza de la serpiente que sostenía entre sus dedos. ¿Qué quiso decir el maestro? Era una pregunta: "¿Podrías decir algo?".

En un abrir y cerrar de ojos, el cocinero retiró la cabeza de la serpiente de la mano del maestro y se la tragó, al tiempo que decía: "Muchas gracias, maestro", y salió rápidamente del comedor.

Esa es una respuesta Zen. ¿Qué podría decirse? Ese cocinero seguramente era un hombre extraordinario. ¡Qué respuesta más hermosa! Es una respuesta total, directa e inmediata. Siempre que somos directos, nuestra respuesta no sólo es una respuesta, es también nuestra totalidad. La acción es total.

No hubo un solo momento de duda, de vacilación, ni un sólo instante de culpabilidad, ni siquiera una disculpa. Nada. Y todo sucedió en un instante, porque la más mínima vacilación permite la intervención del pensamiento y la respuesta deja de ser tal. Esto se debe a que el pasado y la memoria entran a través del pensamiento y hacen que la mente comience a pensar: "¿Qué debo hacer?, ¿qué debo decir?" En ese momento mismo en que la mente piensa qué debe decir, se comete el error. El cocinero habría recibido una paliza muy grande. Incluso es probable que lo hubieran expulsado del ashram.

Pero actuó maravillosa y totalmente al tragarse de inmediatamente la cabeza de la serpiente, y al agradecer al maestro como si éste le hubiera ofrecido algo. Esa es la forma de responder del Zen.

Ahora, el sutra de hoy.

> *Un maestro se puso de pie para dirigirse a un grupo deseoso de encontrar la iluminación, pero se limitó a exclamar: "¡Ja, ja, ja! ¿Qué es todo esto? Vayan a la parte posterior y disfruten una taza de té". Y, con esas palabras, bajó del escenario y se fue.*

Muy breve pero penetrante. Tan agudo como la hoja de una espada que corta hasta la médula.

Un maestro se puso de pie para dirigirse... En Zen, "dirigirse" implica provocación, desafío; "dirigirse" significa "despertar".

Dirigirse es exactamente lo que Jesús hizo cuando murió su amigo Lázaro. Jesús estaba lejos y las hermanas de Lázaro le enviaron un mensaje. Jesús se apresuró a volver a la aldea, pero, aún así, cuando llegó ya habían transcurrido tres días desde la muerte de su amigo. El cadáver ya despedía mal olor, pero habían conservado el cuerpo en una gruta esperando la llegada de Jesús. Ya no había esperanzas de que un cuerpo muerto hacía tres días pudiera volver a la vida. Entonces las hermanas rompieron a llorar y dijeron: "Maestro, llegas demasiado tarde". Lázaro era uno de los discípulos amados de Jesús, así que éste respondió: "No lloren y vengan conmigo". Al llegar delante de la gruta, Jesús exclamó con voz tonante: "¡Lázaro, sal!" Nadie creía que alguien pudiera salir de allí, pero cuál no sería su asombro al ver salir a Lázaro, un poco trastabillante como alguien que hubiera estado en un coma profundo.

Así se dirigió Jesús a Lázaro. Fue un llamado, una provocación, un desafío.

Un maestro se puso de pie para dirigirse a un grupo deseoso de encontrar la iluminación... ¿Qué puede decírseles a quienes buscan la iluminación? No hay nada que pueda decirse sobre la iluminación. Se puede provocar, empujar y lanzar a la persona hacia la iluminación, pero ¿qué puede decirse sobre ella? Absolutamente nada.

... Pero se limitó a exclamar... Fue un gesto: *"¡Ja, ja, ja! ¿Qué es todo esto? Vayan a la parte posterior del salón y disfruten una taza de té".* ¿Qué quiso decir con eso? ¿Qué fue lo que dijo sin necesidad de decir nada?

Ludwig Wittgenstein, uno de los más grandes filósofos de la era moderna, se sintió muy impresionado con el Zen, y muchas de sus frases parecen Zen, tienen una calidad Zen. Una de sus aseveraciones más importantes (y su preponderancia se acrecienta por el hecho de haber salido de la boca de un filósofo Occidental), es una que aparece en su libro *Tractatus Logico-Philosophicus*, que dice así: "De lo que no se puede hablar hay que callar".

Aquello que no puede decirse no debe decirse. Es mejor guardar silencio. Eso es lo que hace este maestro. Expresa un gesto sin decir una palabra. Primero ríe con una gran carcajada: *"¡Ja, ja, ja!"* ¿Qué clase de sermón es ése? Es un sermón Zen. Ríe ante lo absurdo que es tratar de buscar la iluminación. Lo que está diciendo es que no se puede buscar. Se burla del grupo porque la iluminación no es algo que se busque y se encuentre. No es algo que se pueda lograr o alcanzar. Ya está allí. Lo único que hace falta es abandonar tanta seriedad y reír un poco.

Desháganse de tanta seriedad y monotonía, y desháganse de la mente inquisidora. La mente inquisidora *tiene* que ser seria porque tiene sus esperanzas puestas en el futuro. Aspira a alcanzar algo algún día para entonces poder reír. Pero el maestro está diciendo: "¡No esperen! ¡Pueden reír ahora mismo!"

La iluminación no está en el futuro, está aquí mismo, en el interior de todos ustedes, esperando burbujeante para salir a la superficie y brotar. Pero como todos están tan ocupados buscando, no miran en su interior. La iluminación está en su interior y ustedes se afanan buscándola afuera. Ese es el significado de la gran carcajada del maestro.

El maestro se burla del grupo, pero ¿por qué se burla de unas personas que están en una búsqueda religiosa?, ¿por qué desea ponerlas en ridículo? Porque están haciendo el ridículo. No hay necesidad de buscar a Dios porque él está ahí. No lo ven por estar ocupados con la búsqueda. Dejen de buscar, dejen de desear, olviden el futuro, deshaganse de la esperanza. Cuando todo eso suceda, Dios ocupará su lugar.

Ustedes existen en la búsqueda; la mente del buscador es el ego. Desean dinero, desean meditación, desean poder, y desean llegar al paraíso algún día. Siempre están deseando algo. Su deseo jamás cesa. La búsqueda de la iluminación es otro objeto más de deseo. De ahí la risa. El maestro se les ríe en la cara para despertarlos: "No sean ridículos".

Podría suceder que si alguien se dirige a un maestro Zen para decirle: "Quiero conocer a Dios", reciba un bofetón. La respuesta del maestro podría ser: "¿Qué clase de imbecilidad es esa? ¡Tú ERES Dios! ¿Y cómo podría un dios tratar de conocer a otro?" Es como si un mango preguntara: "¿Cómo me puedo convertir en mango?" O como si un ciprés del jardín dijera: "¿Cómo puedo convertirme en ciprés?" ¿Qué responderían ustedes? Pues exclamarían: "¡Ja, ja, ja! ¿De qué se trata todo esto, si ya eres un ciprés?" El maestro dice: "¿Qué andan buscando? ¿A qué se debe toda esta necedad? Dejen de buscar y encuentren. No busquen, encuentren".

Hay una frase muy hermosa de Picasso que dice: "No busco, encuentro".

"Vayan a la parte posterior del salón...". Esto es muy simbólico. Esta búsqueda incesante, este deseo de alcanzar algo, es un

esfuerzo del ego por estar siempre en primer plano. Desean tener la cuenta bancaria más grande del mundo; desean estar al frente; desean ocupar el primer lugar; desean ser el presidente, o el primer ministro; desean esto o aquello. Pero de lo que trata esencialmente esa búsqueda es de dejar a los otros atrás y estar siempre adelante. La idea es ser el hombre más importante del mundo, la mujer más hermosa, el más poderoso, la más rica, el más sabio. Pero un día descubren que eso no es posible y entonces piensan: "Ahora debo convertirme en Buda, el más iluminado de los hombres".

Pero nuevamente es la misma mente desquiciada que fabrica más sueños y deseos.

El maestro dice: "Vayan a la parte posterior del salón". ¿Qué quiere decir? Que olviden todo ese esfuerzo por estar al frente, que se retiren y vayan hacia atrás.

Eso fue lo que dijo Jesús: "Los primeros en este mundo serán los últimos en el reino de Dios, y los últimos serán los primeros".

El maestro dice: "Vayan a la parte posterior del salón y disfruten una taza de té". El té es simbólico, es una metáfora en el Zen. El té se ha convertido en una metáfora importante en el Zen porque el té despierta. En exceso, el té produce insomnio; por consiguiente, se ha convertido en un símbolo para el que no duerme. El maestro dice: "Vayan a la parte posterior del salón y disfruten una taza de té". Sólo quédense atrás, sean los últimos en este mundo y despierten. Entonces podrán reírse a carcajadas conmigo; reirán al reconocer todo este absurdo. No veían por andar buscando; no veían porque estaban embebidos en el esfuerzo de lograrlo.

Tan pronto como cesa el deseo aparece la luz. Pero a veces cesa el deseo y, aún así, no llega la iluminación. Por ejemplo, al dormir cesa el deseo pero no llega la iluminación. Se necesita la taza de té. En el sueño profundo no hay deseo, ni siquiera hay sueños, ni se piensa en el dinero. Todo se detiene, incluida la mente, pero aún así no se llega al estado del Buda. ¿Por qué? En el sueño profundo se convierten en budas todas las noches, pero no lo reconocen porque no están atentos.

Por tanto, vayan atrás y beban una taza de té. No pregunten qué es la iluminación ni tampoco cómo lograrla, y no pregunten por métodos, técnicas ni filosofías.

"¿Qué es todo esto?" El maestro dice que son tonterías. *Y con esas palabras bajó del estrado y se fue*. El sermón había terminado. El más breve pero el más incisivo de los sermones.

¡Ahora no comiencen a pensar en esto! No comiencen un proceso de reflexión porque, de lo contrario, dejarán pasar el mensaje. Vayan a la parte de atrás y beban una taza de té.

CINCO

RESPUESTAS A LAS PREGUNTAS

La paz interior se consigue retirándose del mundo, callando las voces de la mente. ¿Pero cuánta serenidad es apropiada en un mundo plagado de violencia, guerra, odios raciales, hambre y pobreza?

El mundo está lleno de guerra, pobreza, odios raciales y cosas por el estilo porque no hay serenidad interior. La raíz de todo está en que el hombre no conoce el silencio. De ahí todos los tipos de violencia. Y es grande el grado de serenidad interior que necesitamos, precisamente por la guerra y el odio. Ellos son síntomas de una especie de cáncer que devora la conciencia humana. No son enfermedades en sí, sino solamente los síntomas; y como tales no se pueden curar directamente a menos que se destruya totalmente su raíz, su causa profunda.

El hombre ha vivido en guerra siempre, desde tiempos inmemoriales. De tres mil años, solamente setecientos no fueron de guerra, y no fueron consecutivos. Ha habido algunos días enteros sin guerra en el mundo, pero, por lo demás, la guerra ha sido una constante.

OSHO

La guerra es el asunto más grande en el cual el hombre ha permanecido involucrado. Al parecer, destruir es muy atractivo; pareciera que la meta de la mente humana fuera matar y asesinar. En tres mil años se han peleado cinco mil guerras. La guerra es tan antigua como la humanidad. No es algo que suceda hoy, sino que siempre ha estado ahí porque el hombre está enfermo.

Ustedes me preguntan cuánta paz interior es la indicada. Yo les respondo que tanta como puedan tener: mientras más, mejor. Porque solamente los remansos de paz podrán destruir la atracción compulsiva hacia la violencia. Solamente muchos remansos de paz, muchos budas dispersos por el mundo, podrán crear una nueva onda, una nueva conciencia, una nueva vibración en donde la guerra sea imposible, en donde toda la energía se canalice hacia la creación y hacia el amor.

No digan que no comprenden la lógica de ello. La lógica es que si el hombre adquiere paz interior no sentirá interés alguno por ir a la guerra. Comprendo lo que quieren decir con su pregunta: si en todos se hacen el silencio y la paz interior, ya nadie se preocupará por lo que sucede a su alrededor y la indiferencia será total. Por tanto, desean saber cuánta serenidad es la apropiada. Yo les pido que traten de comprender que la guerra no es la enfermedad. Es porque falta paz en el corazón que existe la guerra. La guerra es una consecuencia: a mayor paz, menos guerra. Si la paz predomina, la guerra desaparecerá.

No se puede eliminar la guerra mediante los esfuerzos de quienes se consideran pacifistas. La guerra no desaparecerá porque haya un Bertrand Russell; la guerra no desaparecerá porque haya personas que se oponen a ella. No. La gente que está contra la guerra creará otra guerra. Seguramente habrán visto cuán bélicas pueden llegar a ser las marchas contra la guerra con todos sus gritos y protestas. En los rostros de los manifestantes podemos ver que son peligrosos. Podrán llamarse pacifistas pero no saben lo que significa la paz. Son beligerantes, arrogantes, y están siempre listos a pelear.

· 138 ·

Casi siempre sucede que una manifestación a favor de la paz se convierte en una batalla entre la policía y los pacifistas. El pacifista realmente no es un hombre de paz; solamente se opone a la guerra hasta tal punto que está dispuesto a ir a la guerra si es necesario. La causa es distinta pero la guerra es la misma.

El hombre de paz no es un pacifista sino un remanso de silencio. Vibra al ritmo de una energía diferente en el mundo; entona una canción diferente. Vive de una manera completamente distinta y esa forma de vida es de gracia, oración y compasión. A quien quiera que toca le transmite más energía de amor.

El hombre de paz es creativo. No se opone a la guerra porque oponerse a algo es estar en guerra. No se opone a la guerra, sino que sencillamente comprende la razón por la que la guerra existe. Y es a partir de ese conocimiento que se transforma en hombre de paz.

La guerra desaparecerá solamente cuando haya muchas personas que sean remansos de paz, silencio y comprensión. Pero retraerse no es la forma de conseguir la paz. Ustedes dicen que la serenidad se adquiere retrayéndose, pero la verdad es que nunca se ha conseguido de esa manera.

Separarse del mundo es escapar. El retraimiento puede producir una especie de muerte, pero no paz. La paz es viva. La paz tiene más vida que la guerra porque la guerra está al servicio de la muerte, mientras que la paz está al servicio de la vida. La paz vibra, danza, vive. Retirarse del mundo es el medio elegido por los que desean escapar. Es fácil. Proporciona una clase de paz, repito, "una clase de paz" como la que se ve en un cementerio.

En un monasterio católico puede encontrarse la misma clase de paz que hay en un cementerio. Viviendo con los monjes jainistas se puede encontrar la misma clase de paz que existe en un cementerio. ¡Esas personas están muertas! Han renunciado a la vida. El día que se renuncia a la vida se renuncia a la responsabilidad y a todo tipo de compromiso, se renuncia a todas las posibilidades de vivir, de relacionarse, de amar. Es probable que ninguna de esas personas esté en guerra, pero ninguna de ellas ama tampoco.

Así, al separarse del mundo viene una paz sin guerra y sin amor. ¿Pero cuál es la idea? Retirarse del mundo es como botar al bebé junto con el agua de la tina.

El amor debe crecer. Toda la energía que se invierte en la violencia, la lucha y la guerra debe transformarse en amor. La paz por sí misma no puede ser la meta. La paz es solamente un medio para que haya más vida, vida en abundancia. La paz no puede ser la finalidad, pues el simple hecho de estar en paz no significa nada ni lleva a ninguna parte. No basta con tener paz, porque, ¿cuál sería entonces la diferencia entre estar muerto y estar en paz?

Apartarse es conseguir una paz suicida. Sí, cualquiera puede irse al Himalaya a vivir en paz en una gruta porque no hay la menor posibilidad de pelear con alguien más. No hay transformación alguna de la persona, pues sólo las circunstancias cambian. La persona es la misma. Si las circunstancias lo exigen, iría a la guerra a pelear; reaccionaría con ira si alguien apareciera y la ofendiera.

Una persona puede vivir durante treinta años en una gruta en el Himalaya pero podría llevarse una gran sorpresa al ver que la ira se apodera de su ser cuando alguien se presente y la insulte. De nada habrán servido los treinta años porque la ira estará ahí agazapada, esperando el momento propicio para brotar. Ahora alguien ha proferido un insulto, ha llegado la primavera, y con ella florece la ira. Y en un solo instante desaparecen los treinta años de retiro.

La verdadera prueba está en la vida. Si ustedes son realmente personas de paz, séanlo allá afuera, en la plaza de mercado, donde está la verdadera prueba de fuego. No estoy a favor de renunciar al mundo; estoy a favor de la transformación y de la afirmación de la vida. Vivan la vida tan plenamente como sea posible. Busquen formas de vivirla con mayor serenidad, mayor recogimiento, mayor divinidad. Pero no escapen.

Sólo los cobardes huyen, pues no tienen valor. Cierran los ojos porque el mundo los asusta. Esa es la lógica del avestruz, que no tiene nada de humana (en realidad es un poco estúpida). Nada cambia con sólo cerrar los ojos, pues el mundo sigue siendo el mismo. La persona puede creer que todo ha cambiado porque ya no ve nada. La casa se incendia pero ella permanece sentada con los ojos cerrados creyendo que no hay incendio y que todo está bien. Podrá crear una especia de autohipnosis, y es obvio que en ese estado nada la perturbará, pero si abre los ojos verá que la casa se quema.

Un verdadero hombre de paz vive en el mundo y, no obstante, no es *del* mundo. Hará todo lo que pueda por apagar el incendio pero, aún así, permanecerá imperturbable.

Para mí, esa integración es la verdadera paz. Ustedes creen que pueden conseguir la paz interior retirándose del mundo, pero yo les digo que así no se logra, y que jamás podrán lograrla dedicándose a "apaciguar la vorágine de la mente". No. Al acallar la mente sencillamente la *obligan* a estar en paz. Es una especie de represión.

La represión no produce verdadera paz. No hay que reprimir a la mente sino comprenderla. ¿Por qué es tan ruidosa la mente? ¿Por qué ese ruido incesante? Todo este fenómeno de la mente debe comprenderse con amor, con compasión. Hagan amistad con su mente y no se apresuren a imponerle paz. La paz forzada no es paz. Y no traten de aquietarla; la quietud no es la vía.

El silencio no es quietud. El silencio es algo que sucede. La quietud es producto del control. La persona que se sienta en postura de yoga para controlar su cuerpo y obligarse a concentrarse en algo (en Krishna, en Cristo, en la repetición de un mantra o en cualquier otra cosa) sencillamente está esforzándose por controlar su concentración, creando un falso sustituto.

El verdadero silencio no es forzado. El verdadero silencio viene con la comprensión. Traten de observar la mente para comprender por qué insiste en hacer tanto ruido. Esos ruidos deben contener algún mensaje. Si escudriñan los sueños de la mente podrán ver que, aunque parezcan absurdos, quizás encierren algún mensaje del inconsciente. Con sólo cortar esos mensajes no podrán crecer, porque estarán acallando su propio inconsciente. Cuando aquietan la mente lo único que hacen es aquietar el inconsciente, negándose a oír lo que este tiene que decir.

Pero el inconsciente tiene cosas valiosas que decir (el psicoaná-lisis es prueba de ello). Además, el inconsciente está en mayor sinto-nía con Dios que el denominado consciente. Pero el consciente se empeña en silenciar al inconsciente.

De ahí no brotará canción alguna. Podemos obligar a un niño a sentarse en silencio y lo hará por temor. Podemos castigarlo y decirle que si no se calla recibirá más castigos. Y entonces el niño obedecerá. ¿Pero podemos decir que ese silencio es paz? Su inte-rior hervirá como un volcán y será presa de la desesperación. Pero, aún así, calla, porque teme al castigo.

Eso es lo que hace la gente: acalla la mente mediante el ayuno. Eso es castigar a la mente: "Si no haces esto, ayunaré. Te mataré de hambre. Haz esto o de lo contrario me pararé bajo el sol durante veinticuatro horas; haz esto o de lo contrario me sumergiré en el río helado durante toda la noche".

Ha habido sectas (hindúes, cristianas y jainistas) de masoquis-tas neuróticos que torturan el cuerpo. Si la tortura es lo suficien-temente intensa, la mente termina por acobardarse y callar. Pero, ¿podría de ese silencio brotar una canción? ¿Puede de ese silencio forzado brotar una danza o una celebración? No.

Es por eso que sus santos no cantan. Sus santos parecen tristes, aburridos, muertos. En sus ojos no hay alegría, sólo polvo; en sus corazones no hay flores. En los corazones de sus santos no brotan lotos blancos. Son como desiertos... muertos, secos, sin savia. No acepto eso. No es eso en lo que creo. Y quisiera que comprendan esto perfectamente, porque la gente que opta por este sendero cae siempre en esa trampa. Parece más fácil: si no comprenden a la mente, la obligan a callar. El camino de la comprensión parece más largo, pero la verdad es que no hay atajos.

Al crecimiento espiritual se llega por el camino más largo y tortuoso. Es necesario penetrar en la mente con enorme comprensión, ir levantando capa por capa, con paciencia infinita. Pero también es una labor que debe hacerse con gran alegría.

Entonces, algún día, cuando hayan comprendido todos los mensajes de la mente, ésta quedará en silencio porque ya no tiene nada más que decir. Ha sido escuchada; ha llegado al maestro. Y entonces calla por su propia cuenta, calla sin ningún esfuerzo de parte de ustedes. Ese silencio encierra belleza y es una bendición.

*¿La sana atención sobre uno mismo implica
necesariamente un compromiso religioso?*

A la atención le sigue necesariamente la acción. La atención florece en la acción. De otra manera, la atención será impotente.

De eso se trata el compromiso. Cuando la persona está atenta, su vida se transforma. Esa atención no se limita a permanecer guardada en el interior, como si fuera el tesoro de un avaro que no lo utiliza para nada y sólo desea acapararlo. La atención comienza a fluir en la vida, se convierte en parte de cada movimiento e ilumina todos los actos. Todo lo que haga la persona será totalmente diferente ahora, tendrá un carácter distinto. Si ama, lo hará de una manera completamente diferente, con la presencia de la atención. El amor la elevará.

Eso que ustedes denominan amor es casi una ilusión, mientras que el amor del hombre atento brota de su corazón y es real. Eso que ustedes denominan amor es como un negocio en el cual las dos personas desean utilizarse, de tal manera que hacen un trueque, un contrato. Ninguno de los dos ama al otro. Cada uno se ama a sí mismo y utiliza al otro.

Es una especie de acuerdo de mutua conveniencia, eso que ustedes llaman amor. Pero estos acuerdos no llegan muy lejos. Tarde o temprano el uno se cansa del otro, o viceversa. Se miran, se exploran y súbitamente se dan cuenta de que no hay nada nuevo. Entonces pierden el interés y comienza a desvanecerse el amor. De ahí en adelante, si logran tolerarse es debido a las promesas y los compromisos del pasado. Sienten la obligación de honrarlos de alguna manera.

Eso es lo que sucede con todos los tipos de matrimonio. No es amor, nunca fue amor, sino una especie de engaño. Ese engaño es producto de los cambios químicos del cuerpo, pues su efecto es el mismo que podría producir un fármaco: ciertas hormonas y sustancias químicas entran al torrente sanguíneo y la persona comienza a ver cosas que no existen.

Cuando un hombre se enamora de una mujer ve en ella cosas que realmente no existen. Nadie más las ve, sólo él. Y la mujer también ve cosas en el hombre, pues las dos químicas se complementan. Es como soñar despiertos. Pero la realidad no tarda en afirmarse y el sueño colapsa.

El hombre atento no se enamora ciegamente sino que se eleva con el amor. Sólo el hombre atento es capaz de amar porque se ha encontrado a sí mismo. El amor deja de ser una necesidad porque puede ser feliz solo. Recuerden que ésa es una de las señales de un hombre atento, que puede vivir solo. Es tan perfectamente feliz cuando está solo como cuando está con alguien más. Su felicidad no depende de nadie más, pues es autónoma. Es entonces cuando puede dar y compartir. Tiene amor en exceso, tiene un amor que fluye incansablemente, de tal manera que no puede evitar compartirlo.

El hombre atento comparte su amor. El hombre que vive en la inatención no tiene amor para compartir: sencillamente finge dar amor porque, en el fondo, está sediento de recibir amor. El hombre que vive en la inatención necesita verdaderamente ser amado, de tal manera que finge amar al otro.

Los dos hacen lo mismo. Ambos necesitan amor, ambos son incapaces de amar y son incapaces de ser felices solos. Necesitan de alguien para ser felices; necesitan a alguien de quién depender y en quién apoyarse. Por tanto, su amor es una especie de carnada para atrapar a un pez. Pero en realidad no les interesa alimentar al pez. La carnada no es alimento para el pez, es una trampa.

El hombre ama no porque necesite amor, sino porque tiene mucho amor para dar. Y el amor es como las flores: si no se da, se marchita. Las flores abren sus pétalos en la mañana, pero al llegar la noche han desaparecido. Así como no es posible acaparar las flores, tampoco es posible acaparar el verdadero amor. Esa es una de las cosas más maravillosas de las flores, y también una de las más desagradables del oro y la plata. El metal se puede acaparar, mientras que es imposible acaparar a las flores. Si alguien las guardara bajo llave en una caja, morirían.

Conozco una parábola muy antigua sobre un rey que tenía tres hijos y deseaba elegir a su heredero. La tarea era difícil porque los tres eran inteligentes y valerosos. Además, eran trillizos, nacidos todos el mismo día, de manera que no había forma de saber cuál era el primogénito. El rey decidió pedir consejo a un sabio, y éste le dio una idea.

El rey llamó a su presencia a sus tres hijos y le dio a cada uno una bolsa con semillas. Después les dijo que saldría en una peregrinación religiosa y que tardaría algunos años en regresar, quizás dos, tres o más. "Esta bolsa de semillas es una prueba para los tres. Cuando regrese, deberán devolvérmela y aquel que haya sabido protegerla mejor será mi heredero", les dijo, y con estas palabras emprendió su viaje de peregrinación.

El primer hijo pensó, "Guardaré estas semillas en una caja de hierro bajo llave para que cuando mi padre regrese estén tal como él me las entregó".

El segundo hijo pensó: "Si guardo estas semillas bajo llave como ha hecho mi hermano, morirán y una semilla muerta no es semilla. Mi padre dirá: 'Te he dado unas semillas vivas capaces de crecer pero ahora están muertas y no pueden germinar, de modo que no me estás devolviendo lo mismo que yo te entregué'".

Entonces fue al mercado, vendió las semillas y guardó el dinero. "Cuando mi padre regrese iré al mercado, compraré semillas nuevas y le entregaré algo mejor", se dijo.

Pero el tercer hijo fue el mejor. Salió al jardín y esparció las semillas por doquier.

Transcurridos tres años regresó el rey. El primer hijo abrió la caja y encontró todas las semillas muertas y podridas. Al ver esto, el rey exclamó: "¡Cómo! ¿Son estas las semillas que te di? Tenían la posibilidad de convertirse en flores perfumadas y ahora hieden. ¡Estas no son mis semillas!" Pero el hijo respondió: "Padre, son las mismas semillas". A lo cual el padre respondió: "Eres un materialista".

Cuando el segundo hijo fue llamado ante el padre, corrió al mercado, compró semillas, regresó con ellas y dijo: "Estas son las semillas". Pero el padre respondió: "No son las mismas; no son exactamente iguales. Eres mejor que tu hermano pero todavía no eres tan capaz como necesito que seas. Eres un psicólogo".

(Sí, la mente es un poco mejor que el cuerpo, y un poco mejor que la persona materialista es aquella que cree en la mente).

Con gran esperanza, pero también con temor, el padre se dirigió al tercer hijo, quien lo llevó al jardín y le mostró miles de plantas florecidas y millones de flores por todas partes. Y el hijo dijo: "Estas son las semillas que me dejaste. No tardaré en cosechar las semillas de estas plantas para regresártelas cuando estén listas".

Al ver eso, el padre dijo: "Eres espiritual, y serás mi heredero. Es así como uno debe comportarse cuando recibe unas semillas".

La mente puede acaparar y calcular, pero eso no basta. El acaparador no comprende la vida, y la mente calculadora tampoco lo hará. Solamente la mente creativa comprende. En eso radica la belleza de las flores: en que no se pueden guardar. Ellas representan a Dios (a Dios no se lo puede acaparar); representan al amor: el amor no se puede acaparar.

No es un accidente que las flores hayan sido y continúen siendo un símbolo del amor en todos los países y en todas las sociedades. El amor es como una flor: cuando comienza a brotar en el interior es necesario repartirlo, compartirlo, darlo. Es necesario buscar a otros para que lo disfruten. Y cuando alguien recibe ese amor, quien lo da se siente enormemente agradecido porque, de otra manera, la flor habría muerto sin que nadie la hubiera conocido y apreciado.

Y mientras más se da, más crece el amor. Si la persona continúa dando, llegará el día en que se convierte en una fuente constante de amor infinito.

La calidad del amor que el hombre capaz de atención tiene para dar es completamente diferente. Es un amor que se mueve en una realidad diferente. El hombre actúa porque la atención se convierte necesariamente en acción. La atención es la semilla y la acción es el florecer de esa semilla.

Ustedes preguntan si la sana atención sobre uno mismo implica necesariamente un compromiso religioso. Esa atención se convierte necesariamente en acción, de manera que se convierte también en compromiso. Un hombre verdaderamente religioso es muy comprometido. Pero recuerden que su compromiso no es con una ideología. El cristiano está comprometido con el cristianismo y el hindú con el hinduismo; el nacionalista está comprometido con su nación y el político con su partido. La persona religiosa no tiene esos compromisos. No está comprometida con una nación porque sabe que no hay naciones. No pertenece a nación alguna.

El hombre religioso no se compromete con partido alguno, pues no tiene partido. El hombre religioso no tiene compromiso con ideología alguna, pues no tiene ideología. Su compromiso es con Dios, con la atención, con la existencia. Vive en Dios, se mueve en Dios, respira en Dios, ama en Dios, muere en Dios. Dios y la religiosidad son su compromiso.

Claro que implica necesariamente un compromiso. La pregunta surge porque, anteriormente, las personas religiosas por lo general eran escapistas. Tan pronto como se tornaban religiosas, escapaban, huían, dejaban de estar aquí. Este escapismo realmente no es señal de una religiosidad auténtica, sino sencillamente muestra que todavía no hay atención. De lo contrario, la acción florecería.

Y es así como sucede: cuando Mahavira se dispuso a buscar la verdad, se fue a un bosque, pero cuando la encontró regresó a la sociedad. Cuando Buda estaba en la búsqueda, se fue al bosque, pero cuando encontró la verdad regresó a la sociedad. Es necesario regresar. Quizá durante la búsqueda se necesite una situación especial que ayude, pero una vez encontrada la verdad, es necesario regresar a la sociedad humana, es necesario compartir. Si bien la búsqueda puede ser solitaria, para compartir es necesario tener con quien hacerlo.

¿Es la verdad un descubrimiento o una invención?

Ni lo uno ni lo otro.

Alguna vez oí un comentario de Jerome Bruner sobre la afirmación de Isaac Newton según la cual "el propósito del científico es navegar en los océanos de lo desconocido para encontrar las islas de la verdad". Bruner consideraba esto un absurdo, en cambio, decía "el propósito del científico es navegar en los océanos de lo desconocido para inventar las islas de la verdad".

Sin embargo, a mí me gustaría decir que el propósito del científico es navegar en los océanos de lo desconocido y *redescubrir* las islas de la verdad. No se trata de descubrir ni de inventar.

Descubrir significa conocer o ver algo por primera vez. Eso es una estupidez. La eternidad ha sido siempre, y sencillamente se redescubren todas las verdades que se han conocido una y otra vez. Han sido redescubiertas muchas veces. Cuando nos hastiamos, comenzamos a olvidar la verdad; se convierte en un peso muy grande o se torna aburrida y entonces la olvidamos. Después, al cabo de unos siglos, la redescubrimos nuevamente. La verdad no se descubre por primera vez; se *redescubre* una y otra vez. La verdad es eterna. Podemos apartarnos de ella, lo cual es natural para la mente humana, que se aburre fácilmente, pero una vez que hemos olvidado, lo viejo parece nuevo.

Esto mismo dicen los historiadores. Por ejemplo, en esta era es muy importante la verdad sobre el átomo. Es uno de los descubrimientos más grandes, pero no es nuevo. Demócrito, el filósofo griego, habla de él en *Eunon*. Mahavira habla de él en India. Kanad, antes de Mahavira, habló de él, tanto así, que el nombre Kanad significa átomo. Fue tanto lo que habló acerca de los átomos que recibió el nombre de Kanad o "el atomista". Hemos olvidado su verdadero nombre. Toda su filosofía es atómica.

Y olvidaremos nuevamente. Al cabo de unos cuantos siglos olvidaremos a Einstein de la misma manera que hemos olvidado a Kanad, a Demócrito y a Mahavira. Cuando hayamos olvidado, tropezaremos nuevamente con la misma verdad y diremos que se trata de un "descubrimiento".

Isaac Newton no tiene razón cuando dice que la verdad es descubrimiento, pero tampoco tiene razón Bruner cuando dice que es un invento. La verdad no es un invento. Comprendo que Bruner quiere decir que todas las verdades son creaciones de la mente humana, que las creamos pero realmente no existen; las imaginamos. En eso tiene razón, puesto que cambiamos nuestras verdades una y otra vez. Pero la verdad no es la que cambia, sino nuestra imaginación. Hablamos de una nueva verdad cuando nuestra imaginación cambia.

Por tanto, según Bruner, todas las verdades son inventos de la mente. Pero si la verdad fuera un invento de la mente, la pregunta para Bruner sería: "¿Qué son las mentiras?", porque entonces la verdad y la mentira serían lo mismo. Una mentira es un invento; una ilusión es un invento, una creación de la mente; un sueño es un invento, una proyección. Entonces, ¿cuál es la diferencia entre una verdad y una mentira? Según Bruner, no hay diferencia porque ambas son creaciones de la mente.

Pero sí hay una diferencia, y es por eso que digo que la verdad no es descubrimiento ni invención sino un redescubrimiento. La verdad no es tampoco una creación de la mente, porque es solamente cuando la mente deja de funcionar que aparece la verdad. Es por eso que no digo que las verdades científicas sean "verdades"; son hechos.

Solamente las verdades religiosas son realmente verdades: no son hechos. El científico nunca abandona la mente. Trabaja *a través* de la mente, *como* la mente; es la mente la que trata de descubrir. La verdad religiosa es la verdad última y pura, sin mentiras, sin la injerencia de la mente. Y la base de toda religión es abandonar la mente. De eso se trata la meditación, de dejar de lado la mente para luego mirar; se trata de mirar sin la mente, sin ese mecanismo de la mente. Sin la mente no puede haber un constructo mental porque cuando no hay constructor no puede haber construcción. Cuando la mente no está, el constructo de la mente desaparece. Miren las cosas pero no piensen, no contemplen; simplemente miren.

La ciencia descubre hechos. Hay millones de hechos, y es por eso que en la ciencia, la verdad no es singular sino plural. Hay verdades, muchas verdades. La biología tiene sus propias verdades, la química tiene las suyas, y lo mismo sucede con la física, las matemáticas, etcétera. Hay muchas verdades porque hay muchas mentes.

Los místicos hablan de una sola verdad. No de verdades sino de *una sola* verdad, porque cuando se abandona la mente ya no estamos separados de lo universal sino que somos uno. En esa conciencia universal, en esa expansión cósmica, todo aquello que se conoce es verdad. Es una verdad que no cambia, que siempre permanece igual.

Lo que Buda descubrió fue exactamente lo mismo que Jesús redescubrió luego. Lo que redescubrió Jesús fue lo mismo que redescubrió Eckhart. Y millones de santos lo han descubierto en todo el mundo: budistas, musulmanes, hindúes, cristianos, judíos, sufis, jasiditas y la gente del Zen, todos han descubierto lo mismo una y otra vez.

Cada individuo llega a la verdad por su cuenta y la redescubre. Lo que descubre es la misma atención cósmica, la misma *satchitanand*: dicha, verdad, atención. Es la misma, pero cuando la expresan y hablan de ella, se hace diferente. Los idiomas son distintos: Jesús habla en arameo, Buda habla en pali, Mahavira habla en prakrit, Hui-Neng habla en chino, Eckhart habla en alemán, Rinzai habla en japonés, y así sucesivamente. Así, las diferencias son de lenguaje. Y las trescientas religiones o más no son otra cosa que diferentes lenguajes que emplean distintas parábolas.

Buda no puede hablar como un clarividente de los Upanishads. Buda conoce parábolas y metáforas diferentes que le son más cercanas. Los Upanishads son otro tipo de lenguaje y de simbología.

El mundo de las palabras de Jesús también es diferente. Jesús es carpintero y habla como tal, con gran pragmatismo y sensatez (sus palabras tienen el aroma de la tierra, la madera y los árboles). Buda no puede hablar así porque es hijo de reyes. No ha conocido los árboles y la tierra, jamás ha caminado sobre el suelo húmedo porque ha vivido en un palacio. Es natural que su lenguaje sea diferente porque su crianza es diferente, así que tienen un imaginario distinto. Habla como un rey culto y refinado. Jesús es un hombre sencillo. De allí que el atractivo de Jesús sea mucho mayor que el de Buda, porque en el mundo abundan más hombres sencillos que reyes.

Sólo unas pocas personas comprenden a Buda, mientras que todo el mundo comprende a Jesús. El hombre más humilde de la tierra comprende a Jesús porque su lenguaje es el de los humildes. Jesús les habla a los más pobres, les habla a pescadores, campesinos, trabajadores, prostitutas. Si les hablara como Buda, no le entenderían. Pero tampoco puede hablar como Buda porque es carpintero. Toda su infancia la pasó al lado de su padre, arrastrando troncos y cortando madera. Conoce el olor de la madera y, como carpintero, vive entre pescadores y campesinos. Ellos son sus clientes y él conoce su lenguaje.

No es por casualidad que el mundo entero, especialmente los pobres del mundo, se sientan muy atraídos por Jesús.

En India, los cristianos no han podido convertir a los brahmanes. No es posible convertir a un brahmán porque su lenguaje es completamente diferente. Para él, Jesús no da la talla, pues él conoce los Vedas, los Upanishads, el Gita y el Dhammapada, y vive en un mundo mental muy refinado. Pero los cristianos han tenido éxito con los pobres, los obreros, los aldeanos, los aborígenes, pues ellos comprenden inmediatamente el lenguaje de Jesús. Quizá no comprendan a Krishna porque su filosofía es muy elevada, pero sí a Jesús, porque habla de asuntos pragmáticos.

Esas son las diferencias. Por lo demás, todos hablan de la misma realidad, de la misma verdad. Así, cuando logramos ver, cuando logramos la realización, encontramos la misma realidad que ya se ha descubierto una y otra vez.

Y cada quien debe descubrirla por su cuenta. No se puede tomar prestada. Yo no puedo dárselas ni transferírselas. Puedo hablar de cómo se siente, de cómo llegué a ella, del camino que lleva hasta ella, pero ustedes deberán andar ese camino por su cuenta para descubrirla ustedes mismos. Y cuando la descubran, su lenguaje será diferente del mío, necesariamente; serán sus propias palabras, y llevarán su rúbrica. Es por eso que hay tantas religiones. La religiosidad es esencialmente una sola. No puede ser plural porque la verdad que busca es única. No es un descubrimiento, como dice Newton; no es un invento como dice Bruner. Es redescubrimiento.

> A dice: "Si deseas conocerte a ti mismo, deberás buscar la quietud, pero si deseas ser tú mismo, tendrás que moverte".
> B dice: "Si el conocimiento de uno mismo lleva a la iluminación, entonces la acción debe terminar en oscuridad. ¿Qué dice usted?"

Conocerse a sí mismo nada tiene que ver con sólo sentarse en silencio. Quien adquiere el conocimiento de sí mismo sentado en silencio, sin moverse, sin actuar, sin vivir, adquirirá un conocimiento muerto.

El conocimiento de sí mismo debe ser total. Debe darse en el silencio y en medio de la actividad y en el movimiento. El conocimiento debe darse en la inacción y también en la acción. El hombre verdadero que se conoce a sí mismo es ambas cosas simultáneamente. Es acción e inacción. Eso es lo que significa la expresión china, *wei wu wei*. *Wei* significa "acción", *wu* significa "no", y *wei* significa "acción", es decir, "acción-no-acción".

Esa es la polaridad: de la acción a la inacción, de la inacción a la acción. El hombre que se conoce a sí mismo se mueve hacia las dos polaridades, está a gusto en ambas. Si está quieto sentado, está en santidad; si está en movimiento también está en santidad. Está en santidad haciendo nada; está en santidad haciendo miles de cosas. En el templo está en santidad; en el mercado público está en santidad.

Pero comprendo su pregunta. Es una pregunta perenne que ha generado muchos problemas. Hay personas que piensan que estando en el mundo no podrán llegar a conocerse ni a alcanzar la iluminación. Consideran que es preciso abandonar el mundo, renunciar a él, escapar de él porque no es más que una molestia y una distracción. Sienten que es necesario mudarse a una caverna en algún rincón remoto del Himalaya para estar a solas porque es la única manera de conocer la santidad.

Pero ese conocimiento será muy pobre, carecerá de toda riqueza. No habrá riqueza en ese conocimiento porque, en la inactividad, nuestro ser se apaga, se embota; la vida se cubre de un manto de polvo, la persona es como el agua estancada de un pantano en lugar de ser como la corriente vivificante de un río. Aunque esté en paz y silencio, estará muerta. Sí, podrá reflejar las estrellas, pero jamás correrá hacia el océano. El río tiene más vida.

Pero no quiero decir con esto que las personas que están en el mercado público podrán conocer la divinidad permaneciendo solamente allí, porque si no hay silencio interior, el mercado público puede llegar a ser como un manicomio.

Hay dos tipos de personas que no se contraponen y, de hecho, comparten la misma actitud. Las primeras creen que este es el único mundo y que ésta es la única vida, de modo que deben vivirla entregadas a la ambición, los deseos, los pensamientos. Creen que deben hacer muchas cosas y alcanzar muchas metas. Esas personas, con el tiempo, enloquecen.

El otro tipo de persona, al ver toda esta locura, escapa del mundo, se refugia en una cueva silenciosa y entra en un estado de latencia, inactividad y muerte. El hombre que está en el mundo está vivo pero no conoce el silencio; y el hombre de la cueva está en silencio, pero ya no vive. Los dos se equivocan.

Es por eso que insisto en que hay que vivir en el mundo y estar en silencio al mismo tiempo. De esa manera la vida será plena. Vivan en el mundo sin ser mundanos; sean como la flor de loto sin ser tocados por ella, vivan en el agua. Entonces habrá belleza y gracia. La vida será enriquecedora porque la vida no es otra cosa que Dios manifestándose de muchas formas. De esa manera, la vida deja de ser una distracción para convertirse en una oportunidad para crecer, en un reto.

No vean la vida como una distracción sino como un reto. Ante un insulto, una forma de reaccionar es sentirse molestos, pero la otra es tomar el insulto como un reto. Sentirse molestos o no, dependerá de lo que elijan. Si no se molestan, el insulto habrá sido una oportunidad excelente para crecer, y será motivo de gratitud hacia la persona que los insultó porque lograron mantener la serenidad ante el insulto. Algo se habrá tornado muy sólido en su interior, algo se habrá asimilado.

Una mujer hermosa pasa a su lado y no les provoca una distracción. No se trata de evitarla, sino de no verla.

Hace poco me enviaron un recorte de un periódico londinense con la noticia de que el líder de la secta de Swaminarayan había visitado la ciudad. Hacía cuarenta años que no veía a una mujer. En el avión se mantuvo separado por una cortina, y las azafatas habían sido advertidas de que no deberían acercársele. Se hicieron arreglos especiales para que pudiera evitar a las mujeres. Al llegar al aeropuerto de Londres lo recibieron al pie del avión en un automóvil cerrado. En el aeropuerto se organizó un sitio especial cerrado con cortinas donde pudiera permanecer mientras se hacía el procedimiento de inmigración. Y en Londres caminaba con los ojos fijos en el suelo. Ni siquiera pudo ver las celebraciones del jubileo que pasaban por televisión porque la reina era mujer. Fue necesario que le asignaran un comentador especial para narrarle la celebración en un salón privado.

¿Dirían ustedes que esta clase de personas están vivas? ¿Podría decirse que han trascendido el sexo? No hay mayor perversión que ésa. Ese hombre debe someterse a psicoanálisis, hospitalizarse y hasta recibir choques eléctricos. Lo que hace es completamente absurdo. Ese hombre cree estar cerca de Dios. Temerle hasta ese punto a las mujeres es sencillamente un reflejo del miedo a la sexualidad. ¿Qué podría hacerle una mujer? ¿Qué podría hacerle una pobre azafata? ¿Por qué tanto miedo? El miedo es señal de represión.

Y esta clase de hombre estará pensando en mujeres constantemente. No podrá pensar en la divinidad. Su preocupación no es la divinidad sino las mujeres. ¿Cuándo podrá encontrar tiempo para pensar en Dios? ¿Cómo logró ese hombre vivir en el seno de su madre? ¿Protegido por cortinas? Es simple necedad y, aún así, se ha considerado que esa necedad es una magnífica cualidad religiosa. Es neurosis disfrazada de religiosidad. No, quien ha trascendido su sexualidad, con el tiempo comenzará a olvidar quién es hombre y quién es mujer.

Buda meditaba un día a la sombra de un árbol. Cerca había algunos hombres de la aldea que habían salido a un día de campo con una prostituta y no tardaron en embriagarse y quitarle las ropas para gozar de ella. La mujer se atemorizó al verlos tan fuera de sí, y huyó desnuda como estaba. A la madrugada, cuando comenzó a soplar la brisa fría, los hombres recuperaron un poco la sobriedad y se dieron cuenta de que la mujer había huido. Salieron a buscarla en el bosque y tropezaron con Buda. Al verlo, pensaron que debían preguntarle si había visto a la mujer, puesto que no había otro camino que tomar, así que él tenía que haberla visto.

Entonces preguntaron: "¿Ha visto usted a una hermosa mujer pasar desnuda por aquí?"; a lo cual Buda respondió: "Llegan un poco tarde; debieron venir hace diez años".

Ante semejante respuesta, pensaron que el hombre estaba loco. "¿Diez años? ¿A qué se refiere con eso?", preguntaron.

Y él contestó. "Desde hace diez años no tengo noción de la diferencia. Sí, alguien pasó, pero no sé si fue un hombre o una mujer... Le están haciendo la pregunta equivocada al hombre equivocado. Sí, alguien pasó por aquí, oí sus pasos y vi su figura, pero me es difícil decir si era hombre o mujer porque no tuve la intención de ver si era un hombre o una mujer".

Si no se tiene la intención de ver, ¿cómo poder hacerlo? ¿No les ha sucedido algunas veces? Un día están en el mercado y alguien se les acerca para decirles que se está incendiando su casa. Salen corriendo y se cruzan con una mujer hermosa en medio de su carrera. ¿La ven? Ciertamente miran, ¿pero en realidad ven? Y si mañana alguien les recuerda que una mujer hermosa pasó a su lado, ustedes dirían: "Olvídelo. Mi casa se estaba incendiando y no hubiera podido reparar en una mujer hermosa. Quizás sí vi pasar a alguien, pero no recuerdo. No me causó ninguna impresión porque estaba preocupado por mi casa".

Otro día podrán ver a la misma mujer y, si es hermosa, mirarán con mayor conciencia, con más atención y más de cerca. Vemos solamente aquello que estamos dispuestos a ver.

Buda dijo: "Desde hace diez años he dejado de buscar mujeres. Ya no busco, y ellas han desaparecido de mi interior. De hecho, ya no soy un hombre".

Son palabras extrañas que encierran una verdad tremenda. Buda dice: "De hecho, ya no soy hombre porque ya no busco mujer". Un hombre busca mujer, y eso es lo que significa ser hombre. La mujer busca un hombre y eso es lo que significa ser mujer.

No es posible definir a un hombre como tal cuando deja de buscar mujer, pues ya no es hombre. Y Buda dice: "Ya no soy hombre. Me es muy difícil decirle, caballero, aunque en realidad alguien pasó por aquí. Es mejor que pregunten a alguien que sí la haya visto". Bien, esto parece de gran valor.

Mi forma de ver las cosas es que hay que vivir en el mundo, pero hacerlo con plena atención. Observen, vean, vivan, pongan entusiasmo en todo lo que hagan. No se priven de nada y no se repriman. Es sólo experimentando la totalidad de la vida que podrán trascenderla. Solamente la experiencia libera.

Así pues, no estoy a favor de recluirse en silencio en una gruta, ni tampoco estoy a favor de una vida dedicada solamente a mil y una actividades en la que uno no sepa sentarse en silencio. Sí, siéntense en silencio, pero participen también de la acción hasta crear, con el tiempo, un puente entre la inacción y la acción.

Sintonícense hasta tal punto con su ser que ni la acción ni la inacción los perturben. Podrán permanecer en silencio en medio de la acción, del trabajo y del movimiento. Eso es algo que vale la pena alcanzar: moverse sin que nada se mueva en su interior, correr sin que nada corra en su interior, hablar y poder permanecer en silencio al mismo tiempo. Cuando hagan mil y una cosas sin ser para nada hacedores, habrán alcanzado la síntesis que yo denomino espiritualidad.

De lo contrario, ambas cosas serán ensombrecedoras en lugar de iluminadoras. Algunos se ensombrecen por exceso de actividad y ocupación, y otros se ensombrecen por exceso de inactividad y ocio.

La iluminación es una gran síntesis, la gran armonía de los opuestos. Es *weiwuwei*.

Anteriormente, Baco, Mitros y Apolo eran los dioses venerados por la humanidad. Diana tenía su arco y sus flechas, Tor era el dios del Norte, la diosa madre era venerada en Occidente. Después, la muerte y la resurrección se convirtieron en la base de la religión Occidental. Aprendimos lo que eran el pecado y la culpa. ¿Por qué es pecador Adán? ¿Por qué no es como Teseo o Jasón o Hermes? ¿Acaso el concepto del pecado es sólo una estratagema para obligar a la gente a meditar?

Soy pagano. Para mí no hay Dios, salvo esta existencia. Dios es inherente a la vida. Dios no está por fuera de la vida: Dios es la vida misma. Vivir plenamente esta vida es vivir una vida divina; vivir esta vida parcialmente es vivir una vida sin divinidad, sin religiosidad. Ser total y completo es ser santo.

La pregunta se refiere al pasado. En el pasado todo el mundo era pagano; las personas sencillamente adoraban la naturaleza. No existía el concepto del pecado y no se pensaba en la culpa. La vida se aceptaba como era, no había evaluación ni interpretación; la razón todavía no había interferido.

Tan pronto como interfiere la razón entra en escena la condena. Tan pronto como aparece la razón, aparecen la división y la separación y el hombre se vuelve esquizofrénico. Entonces comenzamos a condenar algo dentro de nosotros. Una parte se torna superior y otra inferior, y perdemos el equilibrio.

Pero eso tenía que suceder. La razón debía aparecer como parte del crecimiento. Tal como le sucede a los niños, debía sucederle a toda la humanidad. El niño, cuando nace, es pagano. Todos los niños nacen paganos. Son felices como son, no tienen idea de lo que está bien y lo que está mal, no tienen ideales. Carecen de criterio y no juzgan. Si tienen hambre, piden alimento; si tienen sueño, duermen. Los maestros Zen dicen que esa es la máxima religión. Si tienen hambre, coman; si sienten sueño, duerman. Permitan que la vida fluya; no interfieran.

Todos los niños nacen paganos, pero tarde o temprano pierden esa simplicidad. Eso es parte de lo que debe suceder; es parte de nuestro crecimiento y de nuestro destino. El niño tiene que perder la simplicidad para reencontrarla nuevamente. Cuando la pierde se convierte en un hombre corriente, un hombre mundano. Cuando la reencuentra, se convierte en un hombre religioso.

La inocencia de un niño no cuesta nada pues es un don de Dios; no es algo que se haya ganado y tiene que perderla. Solamente al perderla nos damos cuenta de lo que hemos perdido, y entonces iniciamos la búsqueda. Y es solamente después de que la buscamos, la encontramos y la logramos que nos convertimos en la inocencia misma y reconocemos cuán preciosa es.

¿Qué le sucede a un santo? Lo único que le sucede es que vuelve a ser niño. Vuelve a un estado de inocencia. Entró al mundo de la razón, la división, el ego y los mil y un ideales, y casi enloquece a fuerza de evaluarlo todo. Entonces, un día, al darse cuenta cuán absurdo y estúpido es todo, renuncia. Pero esta segunda infancia es mucho más valiosa que la primera, pues la primera fue un regalo no solicitado. Por lo general no valoramos los regalos, sino solamente las cosas que exigen un esfuerzo, una lucha, un largo camino.

Hay una historia sufí, sobre un hombre que buscaba el camino y llegó donde un místico sufí, y le dijo: "Busco a mi maestro, señor. He oído que eres sabio. ¿Podrías decirme cuáles son las características de un maestro? ¿Cómo podré reconocerlo? ¿Cómo sabré si es mi maestro cuando lo encuentre? Soy ciego e ignorante. No sé nada. Además, se dice que sin un maestro es imposible encontrar a Dios. Por favor, ayúdame a encontrar a mi maestro".

El místico le respondió varias cosas. Le habló de las características del maestro, de cómo lo encontraría en una determinada actitud, sentado bajo un determinado árbol y vistiendo una determinada túnica; con una determinada mirada en los ojos.

El hombre le agradeció al anciano y partió en busca de su maestro. Pasaron treinta años y el hombre recorrió casi el mundo entero sin encontrar al maestro que concordara con la descripción del anciano. Agotado, cansado y frustrado, regresó a su aldea natal. Encontró al mismo anciano muy envejecido, pero, tan pronto lo vio sentado bajo el mismo árbol, se dio cuenta de que era el árbol del cual el anciano le había hablado. Y la túnica era la misma, la mirada era la misma y el silencio era el mismo que el anciano había descrito. Sintió la inmensa dicha de estar en presencia del maestro.

Pero entonces le asaltó la gran pregunta. Postrándose a sus pies, le preguntó: "Dime, por favor, por qué me torturaste durante estos treinta años, ¿por qué no me dijiste ese mismo día que eras mi maestro?".

El anciano rió y respondió: "Te dije que aquel maestro estaría sentado bajo un determinado árbol, y ése era el árbol bajo el cual estaba sentado. Y te dije que vestiría una determinada túnica, y yo llevaba esa túnica. Yo era el mismo hombre, pero tú no estabas atento. No pudiste verme. Necesitaste recorrer todos los rincones del mundo durante treinta años; necesitaste todo ese esfuerzo para reconocerme. Yo estaba aquí, pero tú no.

"Ahora también tú estás aquí y puedes reconocerme. Tuve que esperarte. No fue solamente un asunto tuyo, ese viaje. Piensa en mí, tan anciano pero imposibilitado para morir antes de tu regreso. Y no he cambiado mi túnica para evitar que no me reconocieras por segunda vez y tardaras otros treinta años. No me he movido ni un segundo de debajo de este árbol. Pero estás aquí. El viaje ha sido demasiado largo, pero ésa es la única manera de descubrir".

Dios siempre está aquí, pero nosotros no. El niño debe perderse y emprender una peregrinación de treinta años. Todos los niños deben perderse, todos deben extraviarse. Es solamente cuando se extravían y sufren que obtienen ojos, claridad y transparencia. Solamente después de perseguir una y mil cosas comenzarán a buscar lo que es real.

Lo irreal tiene que buscarse porque es atractivo y magnético. Además, ¿cómo se podría conocer lo real sin haber llegado a conocer lo irreal? El niño conoce lo real, pero, puesto que no ha conocido lo irreal, no puede definirlo. El niño conoce la santidad, pero, como no ha conocido el mundo, no puede definirla. Cada niño arriva al mundo en estado de santidad, pero debe convertirse en pecador. Después viene la segunda infancia. Si no llegamos a ella nuestra vida habrá sido un desperdicio.

Así que no piensen, no se preocupen por haber perdido la inocencia. Todo el mundo debe perderla; no hay problema. El problema surge solamente cuando la peregrinación se prolonga por siempre. Si el hombre continúa durante treinta años, treinta vidas, trescientas vidas, tres mil vidas... sin regresar jamás ni alcanzar su segunda infancia, entonces es porque algo está muy mal.

Errar... errar es humano y es la forma de aprender. Extraviarse es la forma de regresar al hogar. Olviden a Dios para poder recordarlo. Escapen de Dios, de tal manera que algún día la sed sea abrasadora y sientan la necesidad de regresar a casa; como un hombre hambriento, como un hombre sediento.

Esto mismo debía sucederle a la humanidad. Ahora se reafirmará nuevamente el paganismo en el mundo y vendrá la segunda infancia. Es por eso que el Zen ha adquirido tanta importancia y significado, y por eso ha cobrado sentido la palabra "tantra". En la actualidad, son más importantes el sufismo y el jasidismo que el cristianismo, el islamismo, el hinduismo, el budismo y el jainismo. ¿Por qué? ¿Por qué tantra? ¿Por qué tao? ¿Por qué Zen? ¿Por qué sufi? ¿Por qué jasid? Porque son actitudes paganas: crean la segunda infancia.

El mundo se prepara. La humanidad es cada vez más madura. Esta era es la de la juventud de la humanidad. La infancia desapareció y nos hemos perdido y corrompido. Pero no se preocupen, porque es el camino para recuperar la inocencia. Y la segunda infancia es mucho más valiosa que la primera, porque no se puede perder. La primera se debe perder, pues así debía ser. Ningún niño, ni siquiera Buda, podía conservarla, pues esa es la naturaleza de las cosas. Cuando algo se nos da sin que lo estemos buscando, sin pedirlo y sin siquiera estar listos para recibirlo...

Si le damos a un niño un diamante como el Kohinoor, jugará un rato con él, pero después lo botará. No sabe lo que es. El Kohinoor es el Kohinoor, ya sea que lo sepamos o no. El Kohinoor es el Kohinoor, y el conocimiento no importa. Pero el niño lo botará cuando, tarde o temprano, se aburra de él. ¿Durante cuánto tiempo podrá jugar con él? A pesar de sus colores y de su brillo, no tardará en aburrirse.

Para que el Kohinoor entre nuevamente en su vida, tendrá que sentir ansias de él; tendrá que sentir un vacío enorme en el interior de su ser, tendrá que experimentar un deseo irreprimible. Todos los deseos pasan a un segundo plano, y Dios se convierte en el mayor de los deseos, en el deseo supremo. Dios está siempre aquí.

Les sucede a los niños, a las sociedades, a las civilizaciones y a la humanidad en general. Así que no se preocupen por el cristianismo. El cristianismo y ese tipo de religiones son las religiones intermedias entre las dos infancias. Son religiones que condenan y gritan que nos hemos extraviado. "¡Regresen!", nos gritan, tratando de atraernos. Atemorizan y a la vez prometen muchos premios y recompensas en el cielo. Y si no regresamos seremos lanzados al infierno. El fuego del averno nos espera para proporcionarnos toda una eternidad de sufrimiento.

Es el miedo. Se trata de producir miedo para instar a la gente a regresar. Pero, a pesar de regresar, debido al miedo jamás llegamos realmente. El miedo no se puede transformar en amor. El miedo sigue siendo miedo, y el miedo engendra odio.

Es por eso que la cristiandad ha creado un odio enorme contra la religión. Friedrich Nietzsche es un subproducto de la cristiandad. Cuando Nietzsche dice que Dios está muerto, lo hace sencillamente como reacción contra el cristianismo. Alguien tenía que decir que es demasiado el énfasis que se ha puesto en Dios, el cielo y el infierno. Estoy totalmente a favor de Nietzsche. Alguien tenía que decir: "Ya es suficiente. ¡Basta de tanta necedad! Dios está muerto y el hombre es libre". El hombre es esclavizado cuando el miedo aparece.

¿Y la codicia? También la codicia es una atadura. ¿Qué son la idea del cielo, del paraíso, del *firdaus*? Representan la codicia y la lujuria. En el cielo de los musulmanes, el *firdaus*, pareciera que los santos no hicieran otra cosa que copular. Allí hay mujeres bellas, el vino corre en abundancia y todos los deseos se cumplen al instante. Y esas bellas mujeres nunca crecen, se conservan de dieciséis años.

Otra cosa maravillosa es que vuelven a ser vírgenes. Cada vez que un santo termina de hacerle el amor a una mujer (solamente los santos van allí), ella vuelve a ser virgen. Ese es el milagro del paraíso. ¿Qué hacen los santos allá? ¡Parece una orgía! Corre el vino a mares. Los musulmanes dicen que hay que abstenerse de beber y de las mujeres en este mundo. ¿Para qué? ¿Para obtener buen vino y mujeres aún mejores en el cielo? Parece bastante ilógico.

Pero es así. Es a través de la codicia que se induce a la gente a regresar. O a través del miedo. Si no regresan por la codicia, entonces lo hacen por el miedo al fuego eterno del infierno. Pero, si uno no ha cometido demasiados pecados, el fuego eterno parece injusto. Está bien quizás terminar en el infierno durante quince, veinte o hasta cincuenta años, pero, ¿por toda la eternidad? Nadie ha pecado eternamente aquí, de manera que, ¿cómo es posible que el castigo sea eterno? Parece excesivo.

Pero el punto no es ese. Se trata solamente de inspirar miedo. El miedo y la codicia han sido la base de muchas religiones. Y para lo único que han servido es para destruir. No han atraído a los valientes, sino solamente a los cobardes. Cuando una persona cobarde se hace religiosa, esa religión es una farsa. Solamente una persona valiente puede ser religiosa, pues la religión exige una dosis muy alta de valor. Es un salto a lo desconocido, a aguas desconocidas, sin ninguna carta de navegación. Es abandonar el pasado y avanzar hacia el futuro; es acoger la incertidumbre. Y todo esto es algo que no puede hacer un cobarde.

Y los cobardes se han reunido en sus templos, en sus mezquitas y en sus iglesias. Todos tiemblan de miedo y están llenos de codicia, rebozan en codicia, nadan en codicia. Esas personas codiciosas y atemorizadas no pueden ser religiosas. La base de la religión está en abandonar todos los miedos y la codicia, y saltar hacia lo desconocido. Dios es lo desconocido, lo oculto. Está oculto aquí mismo, en los árboles, en las piedras, en ustedes y en mí. Pero para penetrar esa realidad oculta se necesita mucho valor, implica aventurarse en la oscuridad sin luz ninguna.

En una noche oscura, un maestro Zen se despidió de uno de sus discípulos. El discípulo estaba algo asustado porque debía recorrer por lo menos quince kilómetros de selva, y la selva estaba llena de animales salvajes. Se había entretenido con el maestro, y se le había pasado el tiempo. La noche era oscura como boca de lobo y era ya casi la media noche.

Al verlo atemorizado, el maestro le dijo: "Te daré una lámpara, pues te veo algo asustado". Le puso en la mano un farolito de papel y lo encendió. El discípulo le agradeció y ya se disponía a salir cuando el maestro lo llamó: "¡Espera!" El maestro se acercó y le apagó la lámpara, al tiempo que le decía: "Un verdadero maestro da coraje, no fomenta la cobardía. Sé tu propia luz en la oscuridad, y recuerda que ninguna otra luz, aparte de la tuya, te servirá de nada. Tendrás que alcanzar tu propia luz y ser la llama de tu propio ser. Anda hacia la oscuridad y sé valiente".

Dice que un verdadero maestro no fomenta la cobardía. Con ese acto de soplar la llama, el maestro imparte una gran lección: la religión es solamente para los valientes.

Fueron valientes quienes siguieron a Jesús. No fueron muchos, quizás fueron muy pocos, y se podían contar con los dedos de las manos. También fueron muy valientes quienes siguieron a Buda. Pero los cristianos no son valientes, tampoco los budistas.

Quienes están conmigo son valientes, pero cuando me vaya, sus hijos y los hijos de sus hijos podrán rendirme su respeto, pero no serán valientes.

La religión existe solamente cuando hay un maestro vivo para vivirla con ustedes. Cuando el maestro se va, la religión muere; y entonces los cobardes se reúnen alrededor de una religión muerta y, por consiguiente, desaparece el miedo. Veneran las escrituras, la palabra y las estatuas... pero todas ellas están muertas.

Por el contrario, siempre que hay un Jesús, o un Buda, o un Mahoma, el temor es grande. Entonces la gente encuentran una y mil formas de escapar y de racionalizar su huida, y condena al verdadero maestro. ¿Por qué? El verdadero maestro no tolera la cobardía; no les proporciona más codicia (ya tienen suficiente), y no está dispuesto a infundir miedo. Dedica todos sus esfuerzos a eliminar el miedo y la codicia para que cada quien pueda vivir su vida plenamente.

Era necesario que el cristianismo y otras religiones por el estilo tuvieran lugar. Debemos perdonarlas y no sentir rabia hacia ellas, pero ahora también ellas deben desaparecer, porque el mundo ya no las necesita. Se están desmoronando, se están dispersando y están muriendo. En realidad están muertas. Pero las personas las siguen tan ciegamente que tardan mucho tiempo en reconocer que su iglesia o su templo están muertos. Son tan inconscientes que no logran comprenderlo inmediatamente. El cristianismo, el hinduismo, el islamismo han muerto. En el Islam vive todavía algo muy pequeño, una luz que brilla aún: el sufismo. En el cristianismo sobreviven apenas unos cuantos místicos. Por lo demás, la Iglesia, el papa y el Vaticano no son otra cosa que cementerios.

En el hinduismo todavía viven algunos místicos (un Krishnamurti y un Raman en alguna otra parte), pero están muy distantes entre sí. Por lo demás, los *shankaracharyas* son muertos vivientes. Nadie acude donde un maestro vivo. En el budismo solamente sobrevive el Zen; en el judaísmo solamente sobrevive el jasidismo.

La religión organizada no es la verdadera. La religión desorganizada, rebelde, no ortodoxa y herética es la verdadera, y siempre lo ha sido. La religión surge siempre como una rebelión, su espíritu mismo es rebelde. Los días del cristianismo, el hinduismo y el Islam han quedado atrás. En el futuro, una religión completamente diferente, un clima completamente distinto reinarán en la tierra. Las religiones desaparecerán y habrá solamente un tipo de religiosidad. Cada quien encontrará su propia religión, su propia oración y su propia forma de rezar. No hay necesidad de seguir una fórmula prescrita. No es ése el camino de los valientes. Ese es el camino de los cobardes.

Dios está disponible, y mirarlo a los ojos es solamente cuestión de valor.

Ustedes dicen que la muerte y la resurrección se convirtieron en la base de la religión Occidental. Eso es cierto. Los cristianos no veneran a Cristo sino a la cruz. La cruz es un símbolo de muerte. ¿Por qué? Porque la muerte es el miedo fundamental. Hacer pensar a la gente en la muerte equivale a atemorizarla. Si hacemos que una persona tome conciencia de la muerte, lo más seguro es que comience a temblar como una hoja; y cuando una persona tiembla de miedo es fácil convertirla en víctima; es fácil obligarla a convertirse a la religión más insensata. Estará dispuesta a creer en cualquier cosa, más aún si se le promete la inmortalidad.

Así, los seguidores del cristianismo dicen que aquellos que se acojan a la Iglesia se salvarán, y que no hay garantía alguna para aquellos que no lo hagan. Están condenados y no podrán salvarse. Es lo mismo que dicen otras religiones. Eso es crear miedo. Ponerlos a pensar en la muerte equivale a infundirles miedo. ¿Quién no le temería a la muerte? Y el hombre asustado es susceptible de convertirse en esclavo.

¿Y por qué la resurrección? La muerte y la resurrección se convirtieron en el fundamento del cristianismo en Occidente. La muerte infunde temor y la promesa de la resurrección provoca codicia. Quien muera dentro de la Iglesia resucitará como un ser divino, con todo lo que siempre deseó y necesitó: un cuerpo hermoso de luz rodeado de una aureola.

Todos son trucos, trucos basados en el miedo y la codicia, en el castigo y el premio. Es lo mismo que B. F. Skinner continúa haciendo con sus ratas: asustarlas para que hagan cosas. Es lo mismo que vemos en los circos: lograr que un animal tan valeroso y sabio como el elefante sienta miedo para que haga monerías como sentarse en una butaca e inclinarse ante un hombre al que podría matar en un segundo. Hasta los leones, con sólo ver el látigo, tiemblan; lo único que se necesita es infundirles miedo. Hasta los leones se pueden domar y a los elefantes se les puede enseñar y disciplinar. Es la simple técnica de crear miedo y prometer recompensa: si el elefante obedece, recibe comida, y si no, se le mata de hambre.

Eso es lo que las supuestas religiones les han hecho a los hombres: les enseñaron el pecado y la culpa. La única forma de explotar a los hombres es infundiéndoles miedo y enseñándoles que todo es pecado, que todo gozo es pecado. Sí, la muerte infunde miedo, pero también está muy lejos. Morirás después de cincuenta o setenta años. ¿Setenta años?... Ya veremos. En este momento no estamos muriendo"

Quizás los ancianos sientan miedo. Es por eso que encontramos a muchos de ellos en las iglesias y los templos. Mujeres y hombres viejos (más mujeres que hombres), porque el miedo se intensifica. Están viejos, al borde de la muerte, y sienten que deben hacer algo. La vida se les escapa, y deben hacer algo para el futuro.

¿Ven ustedes jóvenes en las iglesias y los templos? Donde quiera que haya jóvenes, la religión está viva. Si una persona joven se interesa por la religión, es porque esa religión no está basada en el miedo y la muerte. Su religión será de vida.

Muchas veces me preguntan por qué vienen a mí tantos jóvenes. Es porque yo enseño la religión de la vida, del amor, de la alegría. No fabrico culpas ni condiciono las mentes señalando los pecados. Hay errores, pero no pecados. No hay duda de que los errores existen, pero no son más que eso. ¿Acaso es pecado equivocarse al sumar y decir que dos más dos son cinco? Es sencillamente un error que puede corregirse. No hay necesidad de enviar a una persona al infierno por toda la eternidad sencillamente porque sumó dos más dos y obtuvo cinco. Es un error perdonable.

Todo aquello a lo que ustedes llaman pecado no son más que errores, y los errores son la manera de aprender. Las personas que nunca se equivocan son las más necias porque nunca crecen. Yo les digo: "Continúen cometiendo errores y nunca sientan miedo. Recuerden solamente una cosa: jamás cometan el mismo error una y otra vez, porque sería una insensatez". Sean inventivos, cometan errores diferentes todos los días para poder aprender. Sencillamente no repitan el mismo error todos los días porque es una estupidez. Si ya lo han cometido una vez, sabrán que es un error. Si sintieron ira y conocieron lo que es la ira, caer de nuevo en ella sería una estupidez. Si ya han aprendido, insistir en el error es insensato y destructivo. El error repetido los destruye a ustedes, destruye a los otros y, además, no deja nada; ninguna flor florece dentro de ustedes.

La ira nos empequeñece, en lugar de hacernos crecer. Si aman y son amables, sentirán que fluyen y flotan cada vez más alto, pesarán menos. Por consiguiente, aprendan que el amor da alas para volar mientras que el odio y la ira son tan pesados que los mantendrán anclados al suelo.

¿Comprenden? Es muy sencillo, tan sencillo como sumar dos más dos. La vida es una escuela, un camino de aprendizaje. Es por eso que estamos aquí; nuestro propósito es aprender, no es ser castigados. Me gustaría que cambiaran totalmente su concepción al respecto de este tema. Les han enseñado que están aquí para ser castigados, lo cual es totalmente falso. Están aquí para aprender.

¿Por qué querría Dios ser semejante torturador? ¿Acaso es que es sádico y disfruta torturando a la gente? Además, si, como dice esa gente, es cierto que los han enviado aquí para ser castigados, ¿por qué los enviaron la primera vez? Tuvo que haber existido una primera vida antes de la cual no habían hecho nada malo, porque el pecado solamente es posible en esta tierra. Si estaban libres de pecado, entonces, ¿por qué los enviaron la primera vez?

La respuesta a esa pregunta no la tienen los jainistas, ni los hinduistas, ni los musulmanes. ¿Por qué ha venido el hombre a esta tierra? Quizás esta vez estén aquí porque cometieron pecados en la vida pasada. Está bien, lo acepto, pero, entonces, ¿por qué los enviaron la primera vez? Y si ésta es la primera y única vida, como sostienen los cristianos, entonces, ¿con qué propósito los enviaron aquí? Pues bien, es porque tienen una idea bastante absurda: por causa del pecado de Adán. Ustedes nada tienen que ver con Adán. La simple idea es absurda. Alguien a quien ustedes jamás conocieron, y que quizás nunca existió, pecó, y ahora toda la humanidad debe pagar las consecuencias. Su padre pecó y ustedes deben ir a la cárcel. Y Adán ni siquiera es su padre, ni el padre de su padre, ni el padre del padre del padre de su padre; es el primer hombre.

Además, lo que hizo no parece para nada un pecado. Parece una cuestión de simple valentía, un acto de rebeldía. Todo niño necesita esa clase de rebeldía. Dios dijo a Adán: "No comerás el fruto de este árbol. Este es el árbol del conocimiento". Y Adán comió. Creo que cualquiera que tenga alma habría hecho lo mismo. Si Adán hubiera sido tonto, o hubiera estado muerto en vida, seguramente habría obedecido. Debió sentirse desafiado. En realidad, ese es el punto. Solamente piensen: en la tierra hay millones de árboles; si Dios no le hubiera señalado ése árbol en particular, Adán no lo habría encontrado jamás. Era solamente un árbol del jardín de Dios, un jardín que es infinito. Y, con respecto a ese árbol en particular, Dios dijo: "No comerás su fruto. Si comes el fruto del conocimiento serás expulsado".

Como yo veo las cosas, Dios estaba desafiando a Adán. Estaba tratando de averiguar si estaba vivo o muerto. Trataba de ver si era capaz de desobedecer o si era tan sólo una oveja que obedecía ciegamente. Y Adán demostró la madera de la que estaba hecho al comer el fruto. Estaba dispuesto a que lo arrojaran al mundo y demostró tener temple. En ello no hay pecado, simplemente valentía.

Todo niño debe desobedecer a su padre algún día; todo niño debe desobedecer a su madre algún día. En realidad, el día en que desobedece comienza a madurar; antes es imposible. Solamente los niños estúpidos son siempre obedientes. Los niños inteligentes ciertamente desobedecen; encuentran mil y una formas de desobedecer a sus padres. Miren a su alrededor y verán siempre ejemplos de niños inteligentes que desobedecen. Y es así porque deben lograr el crecimiento del alma. Si obedecen a toda hora no podrán crecer. ¿Cómo podrían hacerlo? Permanecerían adormilados y débiles; no podrían tener su propia alma, su propia individualidad.

No, Adán no cometió ningún pecado. Adán es el primer santo. Desobedeció a Dios como Dios quería que lo hiciera. Ese era exactamente el propósito divino: al desobedecer, Adán se adentraría en el mundo, perdería su primera infancia, cometería muchos errores y aprendería de ellos.

Y un día regresaría, como Cristo, como Buda, como Mahavira, como Krishna.

Ese alejarse es la condición ineludible para poder regresar. Realmente eso no va contra Dios, porque era precisamente lo que Él deseaba. Dios lo planeó exactamente así. Así que no lo llamemos pecado. ¿Por qué dicen que Adán es un pecador? Lo llaman pecador porque sus religiones se apoyan en el pecado y la condena. Mientras más sean ustedes objeto de condena, más se someterán y más se postrarán ante ellas pidiendo clemencia. Mientras más los acusen, más grande será su miedo; mientras mayor sea su miedo, mayor será su necesidad de encontrar mediadores.

Ustedes no saben dónde está Dios. El papa lo sabe, los sacerdotes lo saben pues ellos tienen conexión directa con Dios. Es solamente a través de su intercesión que ustedes podrán salvarse o, de lo contrario, toda su vida será de pecado. Es sólo si ellos logran convencer a Dios que ustedes podrán salvarse. He ahí la treta: la treta del sacerdote. El sacerdote realmente no es un hombre religioso sino un hombre de negocios que hace transacciones y explota en nombre de la religión.

La profesión más vil del mundo no es la de las prostitutas sino la de los sacerdotes.

"¿Por qué no es como Teseo, o Jasón, o Hermes?" Lo es.

"¿Es el concepto del pecado apenas una estratagema para obligar a la gente a meditar?" Sí, es una estratagema, pero no para obligarla a meditar sino para esclavizarla. La meditación es algo completamente diferente. La meditación jamás emana del miedo sino de la comprensión. La meditación proviene del amor y la compasión. La meditación proviene de vivir la vida en todos los climas y todas las estaciones, de escudriñar a fondo todos los hechos de la vida para comprenderlos y, entonces, desechar aquellos que carecen de peso y acoger aquellos que son significativos, hasta aprender a conservar lo esencial y descartar lo que no es esencial.

El trigo y la cizaña siempre están ahí. Las rosas y los espinos siempre están ahí. Y debemos diferenciar entre el trigo y la cizaña para almacenar el trigo y descartar la cizaña.

Ese es el grado de inteligencia que se requiere, de lo contrario no es posible llegar a ser una persona religiosa. Los miedos no proporcionan comprensión, sino que en realidad nublan la mente y no permiten aclarar lo que es la vida. No permiten experimentar la vida plenamente, y adentrarse en ella, se oponen a la experiencia.

La meditación tiene lugar cuando se vive y se observa la vida a medida que sucede. No es porque Buda lo diga que aceptamos que la ira es mala. Eso de nada sirve, porque convierte a la persona en una lora. Pero al mirar de frente la ira es posible comprender cuán inútil y tóxica es. No hay que seguir a Krishna sencillamente porque dice: "Entréguense a Dios, dejen todo en manos de Dios". No, no encontrarán a Dios siguiendo a Krishna, sino observando atentamente todas las desgracias que el ego engendra en cada uno de ustedes.

Viendo eso, algún día se desharán de su ego y dirán: "Ahora mi vida será de entrega total. Todo aquello que Dios desee que suceda a través de mí, sucederá. No tendré deseos propios ni voluntad propia. Renuncio a mi voluntad".

Al reconocer la desgracia que el ego produce, viene la entrega. Al ver la desgracia que la ira engendra viene el amor. Al reconocer la miseria que la sexualidad trae, viene el celibato. Pero es necesario vivirlo porque no hay atajos, y ese aprendizaje no se puede adquirir a través de otros.

¿Por qué insiste tanto en lo irracional? ¿Qué tiene de malo lo racional?

Lo racional no es suficientemente racional. He ahí el problema. La persona realmente racional reconocerá que en la vida hay muchas cosas irracionales. ¿Cómo puede una persona racional evitar ver que hay muchas cosas irracionales en la vida? La persona racional está condenada a tropezar con muchos hechos irracionales.

Su forma de amar es irracional. Se enamoran de una mujer sin explicación alguna. Sencillamente encogen los hombros y dicen: "Así sucedió". Podrán mencionar algunas cosas como que es hermosa, o esto y aquello. Pero nadie más la considera hermosa; nadie más está enamorado de ella. Entonces no puede ser tan sencillo como decir que se enamoraron porque era hermosa. En realidad, es al contrario: ella parece hermosa porque ustedes se han enamorado. Entonces se casarán y un buen día ya no les parecerá hermosa, y entonces se preguntarán si estaban locos: "¿Cómo pude enamorarme de esta mujer?" Entonces comenzarán a pensar que es la mujer más fea del mundo.

Los esposos jamás se consideran hermosos mutuamente porque el amor (eso que ustedes llaman amor, esa ilusión) se desvanece rápidamente. Es posible que si nunca logran tener a una mujer, la amen durante toda la vida. Es por eso que Majnu no deja de amar y de exclamar: "¡Laila, Laila, Laila!" Porque nunca pudo hacerla suya. Fue un hombre afortunado. Quienes consiguen a sus Lailas saben que una vez que entran en posesión de ellas comienzan a rogar: "Dios, ¿qué puedo hacer para librarme de ella?"

¿Qué es lo que sucede? No es la belleza sino algo irracional, algo de su inconsciente a lo que no están atentos y que los posee.

La psicología del inconsciente ha estudiado el asunto más a fondo. El niño o la niña lleva en su interior dos personalidades: la personalidad de la madre y la del padre, puesto que es producto de dos biologías y dos psicologías. Un niño es una combinación de dos personas, dos personalidades, tiene unos elementos aportados por el padre, y otros por la madre. Si se trata de un varón, su lado materno buscará incesantemente a otra mujer que se parezca a su madre.

La mujer que los hombres llevamos dentro no es otra que la parte heredada de nuestra madre. Y cuando una mujer concuerda con esta mujer interior, nos enamoramos, pero esto es totalmente irracional. Y exactamente lo mismo le sucede a la mujer que se enamora de un hombre. Lleva a su padre adentro, y cuando encuentra un hombre que encaja, entonces...

El problema es que nadie puede encajar perfectamente en la imagen. El padre jamás podrá ser el esposo, como tampoco la madre podrá ser la esposa.

Otro problema es que no hay dos personas iguales. Ustedes buscan inconscientemente a su madre, y cuando ven a una mujer hermosa ven en ella algún parecido con su madre, pero el parecido es solamente parcial. Quizás la voz sea parecida, o los ojos o el cabello sean del mismo color, o quizás su andar es el mismo. Pero no lo saben, por lo menos conscientemente. Todo está en el inconsciente, oculto en la oscuridad. Entonces se enamoran, pero como ninguna mujer puede ser exactamente como su madre, tarde o temprano comienzan a notar aquellas cosas que hacen diferentes a las dos mujeres. Entonces comienzan los problemas, la luna de miel llega a su fin.

Todos estos son hechos irracionales. El hombre verdaderamente racional tropezará con un sinnúmero de hechos irracionales. Hasta el mejor de los matemáticos o físicos se enamora. Irracional, totalmente irracional.

¿Por qué insisto en lo irracional? Porque, para mí, la razón está en el medio. Debajo de la razón está lo irracional, lo irracional del inconsciente. Y por encima de la razón está también lo irracional, lo irracional del supraconsciente. La mente conciente es una mente muy pequeña, minúscula. Debajo de ella hay un verdadero océano de sexualidad, ira, codicia, egoísmo, celos, violencia; todos los instintos del animal. Allí en el inconsciente existe todo un pasado animal completamente irracional.

¿No han observado que cuando un hombre está verdaderamente furioso parece más un animal que un ser humano? Cuando un hombre está verdaderamente fuera de casillas ladra como un perro, ruge como un león, salta como un tigre o se comporta como un mono. Es por eso que, cuando se apacigua la ira, el hombre se siente avergonzado y presenta disculpas: "No sé qué se apoderó de mí". Fue algo que vino de abajo, del sótano, de su ser, y se apoderó de él de manera inconsciente.

Debajo de la razón hay un vasto continente de irracionalidad. Allí existen los animales, las plantas, las rocas y todo el pasado. Ese es el significado verdadero de la teoría de la reencarnación en muchas formas. Los hindúes dicen que hemos vivido ochenta y cuatro mil vidas en distintos planos: algún día fuimos piedra, y todavía llevamos parte de ella en la conciencia; algún día fuimos planta, y todavía llevamos algo de ella (la flor y la espina); algún día fuimos perro, y otro, tigre, y otro, zorro. Y todo eso se lleva apilado por dentro. Cada vez que se pierde lo racional lo irracional emerge y toma posesión de la persona.

Por encima de la razón está el supraconsciente, que también es irracional. En él se oculta la divinidad. Debajo está el animal y encima la divinidad. Si caemos por debajo de lo humano, nos volvemos animales, y si trascendemos por encima de la humanidad nos volvemos divinos. Las personas le temen a lo irracional porque solamente conocen un tipo de irracionalidad: la inferior. Todas las grandes religiones enseñan la realidad superior. Debemos ir más allá de nosotros, debemos abandonar nuestra lógica.

Eso es lo que sucede cuando meditan, y es también lo que sucede cuando pierden los estribos y caen por debajo de la razón. Cuando meditan están por encima de la razón. El hombre va más allá de la razón en los dos sentidos. Cuando está furioso, está por debajo de la razón, y cuando se convierte en santo, está por encima de la razón. Es por eso que los santos y los locos se parecen un poco. Tienen por lo menos algo en común, y es que están por fuera de su mente racional. Debajo de la razón hay un vasto continente de sinrazón, y por encima de la razón hay todo un cielo de divinidad, el cielo infinito de la divinidad.

El Zen es particularmente irracional. Es imposible comprenderlo a través de la razón.

En uno de sus libros, Aldous Huxley se refiere a un maestro Zen chino:

> Una noche helada, el maestro Kaizenji se disponía a compartir el té con sus discípulos, y les decía lo siguiente: "Hay una cierta cosa que es segura. Es tan negra como la laca. Sustenta el cielo y la tierra. Siempre parece estar en actividad pero nadie puede captar esa actividad. ¿Cómo poder captarla, mis discípulos?"

Se refería a la naturaleza de *tathata* (la mismidad) o Tao, o *dhamma*. Se refería a la naturaleza de la existencia misma. "Hay una cierta cosa..." Dice "una cierta cosa" porque no hay forma de especificarla, ni señalarla. Tan grande es. "Es tan negra como la laca", tan negra como la noche. Se pueden perder en ella. Se parece más a la oscuridad que a la luz. ¿Por qué? Porque en la luz es fácil distinguir las cosas, saber que esto es un árbol, aquella una columna, éste un hombre y ella una mujer. En la luz es posible distinguir las cosas por separado.

En la luz aparece la multiplicidad. En la oscuridad se percibe la unicidad. Si se oscureciera súbitamente este recinto, ¿dónde estaría la columna, y dónde estarían el hombre y la mujer? Todos desaparecen en la unicidad. Eso es *tathata*, la mismidad, Tao, *dhamma*, la verdad, la divinidad... El nombre no importa. Todos son iguales, todos significan lo mismo, pues son sólo metáforas.

"Sustenta el cielo y la tierra. Siempre parece estar en actividad, pero nadie puede captar esa actividad. ¿Cómo poder captarla, mis discípulos?" Se refería a la naturaleza de *tathata*, en sentido metafórico, por supuesto.

La pregunta no era una pregunta cualquiera. Los maestros Zen hacen preguntas en situaciones particulares. Ahora estaba claro. La noche estaba helada, el té estaba listo, el samovar humeaba, la fragancia del té invadía el salón de té, el maestro estaba sentado con sus discípulos. Entonces surgió súbitamente la pregunta de la nada. No era el momento para hablar de filosofía, porque afuera helaba y todos deseaban disfrutar una taza de té caliente. La pregunta representaba un peligro porque, de no ser respondida correctamente, el maestro, conforme a la práctica Zen, mandaría a sus discípulos de vuelta a sus casas. La velada, que apenas comenzaba, quedaría truncada. No podrían disfrutar del té.

Huxley dice: "Los discípulos de Kaizenji no conocían la respuesta". No es que no pudieran filosofar y pronunciar una serie de palabras, por supuesto que podían. Pero un maestro Zen no pide palabras sino profunda comprensión. Si algo no ha sido objeto de experiencia, no se puede expresar, y cualquier palabra carecerá de sentido. La razón puede proponer muchas cosas, pero no serán aceptadas. Lo que brote de la boca debe ser producto de la experiencia de la existencia.

Finalmente, uno de los discípulos llamado Tai Shuso, se aventuró a decir: "No se puede captar porque tratamos de captarla mientras está en acción". Lo que esto quiere decir es que aquella cosa aparece cuando reinan el silencio y la quietud, cuando no hay movimiento alguno dentro de la mente, cuando todo se detiene y no hay actividad sino solamente *wuwei*, inactividad y pasividad. Ese Tao, esa existencia, esa divinidad brota desde el interior y penetra al interior. No es posible captarla mientras la mente está en movimiento y en acción. Pero cuando la mente está quieta, llega por su propia cuenta. No se puede hacer un esfuerzo por captarla porque ese esfuerzo implica actividad, pero llega cuando ni siquiera se la busca, cuando se es tan sólo un receptáculo, un útero. Llega en un estado de inactividad y receptividad femenina. La respuesta es muy racional. Pero la historia continúa; Huxley nos dice: "Kaizenji canceló la reunión antes de que hubiera tan siquiera comenzado. La respuesta no le satisfizo".

Era una respuesta racional atrayente; podría pensarse que el discípulo tenía razón. Pero era solamente la mitad de la respuesta. A menos que *tathata* se pueda percibir también en medio de la actividad, no estará completa, no será total. Si no pueden encontrar a Dios en medio del fragor de la vida cotidiana sino solamente en el Himalaya, ése Dios será solamente medio Dios. Y un medio Dios es un Dios muerto. Dios es indivisible. No es posible decir que está en una gruta en el Himalaya. Sencillamente surge, y no hay necesidad de captarlo porque, más bien, es Él quien se apodera de nosotros.

Muchas personas han optado por escapar y renunciar al mundo porque dicen que Dios no está aquí. Pero ese silencio del Himalaya nada tiene que ver con Dios. Es el silencio de una cueva. Basta con regresar después de treinta años de retiro en una cueva a la calle del mercado para que todo el silencio se pierda, todos los logros se desvanezcan.

Es por eso que los renunciantes le temen al mundo, no entran en él y se aferran a sus grutas. Eso es escapismo. A Dios no se le puede encontrar solamente en las grutas aisladas. Dios está en todas partes. *Solamente* Dios es, y necesariamente está en todas partes. Hasta en las plazas de mercado está la divinidad, tan viva y vibrante como en el Himalaya. En las montañas es silenciosa y en las plazas de mercado es ruidosa, pero está en todas partes. Cuando estamos quietos, está quieta, cuando corremos, corre, pero siempre está ahí.

Por consiguiente, si bien la respuesta es racional, está incompleta. La razón no puede explicar la totalidad. La razón divide, analiza, diseca, y ha disecado a Dios mismo. Pero no es posible disecar a Dios; no importa si somos ignorantes, Dios está en nuestro interior. Él es nuestra ignorancia. ¿Quién más podría serlo? Y cuando saben, Él es su saber. Dios es su ignorancia y su iluminación. Eso es lo que quiere decir Buda cuando dice que nirvana es el mundo; son una sola cosa, son dos aspectos de lo mismo, no dividan; si dividen se equivocarán.

El maestro canceló la velada. En su comentario, Aldous Huxley (un gran filósofo por derecho propio) anota que, de haber estado en la reunión, habría sugerido una respuesta mejor. ¿Cuál? Dice: "Imagino que la velada habría podido prolongarse por lo menos unos cuantos minutos si Tai Shuso hubiera dicho algo así: 'Si no puedo captar lo que es *tathata* en la actividad, entonces obviamente debo cesar de ser *yo* para que *tathata* pueda asir a este antiguo yo y hacerlo uno con ella, pero no sólo en la inmovilidad y el silencio de la meditación, como les sucede a los *arhats*, sino también en la actividad, como les sucede a los *bodhisattvas*, para quienes *samsara* y *nirvana* son exactamente la misma cosa'".

¡Ahora las cosas empeoran! Por fortuna Aldous Huxley no estaba allí o, de lo contrario, habría recibido una paliza. El maestro se limitó a cancelar la reunión mostrando gran respeto por el discípulo que había respondido. Los maestros Zen mantienen su bastón a su lado, y de vez en cuando lo utilizan. A veces lo hacen sin razón alguna, por lo menos sin razón aparente. Pero hay algo seguro, y es que si ven que el discípulo se está llenando la mente de cosas, lo golpean en la cabeza diciendo: "¡Deja eso!" Lo que quieren decir es que hay que ir mucho más allá, por encima de la cabeza, renunciar a ella.

La respuesta de Aldous Huxley era demasiado mental. Suponer de nada sirve. Él dice: "Imagino que..." Imaginar no sirve, solamente la experiencia sirve. Nadie puede imaginar; nadie puede suponer... "Esta respuesta pudo haber ayudado". No. Imaginar es adivinar, es un proceso racional que viene de la cabeza, de la mente. Aldous

Huxley habría recibido sus bastonazos porque un maestro Zen no tolera ni un poco de filosofía.

Es por eso que insisto tanto en la irracionalidad superior. Es necesario ir más allá de la cabeza. Hagan un experimento: póngase frente a un espejo, sencillamente imaginen que no tienen cabeza. Háganlo diariamente durante veinte, treinta o cuarenta minutos. Sencillamente miren la cabeza y digan "No tengo cabeza". Al cabo de dos o tres meses, un buen día verán que la cabeza ha desaparecido. Estarán allí sin cabeza. Entonces sabrán cuál puede ser la respuesta, no antes. Suponer no sirve de nada. Si bien yo conozco la respuesta, no puedo verbalizarla porque no puede expresarse con palabras.

El maestro no pedía una respuesta verbal; los discípulos debían *hacer* algo. Debían *actuar* inmediatamente de alguna manera; debían mostrar la respuesta. Un discípulo ha debido mostrar inmediatamente, a través de su actuar, de su propio ser, que estaba allí. Y a un maestro no se le puede engañar: si uno no está allí, no está allí. Si uno está allí, él lo sentirá inmediatamente.

Veamos la siguiente historia: un discípulo llega donde un maestro, y el maestro le entrega un *koan*. Un *koan* es un método especial para enloquecer. Es un acertijo sin solución cuya respuesta es imposible, no existe. Tanto el discípulo como el maestro saben que no hay respuesta, pero el discípulo debe tratar de encontrarla y a veces dedica meses y años a ese empeño. A menos que el discípulo encuentre la respuesta, el maestro no le impartirá instrucción adicional. Es necesario resolver el *koan*. El discípulo sabe que eso es absurdo, pero que tiene que resolverlo. En el fondo sabe, ha oído, ha leído que no hay respuesta. Pero el maestro le ordena encontrarla.

Cuando tratamos de buscar la respuesta de algo que no la tiene, con el tiempo comenzamos a enloquecer, a perder la cordura. A pesar del esfuerzo, ella nos elude repetidamente. En Japón le dicen a esto la "locura del Zen". En Japón, hasta los médicos la conocen porque la familia del discípulo lo lleva al médico cuando enloquece y comienza a gritar, a hacer cosas, a temblar incontroladamente, o comienza a reír o a llorar o a danzar sin razón aparente. La familia recurre en ocasiones al médico, aunque en el Japón saben de qué se trata.

Y eso es algo que debe conocerse en el mundo entero. En efecto, todas las facultades de medicina deberían incluir un curso especial en el que enseñen que hay personas que realmente no están locas y no necesitan tratamiento, o de lo contrario terminarán perturbándolas de por vida. Los medicamentos, los choques eléctricos, los tranquilizantes, las inyecciones son peligrosas cuando lo que aflige a la persona es la locura Zen, pues no harán otra cosa que destruirle al paciente toda posibilidad de crecer. En Japón no tratan a esas personas. Tan pronto reconocen que puede ser una enfermedad Zen, lo primero que hacen es preguntar si la persona tiene alguna conexión con algún maestro o monasterio Zen. Si es así, la remiten al maestro o al monasterio en lugar de ponerla en manos de los médicos.

Un *koan* crea una neurosis artificial. Llevamos un exceso de neurosis en nuestro interior. Está allí, reprimida esperando a estallar como un volcán. Ese *koan* Zen, ese acertijo sin solución, aguijonea constantemente hasta que, un buen día, el volcán hace erupción. Entonces dejamos de tener el control y trascendemos más allá. Cuando la razón estalla en mil pedazos, perdemos la capacidad para manejarnos a nosotros mismos. La explosión nos lanza a una gran distancia. No somos los mismos de antes porque algo nuevo ha sucedido.

Esta locura Zen es la respuesta. El maestro dirá: "Bien. Ha sucedido. Ahora es cuestión de esperar pacientemente". La persona debe esperar durante tres, cuatro o seis semanas cuanto más. No debe hacer nada salvo comer, dormir, asearse, según lo que prefiera. Permanece sola en una cabaña del monasterio, alejada de todos. Nadie le habla y está prohibido aconsejarla. Sencillamente descansa, toma el sol, se acuesta sobre el césped. En su soledad, hace lo que le place. Si desea bailar, baila, si desea gritar, grita.

Solamente hay una cosa ante la cual todos están vigilantes, y es que la persona no se haga ningún daño físico. Normalmente nadie lo hace. Sólo rara vez, una de cada cien personas puede ir demasiado lejos. Es preciso estar vigilante, y eso es lo que el maestro y los discípulos hacen desde lejos: cerciorarse de que la persona no cometa algún acto de violencia contra sí misma o contra alguien más.

Al cabo de tres o seis semanas todo se calma. La persona regresa con otra cara, su cara original, fresca como las gotas de rocío en la mañana. Su mirada es inocente. Ha atravesado la locura dejándola atrás, ha entrado en el supraconsciente. Antes de entrar en el supraconsciente es necesario pasar por una especie de crisis. El *koan* crea la crisis.

Esa es la clase de crisis que intento crear aquí con muchos métodos. Quienes llegan de fuera a observar no comprenden nada. Es una crisis Zen. Cuando la gente pierde la cordura, los demás piensan que lo que hacemos aquí es enloquecerla. "¿Qué clase de religión es ésta?", preguntan. No saben que la religión verdadera básicamente enloquece a la persona para que pueda trascender la locura. Una vez rebasada la barrera, la persona jamás enloquecerá. Será una persona nueva imbuida de gracia, alegría, paz y equilibrio.

Es casi como hacer el amor pero un millón de veces más intenso. La sexualidad y la espiritualidad son muy parecidas, pero, mientras la primera es pequeña, de nivel atómico, la segunda es vasta como el firmamento. La diferencia es de dimensión pero, en últimas, esa diferencia conduce también a una diferencia cualitativa.

El orgasmo de la espiritualidad es un millón de veces más intenso pero es un orgasmo. Es exactamente igual a un orgasmo sexual. ¿Qué sucede cuando hacemos el amor? Primero comienza a crecer la tensión, y ella se va incrementando hasta que se siente una especie de locura. Llega un momento en que la persona se siente enloquecer si no llega el orgasmo. Esa energía debe estallar. Entonces, al alcanzar un cierto pico, la energía explota finalmente.

Con el estallido viene una gran alegría, porque en esa explosión desaparece el ego durante algunos instantes. La persona deja de ser y da paso a la divinidad. Ya no hay persona sino solamente *tathata*, o existencia pura. Ya no hay hombre ni mujer porque ambos han desaparecido en el orgasmo; ambos pulsan en una longitud de onda diferente.

Pero esa dicha dura unos instantes solamente. Una vez se calma es reemplazada por una gran sensación de paz y silencio seguida de un sueño delicioso. Esta experiencia es minúscula como una brizna de pasto en la jungla de la espiritualidad. Pero es una experiencia que se puede convertir en una metáfora para aprender a través de ella.

Lo mismo sucede a nivel espiritual pero en una escala cósmica. Con la meditación, el *koan*, el mantra, el cántico o la oración se va acumulando la tensión mes tras mes, año tras año o durante una vida entera, hasta el punto en que se torna insoportable y entonces estalla.

Es una explosión de gran gozo, de éxtasis, infinito que induce a danzar y a reír. Después la dicha se sumerge en un silencio profundo, uno se pacifica, se tranquiliza. Es el final del camino.

Pero el orgasmo espiritual es tan irracional como el orgasmo sexual. Las experiencias orgásmicas son irracionales. De ahí mi insistencia en lo irracional.

¿Por qué se dice que el Zen es el camino de la paradoja?

La religión como tal debe ser paradójica, no puede ser de otra manera, pues la vida está hecha de contradicciones. Sin embargo, lo que nos parece una contradicción no lo es en realidad, puesto que sus elementos se complementan entre sí.

¿No lo han visto en un arco? El arquitecto hace lo mismo al apoyar un ladrillo sobre el otro. Si no lo hiciera así, no podría construir el arco y la casa se derrumbaría. La mitad de los ladrillos miran en una dirección y la otra mitad miran en la otra. Son los mismos ladrillos que, de ponerse en una sola hilera, no podrían sostener la casa. Pero cuando se ponen unos contra otros se crea una gran energía, y ella se traduce en fuerza.

Es por eso que, juntos, el hombre y la mujer crean al hijo. El hombre solo no puede, la mujer sola no puede. Los ladrillos contrapuestos crean un arco formidable imbuido de energía.

La vida y la muerte, enfrentadas, crean todo el juego, toda la comedia, la *Leela*. La vida es una paradoja en todas sus dimensiones, por consiguiente, la religión debe ser paradójica porque, cuando no lo es, no pasa de ser una filosofía mediocre, una teología creada por la mente humana.

Un día, el emperador Liang Wu Ti invitó al maestro Fu Ta Shih para que expusiera el *Sutra del Diamante*. Tan pronto ocupó su lugar, el maestro golpeó la mesa una vez con una regla y descendió inmediatamente. Ante el sobresalto del emperador, el maestro le preguntó: "¿Su majestad ha comprendido?"

"No", replicó el emperador.

Entonces el santo dijo: "El bodhisattva ha terminado de exponer el sutra".

Golpeó la mesa con la regla y dijo: "He terminado mi discurso. He dicho todo lo que puede decirse sobre el *Sutra del Diamante*".

El *Sutra del Diamante* es la más preciada escritura del budismo. Solamente un maestro Zen puede proceder de esa manera. Aunque su comportamiento es muy extraño, reboza de significado. Lo ha dicho todo porque a lo largo del sutra se repite solamente una cosa una y otra vez: permanezcan atentos, permanezcan atentos, permanezcan atentos. El mensaje de todos los budas no es otro que este: permanezcan atentos; no se adormezcan.

Esta es la forma en que el Zen procede. El maestro golpea la mesa con una regla. El emperador está ahí sentado, adormilado, distraído, con la mente ocupada en otra cosa, en mil y otros sitios, excepto allí mismo donde se encuentra sentado. Con el golpe, el emperador se sobresalta y despierta por un momento. El mensaje ha sido transmitido. Es una forma no verbal de transmitir los mensajes.

Pero el maestro va más allá, y dice: "El bodhisattva ha terminado de exponer el sutra"; no dice: "he terminado", sino que dice: "el Buda ha terminado". Solamente un hombre que se ha desvanecido en el silencio absoluto puede decir eso: "Buda ha hablado a través mío".

Pasado el tiempo, el emperador le solicitó nuevamente una visita al maestro. "Venga, señor. No logré comprender esa magistral exposición. Venga nuevamente".

El maestro accedió y llegó al palacio vestido con una túnica, un sombrero y un par de zapatos. Viéndolo, el emperador le preguntó: "¿Acaso no eres un monje?"

Ya que los monjes budistas no calzan zapatos y el bodhisattva llegó calzado, el emperador le preguntó si acaso no era monje.

A manera de respuesta, el bodhisattva señaló su sombrero. "¿Eres taoísta?", preguntó el emperador, a lo cual el bodhisattva respondió señalando sus zapatos. "¿Eres laico?" En respuesta, el bodhisattva señaló su túnica de monje.

Lo que trataba de decir era lo siguiente: "Soy todo y soy nada. ¿Ves? Llevo el sombrero del monje, los zapatos de un santo taoísta; por tanto, ¿cómo podría ser un laico? Ves mi túnica para prácticas ascéticas y para la disciplina. Soy todo y soy nada".

El emperador dijo: "No comprendo. El otro día no comprendí y hoy tampoco comprendo". Entonces el maestro le dijo: "Esta es mi última explicación: escucha, porque no regresaré jamás. Si comprendes, bien; y si no comprendes, también".

Y esto fue lo que dijo:

El manco sostiene el azadón.

Un peatón camina montado sobre un búfalo de agua.

Un hombre cruza el puente;

es el puente el que fluye, no el agua.

Luego salió del palacio para no regresar jamás.

Lo que dice es absurdo: "El manco sostiene el azadón". ¿Cómo puede alguien sin manos sostener algo? Pero así es. Aquello que mora en nosotros no tiene manos y sostiene todo tipo de cosas. Dios no tiene manos y sostiene el mundo entero. Y ustedes, en lo profundo de su ser, tampoco tienen manos, ni piernas, ni cabeza; son informes, pero, aún así, sostienen mil y una cosas.

"Un peatón camina montado sobre un búfalo de agua". Dice que el hombre está sobre el búfalo, pero, aún así, camina. Lo que quiere decir con eso es que Dios nos lleva sobre él, y, aún así, sentimos la responsabilidad de caminar.

Es como el encuentro entre el mendigo y el emperador que pasaba en su carruaje. Al ver al mendigo, el emperador se compadeció porque el pueblo más cercano estaba lejos y sabía que el pobre tendría que arrastrarse hasta allá. Entonces lo invitó a subir a su carruaje.

El mendigo estaba muy atemorizado, pero sabía que nadie podía negarse a aceptar un ofrecimiento del emperador. ¿Un mendigo sentado al lado de un emperador? Era demasiado bochornoso, pero no podía hacer nada. Entonces subió y se apretó contra un rincón, temiendo que algo saliera mal, pero sin soltar la bolsa que llevaba sobre la cabeza.

Al cabo de un rato el emperador le dijo: "¿Por qué no sueltas la bolsa?" A lo que el mendigo respondió: "Señor, ya es una gran amabilidad de su parte llevarme en su carruaje. No quisiera abusar e imponer más peso. Llevaré mi bolsa sobre la cabeza".

El Zen dice que el hacedor, el único hacedor, es Dios, *tathata*, o Tao. Ustedes se han convertido innecesariamente en hacedores. Montados sobre el búfalo, insisten en caminar: caminan innecesariamente porque van sobre el búfalo. El río los arrastra y, aún así, insisten en nadar. ¡Relájense!

"Un hombre cruza el puente: es el puente el que fluye, no el agua". Esta frase es infinitamente hermosa, muy paradójica: "Es el puente el que fluye, no el agua". El Zen dice que el cuerpo es un puente: que cruzamos por el cuerpo. Somos como el agua: líquidos, inasibles, informes. Cruzamos por el cuerpo pero no cambiamos. El agua no fluye; el agua de la vida no fluye sino que es el cuerpo el que fluye, cambiando día tras día. Primero era niño, después joven y luego viejo. Sano o enfermo, el cuerpo cambia constantemente.

Hace diez años, los científicos solían decir que el cuerpo cambia completamente en siete años, que cambia *totalmente*: al cabo de siete años no queda rastro de lo que era antes. Todo fluye hacia fuera. Pero ahora dicen que no es en siete años sino en uno. Transcurrido un año no queda nada del cuerpo viejo. El cuerpo se deshace constantemente de lo viejo y se renueva mediante el alimento, el agua y el aire. El cuerpo es como la corriente de un río.

Pero el cuerpo es el puente y nosotros los viajeros. No fluimos, es el cuerpo el que fluye. El puente fluye, el agua no.

Estas afirmaciones paradójicas son de un valor incalculable. Las encontramos en todos los místicos del mundo: en Eckhart, en Kabir, en Dadu, en Boehme, y todavía más en los maestros Zen. El Zen es un camino de paradojas.

Vean lo que dice T. S. Eliot:

> *Lo que no sabes es lo único que conoces,*
> *y aquello que posees es lo que no posees,*
> *y donde estás es donde no estás.*

Estos versos son Zen perfecto, puro. Mediten sobre ellos y traten de comprender lo que quiso decir T. S. Eliot. Son frases muy profundas. Tómenlas como su *koan*.

Lo que no sabes es lo único que conoces

No se conocen a sí mismos, y eso es lo único que saben. Y si no saben eso, ¿qué otra cosa podrían saber? El conocedor solamente se conoce a sí mismo. Es lo único que podemos conocer porque es lo único que somos. Todo lo demás lo vemos, a lo sumo desde afuera, de ello tenemos apenas un conocimiento superficial. Solamente hay una cosa que podemos ver desde el interior, y es nuestro ser.

Lo que no sabes es lo único que conoces
Y aquello que posees es lo que no posees

Traten de comprender la idea. Lo que poseen es lo único que no poseen. ¿En realidad pueden ser dueños de sus casas? La casa estaba aquí antes que ustedes. Un día ustedes se irán y ella permanecerá. ¿Cómo podrían ser sus dueños? Ustedes vienen y van, mientras que la casa permanece y el mundo también. No pueden poseer estas cosas, solamente fingir que así es.

Y aquello que posees es lo que no posees

Viendo esto; Buda abandona su palacio. Viendo esto, Mahavir abandona su reino. "Si esto no es lo que poseo, ¿entonces para qué molestarme? Algún día se lo llevarán, de manera que para qué preocuparme innecesariamente por ello?"

Y donde estás es donde no estás.

¿Han tomado nota? ¿Dónde están? Las personas viven en sus cuerpos, pero no es ahí donde están. Las personas viven en la mente, pero no es ahí donde están. Su realidad está en algún otro lugar, más allá del cuerpo y detrás de la mente.

Mediten sobre estos versos.

Todas las verdades profundas son paradójicas. Es por eso que digo que el Zen es el camino de la paradoja.

¿Es la vida la que observa y la muerte la observada? Por favor, explíquenos.

No, ambas son observadas, tanto la vida como la muerte. Más allá está el observador. No se puede decir que la vida es la que observa, porque en ella está contenida la muerte. No se puede decir que la muerte es la que observa, porque ella presupone la vida. El observador es, sencillamente, trascendencia.

No somos ni vida ni muerte. Pasamos por la vida y pasamos por la muerte, pero no somos ni la una ni la otra. Somos testigos de todo. Pasamos por la felicidad, pasamos por la desgracia, pasamos por la enfermedad, pasamos por la salud, pasamos por el éxito, pasamos por el fracaso, pero no somos nada de eso. Siempre somos los observadores, los testigos.

Este carácter de testigos está más allá de todas las dualidades; por lo tanto, no hay que tratar de identificarlo con alguna de las partes de la polaridad. La vida es la mitad de un círculo en cuya otra mitad la muerte existe. La vida y la muerte no están separadas. La vida y la muerte son dos aspectos de la misma energía, dos caras de la misma moneda. De un lado está la vida y del otro la muerte. ¿Podrían imaginar la vida sin la muerte? ¿Podrían imaginar la muerte sin la vida? Por consiguiente, no son contrarias sino complementarias. Son amigas en lugar de enemigas; son aliadas de negocios.

Comprendo su pregunta. Preferirían identificarse con la vida para poder decir que son inmortales y que la muerte no existe para ustedes. Ese es su anhelo. Claro está que no estoy diciendo que no sean inmortales, sólo que la palabra "inmortal" como tal no es correcta: son eternos, no inmortales. "Inmortal" significa "inmune a la muerte", tener vida siempre; "eternidad" significa no tener ni vida ni muerte. Somos parte de esta totalidad que se prolonga eternamente, a través de las vidas, las muertes, los altos y bajos, los valles y los picos, por siempre jamás. Somos aquello que vive y aquello que muere pero, aún así, nos mantenemos distantes, como el loto en el estanque: impolutos.

Sucedió que Maharshi Raman estaba muriendo. El día trece de abril, el médico le trajo a Maharshi un paliativo para aliviar la congestión de los pulmones, pero él lo rechazó. "No es necesario; todo estará bien dentro de dos días", dijo, y a los dos días murió.

Era la hora del ocaso, y Maharshi pidió a los asistentes que lo ayudaran a sentarse. Todos sabían que cualquier movimiento, por mínimo que fuera, era muy doloroso, pero él les pidió que no se preocuparan por eso. Estaba afligido por un cáncer de garganta, que es muy doloroso. Beber o comer era imposible, no podía mover la cabeza; hasta pronunciar unas pocas palabras le era muy difícil.

Uno de los asistentes le sostuvo la cabeza. El médico se aprestó a brindarle oxígeno, pero Maharshi lo apartó con un gesto de la mano.

Inesperadamente, un grupo de devotos que estaban sentados en el pórtico afuera del vestíbulo comenzaron a cantar *Arunachala-Siva*, un cántico que le agradaba mucho a Maharshi. Le encantaba ese lugar, Arunachala. Era la colina donde solía vivir, y el cántico era una alabanza de agradecimiento para con la colina.

Al oírlo, a Maharshi se le iluminaron los ojos. Sonrió con ternura inefable y, de sus ojos brotaron lágrimas de alegría.

Alguien le preguntó: "¿Maharshi, realmente nos abandonas?"

A pesar de la gran dificultad para hablar, pudo murmurar las siguientes palabras: "Dicen que estoy muriendo, pero eso no quiere decir que me iré. ¿A dónde podría ir? Siempre estoy aquí".

Respiró por última vez, y eso fue todo. No hubo lucha, ni espasmo, ninguna otra señal de muerte. Sencillamente no respiró más.

Lo que dijo tiene un significado profundo: "¿A dónde podría ir? Siempre estoy aquí". No hay ningún lugar adonde ir. Esta es la única existencia, ésta es la única danza que existe. ¿A dónde podríamos ir? La vida viene y se va; la muerte viene y se va, pero, ¿a dónde podríamos ir nosotros si estábamos aquí antes de la vida?

Es por eso que los maestros Zen les insisten a sus discípulos en que mediten y traten de ver el rostro que tenían antes de nacer, o antes de nacer sus padres, o antes de nacer sus abuelos.

Busquen el rostro original que tenían antes de nacer, pues ustedes estaban aquí antes del nacimiento y estarán aquí después de la muerte. La vida transcurre entre el nacimiento y la muerte. Ustedes no son vida, son eternidad; estarán aquí y ahora por siempre jamás. Pero no hablen de inmortalidad, porque la palabra "mortal" viene de "muerte". No se trata de "inmortalidad" sino de ausencia de vida y ausencia de muerte.

Cuando abandonen la dualidad recuerden siempre abandonarla en su totalidad. Si conservan una mitad, conservarán la otra automáticamente. Si piensan que son vida, continuarán temiéndole a la muerte; y continuarán tratando de convencerse de que no morirán aunque, identificados con la vida, saben que toda vida muere.

La vida es una expresión, una manifestación. La muerte es la misma energía que se mueve hacia la ausencia de manifestación. La vida es un acto de energía, y la muerte es otro acto, pero la energía está más allá de los actos: es el ser.

La muerte de Yakusan estuvo en armonía con su vida. Yakusan fue un gran maestro Zen. Cuando estaba a punto de morir, lanzó un grito estentóreo: "¡Se derrumba el salón! ¡Se derrumba el salón!" Los monjes corrieron a traer varias cosas para apuntalarlo, pero Yakusan lanzó los brazos al aire y dijo: "¡Ninguno de ustedes comprende lo que quise decir!", y expiró.

"El salón" representa la dualidad de la vida y la muerte. La dualidad es la casa, el salón. Lo que quiso decir Yakusan cuando gritó "¡El salón se derrumba!", era que la dualidad se derrumbaba. La dualidad desaparecía y surgía la ausencia de dualidad. Las nubes se desvanecían, dejando solamente el cielo despejado. Ese cielo limpio no puede identificarse con palabra alguna emanada de un par dual. No se lo puede llamar "luz", porque la luz es parte de la oscuridad. No se lo puede llamar "amor", porque el amor hace pareja con el odio. No se lo puede llamar "masculino", porque el hombre va de la mano con la mujer. No se le puede dar nombre alguno porque todos los nombres forman parte de la dualidad.

Por consiguiente, Buda guarda silencio al respecto. Cuando alguien le pregunta: "¿Qué te pasará cuando dejes tu cuerpo?", él sonríe. No pronuncia una sola palabra porque *todas* las palabras serían inadecuadas y erradas; todas las palabras serían falsas y engañosas, porque todas las palabras provienen de la dualidad del lenguaje. Nuestro lenguaje es dual, y no puede expresar la no dualidad. Es por eso que Buda guarda silencio sobre Dios, sobre lo eterno, sobre lo ulterior. No pronuncia palabra alguna.

Una historia ch'an describe la forma como el abad Hui-Ming se dirigió al maestro Hui-Neng. Este último es el segundo nombre más importante en la historia del Zen. El primero es Bodhidharma y el segundo es Hui-Neng, y los dos constituyen las piedras angulares sobre las cuales se construyó toda la estructura del Zen.

Bodhidharma creó la técnica *zazen*, la técnica de meditación Zen de sentarse en silencio sin hacer nada y limitarse a ser testigo, dejando que el pasto crezca por sí solo: *weiwuwei* o la acción a través de la inacción. Bodhidharma permaneció sentado durante nueve años mirando a la pared, y ésa fue la técnica que le entregó al mundo. Es una técnica formidable, y todas las demás meditaciones parecen juegos de niños al lado de la técnica de Bodhidharma.

Hui-Neng contribuyó con el *koan*, otra técnica formidable muy propia del Zen. La técnica de Bodhidharma no es exclusiva del Zen pues viene de Buda. En ese sentido, Hui-Neng es un pensador más original que Bodhidharma. *Koan* es pregunta absurda que no tiene respuesta, sin importar por qué lado se la mire. La idea es meditar acerca de esa pregunta que no tiene respuesta. "¿Cuál es el sonido que produce una sola mano al aplaudir?" Una sola mano no puede aplaudir, de tal manera que la respuesta es imposible desde el principio, pero es necesario reflexionar sobre ella.

Hui-Neng dice que cuando se piensa aquello que no puede ser pensado, con el tiempo pensar se torna imposible. Un buen día, toda la estructura del pensamiento se viene abajo, rota en mil pedazos, dejando a la persona en un estado de ausencia de pensamiento. De eso se trata la meditación.

Decía que una historia ch'an describe la forma como el abad Hui-Ming se dirigió al maestro Hui-Neng, el sexto patriarca, pidiéndole la doctrina. El patriarca respondió: "Por el momento, concéntrate en tu mente, en no permitir que tus pensamientos se ocupen del bien o del mal".

Hui-Neng estaba allí con su bastón, listo a golpear, y le dijo a Hui-Ming: "Cierra los ojos. Por el momento concéntrate en tu mente, en no permitir que tus pensamientos se ocupen del bien o del mal". El bien o el mal son sólo una forma de dualidad (podría haber dicho vida y muerte, odio y amor, bueno y malo).

Hui-Neng prosiguió: "Yo estoy aquí sentado. Sencillamente mantén tu mente alerta para que no caiga presa de la dualidad del bien y el mal. No digas que algo es bueno o que algo es malo. No juzgues. Si te llega un pensamiento, déjalo pasar. Si pasa Buda, no digas: 'Maravilloso, he sido bendecido porque he visto a Buda en mis pensamientos'. O si pasa una prostituta haciéndote señas para que la sigas, no digas: '¿Por qué tiene que sucederme esto a mí?, ¿por qué tendría esta prostituta que buscarme?' No le des nombre. Si Buda pasa, déjalo pasar sin inmutarte. Si pasa la prostituta, déjala pasar sin inmutarte. Sencillamente sé tu mismo. Cuando no estás en la dualidad, eres tú mismo".

Cuando el abad dijo estar preparado, el patriarca continuó: "Ahora que ya no piensas en el bien o el mal, recuerda el aspecto del abad Ming antes de que sus padres le dieran la vida".

Ming debió ser un hombre extraordinario, y seguramente había estado meditando. Era un monje, un buscador, y es probable que llevara muchos años meditando, de lo contrario no habría podido responder con tanta facilidad que ya estaba preparado. No es posible engañar a un maestro Zen. Nadie puede fingir que ya ha logrado algo porque recibirá un golpe muy fuerte en la cabeza.

Un maestro Zen no cree en la amabilidad, ni en los modales. El maestro Zen es salvaje. Así, cuando el abad dijo: "ya estoy preparado", Hui-Neng le dijo: "Ahora que ya no piensas en el bien ni en el mal, recuerda el aspecto del abad Ming antes de que sus padres le dieran la vida. Retrocede. Descúbrete a ti mismo, averigua quién eras antes de nacer, qué eras antes de nacer. Piensa en esa conciencia y penetra en ella".

Cuenta la historia que el abad, bajo el impacto de esas palabras, entró abruptamente en un estado de identificación silenciosa. Obedeciendo dijo: "Es como el hombre que bebe agua y sabe en su interior si está fría o tibia".

Pero ahora ya no puede responder con palabras. Ha degustado, ha sabido quién era, quién es y quién será, pero no puede expresarlo en palabras. Es impronunciable, inefable.

Lo único que dice es: "Señor, es como el hombre que bebe agua y sabe en su interior si está fría o tibia. Ahora sé, pero no puedo expresarlo".

Lo mismo sabe Hui-Neng, pero no puede ponerlo en palabras. Lo mismo sabe Buda, pero no puede ponerlo en palabras. Lo mismo sé yo, pero no puedo describirlo con exactitud.

Puedo decir algo, pero siempre será en forma negativa: no es vida ni muerte, no es tiempo ni espacio, no es cuerpo ni mente, no es visible ni invisible, no es bien ni mal, no es Dios ni demonio. Solamente puedo negar y decir aquello que no es.

Ustedes tendrán que beber de la fuente para saber lo que es. Es solamente cuando la persona bebe que sabe... si el agua está fría o tibia.

*No puedo creer que exista eso que llaman **samadhi** o **satori**, a menos que yo mismo lo haya experimentado. ¿Cómo puedo creer que usted o cualquier otro es Buda?*

Cierto. Nadie está diciendo que deban creer. ¿Cómo podrían creer? La expectativa misma es ridícula.

¿Quién les está pidiendo que crean? Aquí no estamos enseñando creencias. La creencia es el camino de la ignorancia porque, al creer, la persona permanece ignorante. Una creencia es un falso sustituto. Si comienzan a creer, entonces jamás podrán saber. No olviden que cuando comiencen a creer dejarán de crecer. No hay necesidad de creer.

Pero tampoco hay necesidad de dudar, y eso es algo que deben comprender. De eso se trata la confianza: de no creer ni dudar. Les parecerá extraño, porque normalmente se piensa que confianza es sinónimo de creencia, pero no es así; confiar no es sinónimo de creer ni de dudar.

No tienen que creerme y no tienen que dudar de mí. Sencillamente pueden estar aquí con el ánimo de experimentar y de plantear una hipótesis: Quizás este hombre se equivoque, quizás tenga la razón". No necesitan decidir. ¿Cómo podrían decidir? Deben experimentar muy atentamente porque la decisión vendrá de allí.

Si les hablo de algo que no sabían, no habrá forma de que lo puedan creer. Toda creencia es una forma de represión; es reprimir la duda. No les estoy pidiendo que crean. Sólo hay una cosa que pueden hacer, de ser posible, y es no dudar sino permanecer abiertos, porque tan pronto como comiencen a dudar, habrán caído en la anticreencia.

No digan: "Lo que dice Buda es cierto, o falso". No digan nada, no es necesario. ¿Cómo pueden decir "cierto" o "falso" si todavía no lo han experimentado? Así pues, permanezcan abiertos sin formarse una noción particular de lo que es cierto o falso. Esa apertura es la confianza. Y si se mantienen abiertos, con el tiempo comenzarán a sentir que algo crece en su interior.

Si están cerca de una persona que tiene *samadhi*, y ustedes están en una actitud abierta, se contagiará. Si están abiertos, el *samadhi* fluirá hacia ustedes; si mantienen las puertas abiertas, la luz penetrará ineludiblemente.

Entonces no pido que me crean, porque la persona que cree, se cierra. Y les digo que tampoco duden, porque también la persona que duda se cierra. ¿Cómo es la persona que confía? La persona que confía es abierta y vulnerable. Ser vulnerable es confiar.

Duda o fe; juntas forman la dualidad de una energía. Desháganse de ambas. Estén presentes, no teman, no se pongan a la defensiva. La duda es defensiva; la duda dice: "Tengo miedo. Este hombre puede llevarme por un camino que no deseo". Nadie puede llevarlos por donde no desean ir. Además, no estoy tratando de llevarlos a ninguna parte; sencillamente trato de traerlos *aquí*. No es cuestión de allá porque *allá* no existe. Sólo es cuestión de estar aquí, presentes.

Esa presencia llega sin fe, llega sin duda. Me escuchan como escuchan el canto de los pájaros en las mañanas, me escuchan como escuchan la música. Cuando oyen a alguien tocar la cítara, no confían como si creyeran, y no desconfían como si dudaran. Sencillamente permanecen abiertos, tal y como me gustaría que lo hicieran. Sencillamente confían. Una persona toca, algo puede suceder. Permanecen abiertos y disponibles. A eso me refiero cuando hablo de confianza. Sencillamente escuchan sin iniciar un debate interior acerca de si la música es bella o no. Lo obvio se manifiesta por sí solo, y no hay necesidad de debatir en un sentido u otro.

Si la verdad está aquí, ella misma se revelerá. La verdad es tan convincente, tan evidente, que no necesita exigir que la crean. Solamente el engaño exige creencia. La verdad solamente pide que no nos enredemos entre la duda y la fe, y que permanezcamos abiertos y disponibles, pues entonces comenzarán a suceder cosas.

¿Y cómo podrían creerme? Hablo en un lenguaje diferente. Digo algo y ustedes oyen otra cosa. ¿Cómo podrían creerme? Hablo de otro mundo diferente de aquel en el cual ustedes viven. Les traigo otra clase de plenitud desconocida para ustedes hasta ahora; entonces, ¿cómo podrían creerme? ¿Pero cómo no creerme?

Después de ver una película protagonizada por Brigitte Bardot, dos ciempiés la comentan:

"Muy bella la película", dice el primero.

"Y esta Bardot tiene unas piernas espectaculares", comenta el segundo efusivamente.

"Sí, lástima que sean tan pocas", replica el primero.

Bueno, un ciempiés es un ciempiés. A menos que la actriz tenga cien piernas, al ciempiés no lo interesa. Es probable que las piernas sean lindas, pero son muy pocas.

Un obispo va al campo y se encuentra con un pastor con quien sostiene una conversación amigable: "¿Cuántas ovejas tienes?", pregunta. "Quinientas cincuenta", responde el pastor, que no conoce al obispo.

"De cierto modo, eso nos convierte en colegas, porque también yo tengo mi rebaño", dice el obispo, insinuando su oficio espiritual.

"¡Ah!", dice el pastor. "¿Y cuántas ovejas tiene?"

El obispo reflexiona un momento antes de responder: "Creo que son unas ciento veinte o ciento cincuenta mil".

Ante esto, el pastor se agarra la cabeza con las manos y exclama: "¡Por todos los cielos, usted no debe tener un minuto de descanso cuando llega la época del apareamiento!"

Bueno, un pastor es un pastor, y tiene su propio lenguaje. Cuando el obispo le dice que también él es pastor, utiliza el término para referirse a algo totalmente desconocido para el pobre hombre, que no está en capacidad de comprender el símbolo, la metáfora.

Todo lo que les digo es una metáfora. Es necesario recurrir a las metáforas porque, de lo contrario, no comprenderían absolutamente nada. ¿Cómo podrían creerme cuando estas metáforas no son más que eso para ustedes? ¿Cómo podrían creerme a menos que ellas hagan parte de su propia experiencia?

No estoy aquí para ayudarlos a que me crean. Estoy aquí para ayudarlos a saber. Mi camino no es el de la creencia.

¿Es cierto que todas las obras de arte, toda la poesía, son producto de la contradicción, de la batalla entre lo afirmativo y lo negativo? ¿Es cierto que el silencio llega cuando termina esa batalla interior?

No toda la poesía, no toda la pintura, no toda la música, no todo el arte brota de la contradicción, pero el noventa y nueve por ciento lo hace. Es por eso que el noventa y nueve por ciento del arte tiene algo de patológico. Picasso es patológico, lo mismo que Vincent Van Gogh. Los poetas como los pintores, siempre parecen algo enfermos, excéntricos y raros.

Los psicólogos dicen que una forma de ayudar a los enfermos mentales a sanar es a través de la pintura. Es algo que se ha ensayado en el mundo entero. Se denomina "terapia artística". La idea es que si se le da al enfermo la oportunidad de pintar, puede descargar toda su locura. Al cabo de unas cuantas semanas pintando comienza a volver a la normalidad. Es como si el arte le permitiera llevar a cabo una catarsis.

Sigmund Freud tenía la idea de que toda forma de arte es patológica. Yo no estaría de acuerdo en llegar hasta el extremo de decir que la totalidad del arte es patológica, pero sí que el noventa y nueve por ciento lo es. Es producto de la contradicción, del conflicto, de la fricción. Todos los grandes artistas han sufrido inmensamente. Dostoievski era una persona muy enferma y de esa enfermedad, de la contradicción, de su conflicto interior brotó una obra maestra como *Los hermanos Karamazov*.

También Van Gogh estaba muy enfermo pero de esa enfermedad surgieron grandes obras de arte. Quizás podría decirse que se mantuvo cerca de la normalidad gracias a la pintura. De no haber podido pintar, quizás habría enloquecido mucho antes. Si Dostoievski no hubiera podido escribir, quizás habría enloquecido antes y se habría suicidado. Sus obras son una especie de vómito. No estoy diciendo que haya algo condenable en ellas, sencillamente planteo un hecho, y es que el noventa y nueve por ciento del arte es patológico. Así que, si la persona sana, si recupera la normalidad, si se torna más meditativa, esa clase de arte desaparecería. De allí el temor que sienten los artistas a llegar a un estado verdaderamente meditativo: creen que el arte desaparecerá. No habría buena poesía, ni buenas novelas, ni buenas pinturas, ni buena música. Pero no hay necesidad de temer, porque un uno por ciento del arte no es producto de la patología sino del silencio. Los Ajanta, los Ellora, los Khajuraho son producto de la conciencia meditativa interior, de la meditación.

Las maravillosas estatuas de Buda no fueron producto de la enfermedad sino de una experiencia interior inefable. Los grandes templos del mundo no fueron producto de la enfermedad, ni las grandes catedrales. Son la manifestación de unas grandes aspiraciones que se elevan hacia el cielo, hacia el supraconsciente, hacia Dios.

Los sermones de Jesús no fueron producto de la enfermedad; fueron parte de ese uno por ciento. Freud ni siquiera acepta esa porción; piensa que Jesús es neurótico. Freud ni siquiera cuenta a Buda porque dice que sus afirmaciones son producto de la neurosis. Eso es ir demasiado lejos, y lo único que demuestra es que el propio Freud es neurótico. ¿Qué pasa con su propia psicología, con su propia creación? También es una obra de arte maravillosa, pero, ¿es neurótica?

Si ustedes me lo preguntan, yo incluiría a Freud, a Adler y a Jung dentro de ese noventa y nueve por ciento. Pero ese uno por ciento ha tenido lugar, y la proporción puede crecer todavía más. Sí, la otra clase de arte desaparecerá si las personas llegan a ser más meditativas, pero no se habrá perdido nada, porque más obras de arte similares a las que hoy hacen parte del uno por ciento vendrán al mundo.

¿Cuál es la diferencia? ¿Cómo reconoceremos la diferencia? Si se detienen a meditar durante media hora ante una estatua de Buda, verán la diferencia. Si después meditan media hora ante una pintura de Picasso, reconocerán la diferencia inmediatamente. Al cabo de media hora sentirán que enloquecen. Sentirán desasosiego y escozor. No es posible contemplar una obra de Picasso durante media hora.

En efecto, Picasso nunca tuvo pinturas en su propia habitación, ni siquiera las suyas. Una vez alguien le dijo, "Todas las personas que pueden darse el lujo de tener sus pinturas las cuelgan en sus estudios y en sus alcobas. ¿Por qué no hace usted lo mismo?" Riendo, Picasso dijo: "Por que no puedo darme el lujo". Pero no es ésa la verdad. Tener un Picasso en la alcoba es un medio seguro para tener pesadillas, es peligroso. El propio Picasso debía saberlo porque ya sufría a causa de sus pinturas.

Ya no necesitamos más esas obras de arte. Si el número de personas meditativas crece hasta convertirse en mayoría, se impondrá un nuevo tipo de arte que comunicará gracia y silencio y tendrá una calidad trascendental. Quien la contemple sentirá como si se evaporara hacia el cielo. Será un arte que traerá el mensaje de Dios, el mensaje de nuestras posibilidades infinitas.

Visiten el Taj Mahal, una obra imbuída de todas esas cualidades. La belleza no está en su arquitectura, es transcendental. Si se sientan al lado del Taj Mahal en una noche de luna llena se sentirán transportados a otro mundo; regresarán más sosegados y más tranquilos; sentirán crecer la serenidad en su interior. Es una melodía de mármol, es poesía en mármol; es una poesía equivalente a los Upanishads, el Gita, el Dhammapada, el Sermón de la Montaña o el Tao te king.

Ese arte que representa el uno por ciento crecerá en la medida en que el silencio crezca entre ustedes. El arte neurótico y patológico desaparecerá, y es bueno que así sea.

Según el Zen, ¿cuál es la enfermedad fundamental de la humanidad?

El deseo, el querer ser, siempre estar anhelando algo: dinero, Dios, nirvana, poder, prestigio, influencia. Siempre estar ansiando algo y no estar en el presente sino en alguna otra parte. Esa es la enfermedad fundamental, se llama "querer ser". Ustedes ya son seres. Ya son aquello en lo que desean llegar a ser. No hay necesidad de convertirse en otra cosa. Ya son aquello en lo que desean convertirse.

Es por eso que lo único que recibirán de un maestro Zen será una paliza si acuden a él diciendo que desean convertirse en Buda. El maestro diría: "Si no los golpeo, el mundo se burlará de mí. ¿Cómo es eso de que desean llegar a ser Buda cuando ya lo son?"

Ustedes son dioses y diosas. Eso es lo fundamental aquí. Lo único que necesitan es reconocerlo, no se trata de convertirse en uno de ellos. ¿Cómo pueden llegar a ser algo que no son? Uno solamente puede llegar a ser aquello que ya es. No puede llegar a ser algo diferente, ¡es imposible! ¿Cómo podría una rosa convertirse en loto? El loto se convierte en loto y la rosa en rosa.

Si alguien llega a ser Buda, es sencillamente porque ya lo era; si alguien llega a ser Dios, es sencillamente porque ya lo era. Es sólo cuestión de tiempo para reconocerlo. Las personas necias tardan más tiempo en reconocerlo; eso es todo. Las personas inteligentes no tardan mucho tiempo, y las personas completamente inteligentes no tardan ni un instante. Lo reconocen en el preciso momento en que lo pronuncian. Basta con un gesto de asentimiento para que suceda.

Este anhelo crea una especie de ebriedad en el hombre; crea un estado de desatención e inconciencia, una especie de alcoholismo. Al no estar presentes, no pueden estar afianzados en su ser. ¿Cómo estar centrados si vagan por el mundo entero queriendo ser esto, aquello o lo de más allá? Desean estar en cualquier otro lugar, salvo en *este* donde están; desean estar en cualquier otro momento, salvo en este en el que se encuentran. Piensan en la vida después de la muerte, pero no viven la vida antes de la muerte.

Un hombre me preguntó alguna vez: "¿Qué tiene usted que decir sobre la vida después de la muerte?" Yo le respondí: "No hablo sobre ella. Hablo sobre la vida *antes* de la muerte". ¿Después de la muerte? Ni siquiera han vivido la vida antes de la muerte y ya hablan de la vida después de la muerte. ¡Vivan esta vida, que la otra se ocupará de sí misma!

El deseo y la ambición producen un estado de ebriedad. La vista se nubla, un temblor se apodera del cuerpo y se pierde la conciencia. El deseo se convierte en una cortina sobre la conciencia. He ahí la enfermedad fundamental. En ese estado de deseo es imposible ver la verdad. La verdad puede conocerse solamente cuando desaparece esa ebriedad llamada deseo, pues es entonces cuando se aclara la vista y aparece aquello que es realmente como es. La persona se convierte en un espejo.

Había una vez un borracho parado al frente de una máquina dispensadora de cigarrillos; metía una moneda tras otra y sacaba cajetilla tras cajetilla. Detrás de él había otro cliente observando, hasta que finalmente le dijo: "¿Le importaría dejarme comprar?"

"¿Está loco?", replicó el borracho, "¿No ve que estoy pasando por una buena racha?"

O este otro...

Había dos soldados bebiendo en el bar de un pueblo. Sobre la mesa había toda clase de botellas, y los dos miraban por turnos a una anciana que estaba sentada en una mesa vecina. Cada tanto, uno de los dos murmuraba: "Todavía no".

Un curioso sentado en la mesa de al lado finalmente les preguntó a qué se debía ese extraño comportamiento, a lo cual los soldados respondieron: "Terminaremos esta noche de bebida tan pronto como comencemos a verla bonita".

Sí, cuando se bebe demasiado las cosas comienzan a verse distintas. Una anciana puede parecer joven y bonita. Las cosas dejan de ser como son. Bajo el efecto de la bebida, la persona vive en un mundo totalmente privado.

Un borracho llegó tarde a su casa y se metió a la cama en la oscuridad. Cuando despertó en la mañana, vio que de la cama sobresalían tres pares de pies, uno de los cuales era negro. Entonces despertó a su esposa, le dijo: "Mira María, tres pares", a lo que ella le contestó: "No seas bruto, te estás volviendo imbécil de tanto beber. Sal de la cama y cuéntalos".

El borracho se paró de la cama, dio la vuelta, examinó y contó cuidadosamente los pies y dijo: "Tienes razón, son solamente dos pares. ¡Y los míos no están sucios!"

Esa es exactamente la situación. Son incapaces de reconocer lo que les pasa; no comprenden, no logran ver lo que hay aquí, ahora. La razón es que no pueden *ver*. Están ciegos. El deseo es como una capa de polvo que les nubla la vista.

Según el Zen, el deseo es la enfermedad fundamental de la humanidad. Tan pronto como comprendan eso, el deseo desaparecerá. El Zen no empuja a luchar contra el deseo; no pide entablar una batalla contra el deseo, porque la lucha genera otro deseo. Es así como funciona el deseo, a través de la lucha. Querer luchar contra el deseo es crear otro deseo; es como salir de una trampa para caer en otra inmediatamente.

Eso es lo que les sucede a las personas supuestamente religiosas. Se aburren del mundo y comienzan a desear a Dios, o al nirvana; es decir, el deseo se apodera de ellas nuevamente. Y el deseo es el mundo. No pueden desear a Dios porque todo aquello que desean permanece en el mundo. El deseo es el mundo, mientras que la ausencia de deseo es divinidad nirvana.

Por consiguiente, la idea no es crear otro deseo. Pero lo que les sucede a millones de personas es que cuando se cansan del mundo (y todo el mundo se cansa, tarde o temprano) comienzan a crear un nuevo deseo: ¿Cómo puedo alcanzar el cielo? ¿Cómo puedo llegar a Dios? ¿Cómo puedo vivir en el paraíso? El objetivo cambia, pero el deseo sigue siendo el mismo. Ahora desean la iluminación, ahora desean poderes sobrenaturales, ahora desean esto y aquello, pero nunca dejan de desear. Aunque el contenido y el objeto han cambiado, la situación es la misma.

El Zen dice: "Traten de comprender el deseo". Traten de comprender el mecanismo del deseo. Observen de qué manera el deseo los lleva a la deriva. La transformación viene con ese reconocimiento. Algún día, cuando lo hayan reconocido plenamente, hasta el fondo, verán y se iluminarán. Habrán regresado al hogar y comenzarán a reír.

Es por eso que el monje dice: "No he parado de reír desde el día en que mi maestro me pateó". Esa patada se transformó en iluminación súbita; esa patada abrió una puerta. Con esa patada desapareció el deseo, y el monje pudo verse tal como era. Recuerden esto; de lo contrario reemplazarán un problema por otro y no saldrán de él. El problema no cambia jamás.

Una vez iba una joven hermosa caminando por el bosque, cuando, de pronto vio un sapo horrible sobre un tronco. Cuál no sería su sorpresa cuando oyó que el sapo le decía, "Hermosa damisela, ¿querrías hacerme un gran favor? Sé que te será difícil creerlo, pero yo era un príncipe apuesto a quien una bruja hechizó y convirtió en sapo".

"¡Cuánto lo siento!", exclamó la linda joven. "Haré lo que sea para ayudarte a romper el hechizo".

"Bien, señorita", respondió el sapo, "la única forma de romper el hechizo y de que yo pueda recuperar mi forma de príncipe apuesto es lograr que una linda joven me lleve a su casa y me permita pasar la noche debajo de su almohada".

La joven se llevó al sapo para su casa y lo puso debajo de su almohada y, dicho y hecho, a la mañana siguiente, cuando despertó, vio a su lado a un joven verdaderamente apuesto que a todas luces era de sangre real.

Y vivieron felices y comieron perdices, salvo por el hecho de que, hasta el día de hoy, los padres de la muchacha continúan sin creer una sola palabra.

Todas sus vidas no son más que cuentos de ese tipo, porque los deseos solamente crean fantasías. Todos los deseos son fábulas e ilusiones. Ustedes pasan constantemente de una ilusión a otra, cambiando de cuento constantemente. Ese es su movimiento constante. Cuando logran comprender los mecanismos de la ilusión tal y como son, se produce una interrupción, se abre una puerta. En ese momento tienen una revelación; en ese momento no solamente pierde toda importancia este mundo sino que *todos* los mundos pierden significado. En ese momento ya no hay nada que desear, ni siquiera se desea la ausencia de deseo. No hay nada que desear, el deseo desaparece, la cortina de humo se corre y la llama brilla con toda su luz. Recuerden no cambiar de problema, pasando de una ilusión a otra. No sirve de mucho.

Una niña quedó muy impresionada con el sermón del sacerdote acerca de la separación de las ovejas y las cabras. Esa noche, la madre la escuchó llorar en su alcoba, así que acudió a averiguar lo que le sucedía.

"Son las cabras", confesó finalmente la niña. "Tengo mucho miedo de ser una cabra y no poder ir al cielo. Me aterra pensar que soy una cabra".

"Mi niña", la tranquilizó la madre, "eres un dulce corderito. Si murieras esta noche irías al cielo directamente". Sus palabras lograron calmar a la niña, que se durmió.

Pero la noche siguiente sucedió lo mismo, y cuando la madre entró a la alcoba, la niña sollozaba amargamente: "Tengo miedo de las cabras".

"Pero mamá te dijo que eres un corderito y la posibilidad de ser una cabra no debe preocuparte".

Pero la niña no logró calmar su llanto.

"Sí, mamá", dijo suavemente, "ya lo sé, pero tengo mucho miedo de que tú seas una cabra".

De un problema a otro... pero el problema fundamental no desaparece. No es ésta la forma de resolver los problemas. Es necesario mirar la raíz misma de donde provienen.

Por tanto, el Zen no dice que la ira sea el problema, o que el sexo sea el problema, o que la codicia, la agresión o la violencia sean el problema. El problema fundamental es el anhelo permanente del cual se derivan todos los demás problemas. Basta con cortar la raíz y todo el árbol desaparecerá.

Me siento perdido en medio de la oscuridad.
¿Podría ayudarme a salir de ella?

No veo oscuridad en ninguna parte. Lo que sucede es que usted tiene los ojos cerrados. La oscuridad no existe, es su creación. El sol brilla por todas partes, hay luz por doquier, es mediodía, pero usted insiste en mantener sus ojos bien cerrados y por eso siente que está en la oscuridad. Ahora bien, nadie puede obligar a otro a abrir los ojos. Hay algunas cosas que usted tendrá que hacer por su cuenta.

Si siente la necesidad de estornudar, tendrá que hacerlo. Yo no puedo hacerlo por usted. Si desea sonarse la nariz, tendrá que hacerlo usted mismo, pues es algo que no puedo hacer por usted. Hay algunas cosas que tendrá que hacer por sí mismo.

Esta es una de las cosas más fundamentales de la vida, y es bueno que deba hacerla por su cuenta, pues, de lo contrario, hasta en medio de la libertad será esclavo. Si yo o alguien más pone fin a su oscuridad, la luz no será muy fuerte. Quedará prisionero de esa luz que no ha sido producto de su propia voluntad. Usted no habrá florecido por voluntad propia.

¿Alguna vez han notado cómo los niños tratan de abrir un capullo de flor a la fuerza? Claro que es *posible* abrir un capullo, pero no será una flor. Ni siquiera abierto es una flor; algo falta, y ese algo suele ser muy importante. Falta el alma. La flor tiene alma y vida cuando florece por su cuenta. Cuando se abre a la fuerza, se destruye. Todo aquello que es bello en la vida solamente puede *suceder*, no se puede hacer.

Hay una anécdota muy hermosa del maestro Joshu:

Un día, Joshu se cayó en la nieve y gritó: "¡Ayúdenme a levantarme! ¡Ayúdenme a levantarme!" Uno de sus discípulos acudió y se acostó a su lado.

Riendo, Joshu se incorporó y le dijo al discípulo: "Muy bien. ¡Perfectamente correcto! Eso es lo mismo que estoy haciendo por ti".

Joshu se cayó en la nieve y pidió ayuda. Ahora bien, no hay necesidad de pedir ayuda. Quien cae puede levantarse: si pudo caer, puede levantarse. La misma energía que produjo la caída sirve para levantarse. La persona que no puede levantarse ni siquiera puede caerse. La misma energía que los lleva a la deriva les servirá para regresar a casa. Quien no puede regresar a casa no puede extraviarse, porque para ello necesita energía.

La misma energía que los puede convertir en pecadores los puede convertir en santos. En efecto, ser pecador es más complejo, más difícil, más arduo. Ser santo no es tan complicado, y ser religioso no es en absoluto difícil. Es la misma energía. Mantener los ojos cerrados exige mucha energía. Esa misma energía, suelta y relajada, servirá para abrir los ojos.

El discípulo es un discípulo de verdad, y comprende a Joshu perfectamente. Sabe que ha creado la situación, que se ha caído adrede. Quizás el discípulo pasaba por ahí cuando Joshu se cayó y, al escucharlo pidiendo ayuda, el discípulo se aproximó para acostarse a su lado. No lo está ayudando para nada. ¿Qué es lo qué está haciendo?

No trata de ayudar sino, sencillamente, se solidariza. Lo que pretende decir con su actitud es: "¿Qué puede hacerse? Está bien, soy tu discípulo y me acostaré a tu lado. ¿Qué otra cosa puedo hacer?"

El maestro es solidario, es compasivo. ¿Qué otra cosa puede hacer? No puede sostenerlos de la mano porque eso implica mantenerlos dependientes. Sacarlos de la oscuridad por la fuerza es mantenerlos encerrados. Tan pronto como el maestro suelte su mano, ustedes volverán al mundo de siempre, a la mente de siempre, irresuelta, anclada aún en su interior.

Un verdadero maestro ayuda sin ayudar. Traten de ver el punto: el verdadero maestro ayuda sin ayudar. Su ayuda es muy indirecta, y jamás acude inmediatamente. Se acerca de una manera muy sutil; los rodea como una brisa frágil, no como un viento fuerte. Los rodea como un aura invisible. Ciertamente que ayuda, pero nunca en contra de la voluntad de ustedes. Les ayuda a andar, pero solamente hasta donde ustedes están dispuestos a ir, ni un paso más, ni un paso menos. Nunca empuja con violencia, porque todo aquello que se impone por la fuerza se pierde tarde o temprano.

Perderán todo aquello que no haya brotado de su propio interior. No podrán poseer aquello que no haya crecido dentro de su ser por su propia voluntad. Solamente se puede poseer el propio crecimiento. Yo puedo entregarles la verdad, pero ustedes la desecharán porque no la reconocerán. Puedo obligarlos a despertar, pero tan pronto como me retire se dormirán y después me maldecirán y se enfurecerán conmigo porque todavía estaban disfrutando de sus sueños. Estaban gozando de unos dulces sueños hasta que apareció este hombre para obligarlos a despertar.

Seguramente lo habrán sentido en ocasiones. Le piden a alguien que los despierte porque deben tomar un tren a las cinco o a las cuatro de la mañana. Y cuando los despiertan, se enojan. No les agrada la idea en lo absoluto, cuando en realidad fue su idea, pero sienten que el otro es su enemigo.

He oído que Emmanuel Kant, un filósofo alemán, era adicto al tiempo. Actuaba casi como las manecillas del reloj, perfectamente puntual para todo. No se atrasaba ni se adelantaba ni un minuto. Aunque toda la vida se levantó a las cinco de la mañana, su sirviente debía arrastrarlo fuera de la cama, incluso golpearlo si era necesario. El filósofo le había conferido ese grado de autoridad: "¡Si es preciso golpearme, hazlo y aunque yo dé la pelea, tu deber es despertarme! No prestes atención a lo que diga en la madrugada. Aunque te regañe, te insulte y te amenace con despedirte inmediatamente, no prestes atención. Independientemente de lo que diga, deberás arrastrarme fuera de la cama".

Llegó a depender hasta tal punto de su sirviente que a veces parecía como si el amo fuera el sirviente y viceversa. Algunas veces el sirviente lo abandonaba. Entonces ensayaba con otros, pero ninguno se acomodaba porque, ¿cómo golpear al amo a las cinco de la mañana? Aunque tuviera la orden de golpear, el sirviente sentía temor. Así pues, el amo debía recurrir a su viejo sirviente una y otra vez.

¿Cómo suceden estas cosas? La persona puede estar disfrutando de un sueño agradable. Afuera hace frío, y el calor de las mantas invita a seguir durmiendo. Aunque había decidido de antemano levantarse, no desea hacerlo.

Es imposible despertar a alguien antes de tiempo, y es algo que no se debe intentar.

No es que haya un problema. Sencillamente trate de comprender por qué mantiene sus ojos cerrados. En lugar de pedirme que se los abra a la fuerza, trate de comprender por qué los mantiene cerrados, trate de comprender qué sueños le hace falta soñar. ¿No ha soñado lo suficiente? ¿Acaso no ha soñado más que suficiente? Ha estado soñando durante millones de vidas y nada ha logrado con todos esos sueños. Todavía se siente vacío y entonces insiste en llenarse, en atiborrarse de más sueños, deseos y ambiciones. Es totalmente posible que en este momento esté soñando con la iluminación, y de ahí que me haya hecho esa pregunta.

Ha soñado muchos sueños, y ahora ha surgido en su mente un sueño más: el de convertirse en Buda, el de alcanzar la iluminación. ¡Ese es un sueño más! Si realmente ha dejado de soñar, ¿quién lo mantiene dormido? ¡Abra los ojos! En realidad ni siquiera tendrá necesidad de abrirlos. Cuando comprenda que ya ha soñado todos los sueños posibles, sus ojos se abrirán por si solos. Ni siquiera tendrá que abrirlos porque no habrá nada que los cierre.

Observe mi puño. Para mantenerlo cerrado debo apretarlo. Tan pronto como suelto, la mano comienza a abrirse por sí sola. La apertura es natural; el cierre es antinatural. Es mucha la energía que se necesita para mantenerse cerrado. No hace falta energía para abrir.

Es algo muy extraño, pero para ser miserable se necesita invertir mucha energía, mientras que para mantenerse feliz no se necesita energía alguna. La felicidad es gratis, no cuesta nada, mientras que la miseria debe ganarse. Si desea ser miserable, tendrá que invertir mucho esfuerzo para mantenerse en ese estado, puesto que es completamente antinatural. El puño cerrado es raro; la mano abierta es natural. La mano abierta no necesita energía, o de lo contrario viviríamos fatigados. La mano permanece abierta durante todo el día, pero si la mantenemos cerrada, en la noche nos sentiremos muy cansados. Ensayen mantener los puños cerrados durante todo el día y verán que en la noche se sentirán terriblemente cansados.

El corazón abierto es un fenómeno natural, lo mismo que la mano abierta; un ser cerrado es completamente antinatural y artificial. Para mantenerse en ese estado debe invertir toda su energía. Eso es lo que he observado en miles de personas: agotan toda su energía siendo infelices. La inversión para permanecer en el infierno es muy grande, pues no es fácil. En realidad es muy difícil. Se necesita ser muy fuerte, muy obstinado, diamantino, para permanecer en el infierno (me gusta la palabra "diamantino" porque viene de "diamante", pues es preciso ser tan duro como el diamante para permanecer en el infierno). Por lo demás, nadie obstruye el camino. Basta con relajarse para que se abran las puertas del cielo. La relajación es la clave.

Usted dice que se siente perdido en medio de la oscuridad. Relájese. Tan pronto como lo haga comenzarán a abrirse sus ojos, de la misma manera que el capullo se abre para convertirse en flor; de la misma manera que cuando se afloja el puño se abre la mano. No estoy aquí para imponer nada. Mi oficio es aclarar cómo se da el proceso. Puedo hablar de él pero no puedo vivirlo por usted. Es algo que sucederá, pero no si pone sus esperanzas donde no debe. No le prometo nada. Lo único que puedo decir es que puedo presentarle de manera obvia aquello que me ha sucedido. Pero es cosa suya emprender el camino. Los budas solamente indican el camino hacia el estado de Buda, pero son ustedes quienes deben andarlo.

¿Por qué es necesaria la meditación una
vez alcanzada la iluminación?

¿Quién ha dicho que la meditación es necesaria después de la iluminación? La meditación se mantiene, pero no es necesaria. Sencillamente es natural. Antes de la iluminación es necesaria, pero después es lo mismo que el acto de respirar. Sencillamente sucede, de manera natural y espontánea.

Ese es exactamente el significado de la iluminación: la meditación como estado natural. La persona se torna meditativa permanentemente: no se sienta a veces a meditar, ni dedica varias horas a meditar todos los días; se mueve meditando, camina meditando, se sienta meditando, come meditando, ama meditando, hace negocios meditando, vive meditando. La vida entera está rodeada de ese nuevo tipo de energía. No es necesaria, sencillamente es natural.

Un amigo me contó una anécdota que me parece pertinente para esta pregunta:

Había un hombre sentado en un planeta muy pequeño. Todos los días, a las seis de la mañana, le ordenaba al sol que saliera, y el sol obedecía. A las seis de la tarde le ordenaba al sol que se pusiera, y el sol obedecía. Con el tiempo, el sol aprendió lo que debía hacer y el hombre pudo dedicarse exclusivamente a observar. No es que hubiera aprendido lección alguna. Aunque nadie se lo ordenara, el sol habría salido a las seis de la mañana.

Si continúan viviendo en silencio, no necesitarán siquiera de la meditación (ni siquiera antes de la iluminación es necesaria). Si continúan viviendo una vida sana, serena, sin preocupaciones por el pasado ni deseos para el futuro, si sencillamente viven la vida como va llegando, no necesitarán de la meditación, ni siquiera para alcanzar la iluminación. La meditación sucederá espontáneamente, de la misma manera que el sol sale por las mañanas y se pone por las tardes sin necesidad de recibir una orden.

Todos los días, a las seis de la mañana, el hombre le ordenaba al sol que saliera, y todas las tardes, a las seis, le ordenaba que se pusiera. Al cabo del tiempo, el hombre pensó: "El sol debe de haber aprendido la lección". Y se dedicó a contemplar en silencio, y, en efecto, el sol salió y también se ocultó. Entonces el hombre se sintió verdaderamente feliz porque su labor había culminado ahora que el sol había aprendido la lección.

Todas las meditaciones son así. La vida misma avanza hacia la meditación sin necesidad de esfuerzos adicionales. Se necesita el esfuerzo cuando la vida está quieta a causa de todas las nociones absurdas que les han enseñado. Debido a esas nociones erradas han creado muchos bloqueos en su interior, y la vida ya no fluye; han dejado de ser ríos para convertirse en pantanos sucios y estancados. Es por eso que se necesita la meditación.

Necesitamos la meditación porque nos hemos convertido en antinaturales. Vivan una vida natural; es decir, vivan el momento tal y como es. No traten de imponer la forma en que "debe ser" el momento ni de transformarlo en alguna otra cosa. Sencillamente acepten el momento tal y como es. Cuando se enfurezcan, acéptenlo sin crear el ideal de no enfurecerse nunca. Y cuando desaparezca la ira, no se arrepientan (no hay nada de qué arrepentirse pues sencillamente sucedió así). Cuando se enamoren, amen sin pensar como debería ser el amor; no consulten manuales sobre el amor; permitan que el amor fluya naturalmente.

Oí la siguiente historia sobre un gran guerrero japonés, un samurai, un espadachín muy famoso:

Una noche regresó a su casa muy cansado después de todo un día de lucha en los campos. Justo cuando iba a dormirse, vio una rata. La rata lo miraba con ojos feroces, y el samurai se dispuso a matarla con su espada. Aunque era uno de los mejores guerreros, erró el golpe. Intentó muchas veces hasta que rompió su espada, pero no pudo matar a la rata. Entonces el pavor se apoderó de él: "Esta rata es muy misteriosa, no es una rata cualquiera". Comenzó a transpirar como nunca antes: había peleado durante toda su vida, y ahora una rata lo había vencido.

Salió corriendo a preguntarle a su mujer qué podía hacer. La esposa le respondió: "¡No seas necio! No es necesario enfrentarse a una rata. ¿Cuándo has oído que alguien haya matado a una rata con una espada? Lo único que debes hacer es dejar entrar a la gata".

Así lo hizo. La gata no era un animal cualquiera, pues era la gata de un gran guerrero. Además, era una gata entrenada, famosa por ser la mejor cazadora de ratas de la comarca. Llegó con toda su habilidad y se dispuso a cazar a su presa. Pero la rata era verdaderamente extraordinaria y se le lanzó a los ojos. La gata escapó corriendo. ¿Quién había visto a una rata atacar a una gata? La gata temblaba tanto como su amo.

El guerrero exclamó: "¡Esto es demasiado!"

Entonces trajeron a la gata del rey. Era una gata maestra, muy conocida en todo el país, como correspondía a una gata de la casa real. La gata del rey entró, utilizó todo su arte, hizo lo que pudo, pero la rata la venció.

La gata del rey sugirió llamar a una gata conocida suya que no era famosa. "Han ensayado con gatos famosos, ¿por qué no ensayar con un gato común y corriente?"

A lo cual el guerrero dijo: "¿Qué podría hacer un gato corriente?"

Pero la gata del rey insistió: "Sencillamente ensaye. Conozco a esa gata. Es tan corriente que no sabe nada. Pasa todo el día durmiendo. Pero todos los gatos del reino saben que es una gata muy misteriosa. El misterio está en que no sabe nada sobre ratas, ni sobre la técnica, la metodología o la filosofía sobre cómo cazarlas. No sabe nada; jamás asistió al colegio ni a la universidad. Aunque es una gata común y corriente, las ratas le temen. Ninguna rata se atreve a entrar en la casa donde esa gata duerme. Su sola presencia basta. Duerme todo el tiempo, y nadie sabe cómo o cuándo mata".

"Una vez acudí adonde esa gata para preguntarle cuál era su arte. Ella se limitó a mirarme y no dijo nada. Cerró los ojos y continuó durmiendo. Yo insistí, la desperté nuevamente y repetí mi pregunta: '¿Cuál es tu arte?'"

"A lo cual me respondió: 'No sé. Soy gato y eso es suficiente. Un gato es un gato, y se supone que debe atrapar a las ratas. ¿Cuál arte? ¿De qué tonterías me hablas?'"

Trajeron a la gata, pero el samurai no se sintió muy optimista porque realmente era una gata corriente, como cualquier gato vagabundo.

Sin hacer gala de ninguna destreza, la gata se limitó a entrar, cazar a la rata y salir.

Las demás gatas la rodearon y le preguntaron: "¿Cuál es tu arte?"

Y ella contestó: "No conozco arte alguno. ¡Soy una gata! ¿No es eso suficiente?"

A eso me refiero cuando hablo de ser natural. La meditación les llegará si son naturales, incluso antes de la iluminación. La meditación es su florecer natural; la meditación no es algo así como un arte o una habilidad. En lo absoluto. No es necesario ir a la escuela para aprender a meditar. Lo que sucede es que ustedes se han echado a perder. Han estado cerca de las ratas durante mucho tiempo, al punto de tenerles miedo, y no solamente eso, sino que se han dedicado a aprender a cazar todas esas ratas. Han adquirido demasiada destreza y se han tornado artificiales; poseen un acervo de conocimiento, y en eso radica el problema. El problema es el conocimiento.

Kabir nunca meditó, pero continuó tejiendo su tela hasta alcanzar la iluminación. ¿Cómo pudo suceder? Un hombre natural que hacía lo suyo con todo el corazón, absorto en su oficio, alcanzó la iluminación.

Recuerden que su necesidad de aprender a meditar se debe a que han aprendido algunas cosas equivocadas. Para destruir lo aprendido necesitan aprender. Es como cuando se necesita de otra espina para sacar una que se ha clavado en el pie: la segunda espina es igual a la primera, pero ayuda. La meditación es como la espina, porque ustedes se han tornado artificiales hasta el punto en que la artificialidad se ha aposentado en su interior. La meditación sirve para sacarla, como lo haría una medicina.

¿Saben? Las dos palabras, "medicina" y "meditación" vienen de la misma raíz: "medicinal". Cuando alguien enferma le damos medicina. ¿Piensan que en la medicina está la salud? Se equivocan. La medicina sencillamente destruye la enfermedad. Hasta ahora no hay medicina alguna que pueda dar salud, pues la salud está más allá de la medicina y, también, más allá de la meditación. La medicina sencillamente destruye la enfermedad y, una vez destruida, una vez extraída la espina, la salud interior comienza a florecer nuevamente.

Lo único que hace falta es destruir la artificialidad. Claro está que para destruir lo artificial se necesita algo igualmente artificial; para destruir la falsedad se necesidad otra falsedad. No se puede destruir lo falso con lo real; por tanto, todas las técnicas de meditación son tan ficticias como sus demás ficciones. ¡Todas son ficticias! Claro está que ayudan; ayudan a sacarlos de esa ficción. Pero el día en que se deshacen de sus ficciones se dan cuenta de que ni siquiera hacía falta meditar antes de la iluminación. Meditar se convirtió en una necesidad a causa de la sociedad, a causa de los condicionamientos, a causa del exceso de enseñanzas que los llevaron a perder su naturaleza, su Tao.

Entonces la pregunta de "¿por qué es necesaria la meditación después de la iluminación?", es irrelevante. No es necesaria la meditación. Olvidamos lo que es la meditación porque desconocemos los momentos de no meditación. Vivimos en meditación, la vida es meditación.

Pero hay ocasiones en que encontramos a Buda sentado con los ojos cerrados. En ocasiones encontramos a Meera adorando todavía a Krishna. Entonces surge la pregunta de: "¿Qué hace Buda?"

Es sabido que Cristo solía a decirles a sus discípulos: "Espérenme aquí mientras me retiro a la montaña a meditar". ¿Qué hace Jesús cuando dice que va a meditar? No necesita meditar en lo absoluto. ¿Con qué propósito se retira? Sencillamente desea liberarse de la multitud. Esa meditación es sólo una estratagema, sencillamente desea estar solo. Está cansado de los enemigos y de los amigos, cansado de sus opositores y de sus seguidores. Sencillamente está cansado.

Es casi como el médico que ha trabajado con los enfermos del hospital durante todo el día, viendo miles de enfermedades, y desea volver a su casa para descansar. Un Jesús o un Buda están continuamente rodeados de personas enfermas porque en este mundo solamente quedan personas enfermas. Entonces necesita descansar.

¿Para qué tendría que meditar Buda? Pero algunas veces se sienta con los ojos cerrados debajo del árbol de bodhi, aún después de alcanzar su estado de Buda. Sencillamente desea unos momentos para sí mismo. Necesita de la belleza de la soledad, la bendición de la soledad, para olvidar durante unos segundos todas las tribulaciones de toda clase de personas. Eso es todo. Y después, restablecido el flujo de energía, se siente renovado y dispuesto nuevamente a ayudar, a invitar, a provocar.

Hace mucho tiempo, en China, se veía al maestro Zen Obaku, quien había alcanzado el punto más alto de realización espiritual, adorando constantemente a Buda con gran devoción.

Asaltado por la duda, uno de sus discípulos le preguntó: "¿Le pides algo a Buda, o buscas algo relacionado con la verdad?"

El maestro respondió: "No tengo nada que pedirle al Buda ni necesito buscar nada relacionado con la verdad".

Ante lo cual, el discípulo insistió: "Entonces, ¿a qué se debe tu devoción?"

"Es simplemente devoción", respondió el maestro.

La afirmación es extraña. "Es simplemente devoción". Es gratitud pura. No tiene nada que ver con la meditación o la oración. No está allí para pedir porque ya todo lo ha recibido. Cuando todo se nos ha dado, sentimos una gratitud inconmensurable que no tenemos con qué pagar. Podemos servir a nuestro padre cuando sea anciano y pagar de alguna manera todo lo que hizo por nosotros cuando éramos niños. Podemos respetar a nuestra madre, cuidar de ella en su ancianidad y devolverle en algo lo que hizo por nosotros, pero, ¿qué podríamos hacer por un maestro? Nos ha dado algo de otro mundo, y como todas las monedas que conocemos son de este mundo, no tenemos con qué pagarle. ¿Qué podemos hacer ante un maestro? No podemos mostrar gratitud de otra manera que no sea nuestra total indefensión. Obaku tiene razón cuando dice que es simplemente devoción: "Ya no tengo nada que pedirle a Buda. Me ha dado todo y eso es algo que no puedo olvidar".

Personalmente, tengo la impresión de que, donde quiera que esté, Obaku seguramente continúa adorando. Es la gratitud eterna.

Cuando Manjusri, otro discípulo de Buda, alcanzó la iluminación, Buda le dijo: "Ahora vete lejos. Ahora la palabra vive en ti. El mensaje ha cobrado vida en ti. Ve a difundirlo".

Entonces Manjusri tuvo que irse con lágrimas en los ojos. Cuando alguien le preguntó: "¿Por qué lloras? Si has alcanzado la iluminación, ¿por qué ese empeño en aferrarte a Buda?" Manjusri contestó: "¿Quién se aferra a Buda? Pero verlo todos los días, estar cerca de él, inclinarme a su paso... Pasaba a su lado casi mil veces al día y me inclinaba. ¿Qué otra cosa puedo hacer? Ahora estaré lejos".

Entonces alguien le informó a Buda que Manjusri andaba por ahí llorando. Buda lo llamó y le dijo: "Puedes inclinarte donde quiera que estés". Y cuentan que Manjusri vivió veinte años más, y todos los días, en la mañana, en la tarde o en las noches, cuando tenía tiempo, se inclinaba en la dirección en la cual se movía Buda. Adonde quiera que Buda se moviera, él se inclinaba.

Sus discípulos le decían: "Eres un Buda por derecho propio. ¿Por qué insistes en hacer eso?"

A lo que él respondía: "¿Cómo puedo dejar de hacerlo? Se ha vuelto tan natural".

Es simple gratitud, y no necesita razones. Hay algunas cosas que hacemos sin razón alguna. No todas las cosas deben hacerse por una razón. Es imposible no agradecer al maestro aunque hayamos alcanzado la iluminación.

Un monje le preguntó a Hyakujo Yekai, otro maestro Zen: "¿Cuál es el suceso más milagroso que ha ocurrido en el mundo?"

La respuesta de Hyakujo fue: "Estoy aquí completamente solo".

Ese es el suceso más milagroso que ha ocurrido en el mundo: "Estoy aquí completamente solo".

¡Es meditación, es oración, es adoración! Llámenlo como quieran, pero es lo único después de la iluminación: "Estoy sentado aquí, completamente solo".

¿Por qué no puede una religión comprender la forma de ver la realidad de otra religión? ¿Por qué hay tanto conflicto e incomprensión?

No hay incomprensión entre un Buda y un Cristo, entre un Mahavir y un Krishna, entre un Zoroastro y un Mahoma. Todos son seres religiosos. La incomprensión existe entre los musulmanes y los hindúes, los jainistas y los cristianos, pues sucede que ellos no son religiosos sino apenas pseudoreligiosos. Creen que son religiosos pero no lo son. ¿Cómo podría haber conflicto e incomprensión cuando la religión ha brotado del corazón? La religión nos libera de toda clase de opiniones. ¿Cómo podría haber incomprensión? Sólo puede haber incomprensión cuando llevamos una opinión en la mente. Cuando abandonamos todas las opiniones y la mente logra estar en silencio, no puede haber conflicto ni incomprensión.

¿Creen que podría haber una pelea entre Buda y Cristo, sentados uno al lado del otro? Absolutamente imposible. ¿Cómo podrían dos silencios discutir? Claro que si *ustedes* están al lado de Buda existe la posibilidad de que se produzcan todo tipo de discusiones. Pero si es Buda el que está al lado de Cristo no hay ni la más remota posibilidad. No tienen nada que proponer ni que plantear. Se mirarían a los ojos y verían el infinito: dos espejos, uno delante del otro, reflejándose millones de veces, pero nada más.

Sin embargo, hay malos entendidos con las personas que se consideran religiosas pero no lo son. Es comprensible. Sería extraño que no hubiera incomprensión porque nos expresamos a través de lenguajes.

El islam tiene un lenguaje y el cristianismo otro, de tal manera que el conflicto es ineludible porque los lenguajes, las metáforas y la simbología son muy diferentes.

Por ejemplo, ningún budista utiliza la palabra "Dios". Los cristianos utilizan la palabra "Dios", alrededor de ella gira toda su religión. Es obvio que haya conflicto. Los cristianos piensan que los budistas son ateos y los budistas creen que los cristianos son solamente antropomórficos, pues piensan en una imagen humana de Dios, en una proyección.

Pero esto sucede también en la vida cotidiana. Aunque dos personas hablen el mismo idioma, habrá malos entendidos.

El lenguaje no es un buen vehículo de comunicación. Al respecto hay varias historias:

El primer caso de divorcio que tuvo que atender un joven juez tuvo algunos visos graciosos. El abogado del demandante le pidió a su cliente subir al estrado y le habló de la siguiente manera: "Entiendo que todas las noches, al llegar del trabajo, en lugar de encontrar a su esposa sola esperándolo, encontraba un hombre distinto oculto en el armario".

"Sí, es correcto".

"Y, por supuesto, esa situación le produjo un estado indecible de angustia e infelicidad".

"Así es", respondió el ofendido. "Nunca tenía espacio para colgar mi ropa".

La gente tiene su propia forma de comprender. Las palabras tienen un significado diferente para cada quien. Todo lenguaje es muy, muy personal.

El esposo llega con un mono y dos conejos al único cuarto que comparte con su esposa. La mujer lo mira estupefacta, al tiempo que le pregunta: "¿Y qué se supone que van a comer?"

"La misma comida que nosotros", responde el marido.

"¿Dónde dormirán?"

"A los pies de la cama".

"¿Y el olor?", protesta ella.

"Ya se acostumbrarán a él, tal como yo hice", responde él.

Es cuestión de observar para ver malos entendidos por doquier. Si observan desde el amanecer hasta la noche encontrarán mil y un lugares donde las personas hablan en el mismo idioma acerca de la realidad de todos los días, interpretándose equivocadamente una y otra vez e imprimiendo a las palabras un sentido muy personal.

Una campesina subió al autobús con nueve niños y rehusó pagar sus boletos.

"Estos tres tienen siete años", dijo. "Estos tres tienen cinco años, y estos tres tienen dos años".

El conductor la miró atónito. "¿Quiere decir que le resultan tres todas las veces?"

"Caramba, no. A veces no nos resulta nada".

El lenguaje comunica pero, al mismo tiempo, no transmite. Qué decir entonces de la otra realidad, aquella que nadie conoce y acerca de la cual mantienen silencio aquellos que sí la conocen. Quienes la conocen insisten en decir que no puede expresarse en palabras. Quienes no la conocen, por su parte, necesitan mapas, de tal manera que crean palabras, estructuras y pautas. Esas pautas son precisamente el hinduismo, el islamismo y el cristianismo. Distintas personas han trazado distintos mapas.

Por ejemplo, si enviamos a cinco personas al bosque y después les pedimos que lo describan, ¿creen ustedes que todas traerán el mismo mensaje y la misma descripción? No. El pintor traerá una pintura, el poeta traerá una melodía, el biólogo traerá alguna otra cosa, lo mismo que el químico y el leñador. Y será su versión del mismo bosque, visitado quizás al mismo tiempo; pero aún así, su mensaje será diferente.

Buda, Mahoma y Cristo entran en la misma pureza, en la misma luminosidad, pero, cuando regresan, Buda habla a la manera del hijo de un rey, con su propio estilo, y Cristo habla a la manera del hijo de un carpintero, con su propio estilo. Son estilos radicalmente distintos. El hijo del carpintero habla como tal. Es por eso que el lenguaje de Jesús es muy terrenal y poderoso, mientras que el lenguaje de Buda es muy abstracto y solamente algunas personas pueden comprenderlo, es muy refinado, muy culto, muy educado. Jesús no tiene educación, no estudió en una escuela, y solamente conoce la forma de vida de las personas ordinarias, pero en eso radican la fuerza y la belleza de su lenguaje. Mientras más refinado el lenguaje, más se aleja de la vida cotidiana y solamente los eruditos lo pueden comprender. Pero el lenguaje de Jesús está al alcance de todo el mundo; el campesino, el obrero, el pescador. De ahí que el cristianismo haya sido tan atrayente para los pobres del mundo entero. Los ricos no se interesan en el cristianismo. Los ricos pueden tener su propio refinamiento. Así, para alguien diferente, Buda es hermoso.

Y el milagro está sucediendo. En Oriente, donde las personas son pobres, se están convirtiendo al cristianismo, mientras que en Occidente, donde las personas son cada vez más pudientes, están volviendo los ojos al budismo. En Estados Unidos, Buda está adquiriendo mayor preponderancia que Jesús. Tarde o temprano, Estados Unidos le pertenecerá a Buda en vez de a Cristo, porque sus pobladores han alcanzado un nivel de cultura en el cual el lenguaje de Buda es más atractivo.

En India ha desaparecido el budismo. India perdió a la clase alta y ahora es un país pobre. Cuando Buda caminaba sobre esta tierra, hace veinticinco siglos, India era el país más rico y opulento del mundo, el ave dorada. El país era muy culto; en él funcionaban muchas universidades, colegios y escuelas. Hablar de filosofía era algo muy común.

Se dice que cuando Shankara llegó a un pueblo para sostener una conversación con Mandan Mishra, preguntó a las personas que estaban alrededor del pozo cómo sabría cuál era la casa del filósofo, a quien iba a desafiar a un debate.

Las muchachas que estaban alrededor del pozo se echaron a reír y respondieron: "No se preocupe, continúe caminando y cuando llegue a un sitio donde hay unos loros recitando los Upanishads, sabrá que es la casa de Mandan Mishra".

Y así fue. Hasta los loros recitaban los Upanishads. El portero hablaba de una manera tan refinada que Shankara se sintió un poco desconcertado y comenzó a sentir algo de temor. Después, fue Bharti, la esposa de Mandan Mishra, quien presidió la charla (hasta las mujeres de la época era enormemente cultas, y por eso Bharti presidió la conversación de los filósofos).

Las cosas eran completamente diferentes, y entonces floreció el budismo. Ahora las cosas han cambiado y el atractivo del budismo no puede penetrar en el interior de la India. El cristianismo es más atractivo. Cristo habla el lenguaje del proletariado.

¿No han observado? Por ejemplo, el comunismo es un subproducto del cristianismo. En India no ha sucedido algo como el comunismo. Allí han nacido grandes religiones como el budismo, el jainismo y el hinduismo, pero ninguna ha dado lugar a algo como el comunismo. Vivían en los cielos. El comunismo sucedió gracias al cristianismo, la religión de los pobres.

Pero en Estados Unidos, el cristianismo está perdiendo terreno. Tan pronto como se adquiere riqueza, tan pronto como se comienzan a sentir cosas maravillosas y a concebir ideas extraordinarias, y la música y el arte cultos comienzan a atraer a los sentidos, es natural que Buda adquiera importancia nuevamente. De allí el atractivo del Zen.

Las personas hablan su propio lenguaje y comprenden su propio lenguaje. Las distintas religiones hablan distintos lenguajes en planos diferentes. Aunque hablan de las mismas cosas, quienes hablan son distintos. Y cuando los oyentes reciben esas palabras de Buda, Cristo o Mahavir, no pueden reconocer la semejanza. El lenguaje es tan diferente que no logran ver la unidad que hay en él. Es por eso que hay tantos malentendidos.

No hay forma de crear entendimiento si ustedes mismos no se tornan religiosos. Si meditan, si hacen silencio, si logran ver algunos destellos de la ausencia de la mente, toda la incomprensión desaparecerá. Súbitamente verán que todo es uno, que solamente existe la unicidad, en millones de formas, sí, pero unicidad en últimas.

Tanto mi cuñado como yo disfrutamos la conferencia de hoy; sin embargo, yo lo hice con toda mi mente, mientras que mi cuñado dice que lo hizo como testigo. Siento que él es necio y que yo soy inteligente. ¿Qué me podría decir sobre esto?.

Quien se considera inteligente es un necio. No sé lo que piense su cuñado, pero esto le atañe a usted. Es posible que él esté pensando que usted es un necio, en cuyo caso ambos están en la misma situación (por lo general, los cuñados están siempre en la misma situación).

Jamás piensen que la otra persona es necia. Es señal de inteligencia no hacerlo. No hay necios; hay expresiones diferentes de la inteligencia, pero no hay necios. Quizá la manera en que funciona la inteligencia de la otra persona sea distinta de la suya.

Hay personas muy inteligentes para las matemáticas y otras muy inteligentes para la poesía. Ahora bien, la persona inteligente para las matemáticas piensa que el poeta es un tonto, y en cierto sentido tiene razón, porque el poeta no logra comprender muy bien las matemáticas. El poeta, por su parte, piensa que el matemático es un tonto y, también tiene razón en cierto sentido, porque el matemático no puede componer siquiera dos versos. ¿Qué clase de inteligencia es esa que solamente sabe calcular? ¡Es preciso poder crear! Eso sí es muestra de inteligencia.

La inteligencia se manifiesta de distintas maneras. Jamás me he tropezado con un necio. Si alguna vez tropiezan con un necio, deténganse a reflexionar, pues él puede tener, en alguna parte, algún tipo de inteligencia que ustedes aún no conocen. A veces la más necia de las personas tiene su propia inteligencia.

Cuando estudiaba en la universidad, conocí a un mendigo que vivía afuera de la ciudad universitaria. Todo el mundo pensaba que era bruto, un perfecto imbécil. Era tan imbécil que si se le daba a escoger entre un billete de diez dólares y un centavo, prefería la moneda. Yo quise descubrir si había inteligencia también en ese hombre, y entablé amistad con él.

Después de muchos meses de ser su amigo, un día le pregunté: "¿Acaso no ves que el billete que te ofrecen es de diez dólares? ¿Por qué escoges la moneda de un centavo y rechazas el billete?"

Su respuesta fue: "¿Me crees necio? Si acepto el billete, entonces nadie volverá a ofrecerme otro jamás. El billete me acabaría, y este es mi negocio. Las personas me ofrecen, y gozan haciéndolo. ¡Dejémoslas gozar! Yo siempre elijo la moneda más pequeña. ¿Acaso soy un tonto?"

Comprendí entonces que era un hombre muy inteligente y que estaba engañando a todo el mundo, incluidos los profesores. Eran muchas las personas inteligentes que jugaban con él sólo para burlarse y decir: "¡Qué tonto es!"

La inteligencia tiene distintas formas de hacerse valer. No piensen ni por un instante que hay personas necias, porque solamente la divinidad existe. ¿Cómo podría alguien ser un necio? Y si les interesa inmensamente la palabra misma, lo único que deben hacer es pensar que son necios, y así alcanzarán una mayor sabiduría.

No comprendo el concepto de la comprensión original, o el
rostro original del cual habla el Zen. Por favor explique.

El Zen tiene su propia forma de expresarse sobre la realidad última. El rostro original es la divinidad. El rostro original se refiere al rostro que ustedes tenían cuando no había definición, cuando no había cuerpo, ni contornos, ni localización. El rostro original se refiere a la realidad informe, antes del nacimiento, antes del nacimiento de sus padres.

El rostro original se refiere a la fuente de energía, a la fuente absoluta de energía. Se refiere a la energía original más allá de la cual no hay camino ni podemos ir. El rostro original significa deshacerse de todas las máscaras, los nombres y las formas, y continuar mirándose hasta encontrar aquello que no han creado, que la sociedad no ha creado, que no es un sistema de creencias y que no tiene nada que ver con la mente. Continúen mirando insistentemente hasta que tropiecen un día con la realidad del presenciar, lo único que no han creado, lo único que no pueden trascender. Quiero repetirlo porque es muy importante estar presentes, atestiguar es lo único que no pueden trascender. No es posible observar al testigo.

¿Cómo podría observarse al testigo? Pueden observar el cuerpo y reconocer con certeza que no son el cuerpo; pueden cerrar los ojos y ver el cuerpo; el cuerpo está ahí. Pueden sentir un ligero dolor de cabeza o adormecimiento en las piernas, por consiguiente, hay algo seguro y es que ustedes están separados del adormecimiento de las piernas, o de otra manera no podrían reconocer la sensación. El conocedor debe ser distinto de lo conocido. Algo es seguro, y es que ustedes no son la cabeza ni el dolor de cabeza: son la conciencia que los observa.

Ahora, vayan más al fondo. No son el cuerpo. Los pensamientos flotan en la mente incesantemente; llegan uno tras otro, entrando y saliendo de la mente. ¿Son ustedes esos pensamientos? ¿Cómo podrían serlo? ¿Quién sería entonces el observador? Los pensamientos son una especie de huéspedes y ustedes son los anfitriones. Por consiguiente, es necesario romper otra capa: ustedes no son esos pensamientos, son el testigo que continúa observando.

Si alguien los ha ofendido, comienza a brotar en su mente un pensamiento de rabia, el humo de la ira. ¿Quién es el que sabe que comienza a presentarse la ira? ¿Y quién el que ve que después desaparece? Antes no había ira, ahora aparece y luego desaparece. ¿Quién está presenciando todo? Ese alguien son ustedes. ¿Pero es posible observar a ese testigo? Es imposible. Si uno puede presenciar al testigo, entonces uno mismo es el testigo, uno no es el observado, sino el que observa.

Y esto es, en últimas, irreductible. No es posible ir más allá. Es el origen, lo que los hindúes llaman *sakshin*, el testigo, y lo que el Zen denomina el rostro original. Es lo que otras religiones denominan "Dios". Dios es su rostro original.

Veamos la siguiente parábola:

Un hombre nervioso, adicto a las historias de fantasmas, está leyendo una de esas historias, muy bien escrita, tarde en la noche. Se hace a la idea de que el fantasma de la historia está en su casa. Cierra la puerta con cerrojo, comienza a temblar de pavor y siente que va a sufrir un ataque cardíaco. Sabe que, de alguna manera, todo es una ilusión, un cuento sobre el cual ha estado leyendo. Esa es su "comprensión original", una comprensión que no se pierde nunca realmente; pero en la práctica el hombre acepta el fantasma y siente las repercusiones físicas de esa aceptación. Cada vez que el mobiliario rechina o que sopla el viento, refuerza su idea.

Desde el punto de vista de la comprensión original, no hay nada que pueda hacer, puesto que el fantasma no existe. Desde el punto de vista de la realidad práctica, liberarse del miedo que lo oprime implica adoptar la disciplina de obligar a la mente a rechazar los pensamientos basados en la aceptación de la existencia del fantasma, y volver a su comprensión original. Pero si llega a considerar este procedimiento como una especie de hechizo para matar al fantasma, entonces reafirmará nuevamente su existencia y nublará su comprensión original.

El simple hecho de decir que el objeto de la práctica es liberarse del fantasma no es el punto, puesto que nunca ha habido un fantasma. La práctica de la comprensión es la finalidad misma. Aunque los muebles suenen y el viento sople, la casa siempre estará en calma.

Esta es una historia maravillosa, y seguramente ustedes habrán experimentado algo parecido en las noches oscuras mientras leen historias de fantasmas o novelas policiacas. En el fondo saben que no es más que ficción, pero se han dejado atrapar por ella. Una historia de fantasmas bien escrita puede provocar mucho temor.

Desean ir al baño, pero no pueden; saben perfectamente que es una estupidez, pero ha surgido una dificultad práctica. Siempre han ido al mismo baño a media noche sin que hubiera habido nunca un problema. Y ahora... ¿Pero acaso pueden decir que no lo saben? Han estado leyendo la historia de fantasmas y saben que ese fantasma, que parecería estar en el baño, en realidad no existe.

Si logran comprender esta historia, habrán comprendido todo el punto de vista del Zen. El ego es el fantasma. No existe y ustedes lo saben. Pero hay una dificultad práctica. Aunque saben que el fantasma no existe, el viento sopla, los muebles suenan, las hojas secas del jardín vuelan por ahí y ustedes imaginan que oyen pisadas. Una rata se mete al baño... algo se cae... ¡Es aterrador! Y están solos en la casa... con el libro en las manos... presas del impacto de la historia. Y sienten que la vejiga está a punto de estallar, pero, aún así, son incapaces de ir al baño.

Y saben perfectamente que las hojas secas vuelan empujadas por el mismo viento. Y saben que la rata a veces entra al baño y tumba cosas. ¿Pero quién sabe? ¿Tal vez...? Este "tal vez" vuelve real algo que no es más que un fantasma de la imaginación.

Ahora bien, ustedes pueden acudir a un maestro, o recitar un mantra, o comenzar a entonar "ram, ram, ram" para ayudarse. El primer fantasma es falso y también el segundo. Entonces piden ayuda a Dios y recitan el mantra porque sienten que la vejiga se les estalla y no aguantan más. Necesitan deshacerse del fantasma de alguna manera. Han oído que la palabra "ram" es muy potente. Han oído historias y ahora todas parecen ciertas. Han oído que una persona a quien un fantasma persiguió al pasar por el cementerio comenzó a recitar "ram, ram, ram" tres veces, y logró que el fantasma desapareciera.

Todas estas historias se atropellan en la mente. Comienzan a repetir "ram, ram, ram". Deben ir al baño como sea. Continúan repitiendo "ram, ram, ram" sin dejar de temblar, creyendo a medias en el rezo. Van al baño. El "ram" ayuda.

La verdad es que no hay fantasma, y tampoco necesidad de recitar el "ram". Pero el "ram" ayuda, y se sienten felices al darse cuenta de que les ha servido. Entonces aceptan que el mantra es potente. Ha desaparecido un fantasma sólo para ser reemplazado por otro. Ahora se aferran al mantra "ram". Ahora, cada vez que sienten miedo, comienzan a recitarlo. De una necedad a otra... de una falsedad a otra.

Esto es lo que dice el Zen: en lugar de reemplazar los fantasmas, reconozcan que el fantasma no existe. No hay necesidad de depender de mantras, o de Dios, o de cualquier persona. Sencillamente reconozcan que la enfermedad que creen tener no existe y, por tanto, no necesitan medicina alguna.

Si reconocen el hecho de que continúan siendo su propia originalidad en este mismo momento, que son dioses y diosas, la historia del fantasma que han venido leyendo durante millones de vidas desaparece sin dejar rastro. Eso es lo que el Zen denomina el rostro original o la comprensión original.

¿Qué es la preocupación?

Preocupación es prejuicio, preocupación es orgullo, preocupación es pasado. Preocupación significa venir cargado y no ver lo que el momento ofrece. Es mirar a través de unos anteojos de color.

Por ejemplo, mientras me oyen lo hacen a través de un telón de creencias, ideas y condicionamientos, pues sus maestros, sus padres, la sociedad y la religión están ahí. Entonces me escuchan a través de ese clamor que los preocupa y les impide oír. No podrán oír lo que estoy diciendo, sino alguna otra cosa. Crearán su propia idea por medio de su interpretación y no comprenderán mi mensaje.

Una mente preocupada es una mente adormecida; una mente preocupada es una mente prestada.

La mente no ocupada es fresca, inteligente y radiante. Por consiguiente, una de las bases de todas las meditaciones es permanecer sin ocupación. Cuando escuchen, escuchen; cuando vean, vean; y permanezcan en el presente. Si logran permanecer en el presente, la divinidad estará cerca, a la vuelta de la esquina, donde siempre ha estado esperándolos. El problema es que ustedes siempre han estado muy preocupados.

Veamos estas dos historias:

Un viajero de negocios llegó a un hotel en el campo y llamó a la recepción para pedir que le enviaran una buena prostituta.

La esposa del propietario se enojó mucho y le pidió a su marido que echara al huésped. El marido se negó y alegó que no deseaba perder a un buen cliente, y que, además, la solicitud era natural e inofensiva. La esposa respondió que si él no lo hacía, lo haría ella, y con esas palabras se dirigió a la habitación del huésped.

Hubo un jaleo espantoso durante unos veinte minutos, al cabo de los cuales bajó el viajero y dijo: "Me imagino que eso es lo único que se puede conseguir en un pueblo, pero dio una buena pelea; casi tuve que violarla".

Esa es una mente preocupada. Está a la espera de una prostituta, y este concepto la llena por completo, opera como filtro para todo.

La otra historia es la de un hombre que viajaba a Manchester en tren con su familia. Ya que estaban en un vagón para no fumadores, el hombre se fue al vagón de al lado para fumar un cigarro. El único ocupante era un joven abatido que miraba con tristeza por la ventana. Harry (así se llamaba el hombre) le ofreció un cigarro. "No gracias", respondió el joven, "no fumo".

Cuando Harry terminó de leer su periódico, le preguntó al joven si le gustaría leerlo.

"No gracias", replicó el joven, "no leo".

Sin perder la esperanza de animar a su compañero de viaje, Harry le ofreció invitarlo a una bebida.

"No gracias", fue la respuesta, "no bebo".

Decidido a no aceptar la derrota, Harry ensayó nuevamente: "Joven, admiro sus principios. Me gustaría que viniera conmigo para presentarle a mi esposa y a mi hija, que están en el vagón de al lado".

"No, gracias. Soy célibe".

Esa es una mente preocupada. La persona tiene una cierta idea del mundo, e insiste en creer que esa idea es la verdad acerca del mundo. La gente deja pasar la vida a causa de sus preocupaciones.

Cuando se abandonan las preocupaciones surge un gran vacío en el interior. De eso se trata la meditación. Ese gran vacío donde no titila pensamiento alguno, donde se está totalmente disponible para lo que pueda suceder, es *satori*, es *samadhi*.

No sean cristianos, ni hindúes, ni buenos, ni malos. No carguen ideas en su interior.

No carguen escrituras, quémenlas. Quemen todas las grabaciones que tienen dentro de la cabeza. Así encontrarán la bendición y el éxtasis que yo denomino divinidad.

¿Cómo vivir en gracia a lo largo del tiempo?
¿Y cómo hacerlo en estos tiempos?

La gracia emana de la eternidad. La gracia nunca forma parte del tiempo. El tiempo crea apresuramiento, tensión y ansiedad, así que mientras más concientes sean del tiempo, más neuróticos serán. El tiempo es neurosis. Cuando se pierde la conciencia del tiempo no hay pasado ni futuro. La gracia brota cuando el tiempo pasa a ser irrelevante y se está aquí y ahora.

La gracia es parte de lo eterno. La gracia es una cualidad de la divinidad y la divinidad no mora en el tiempo. En el tiempo están la mente, el ego, la desdicha, el infierno. El meditador busca trascender el tiempo, deshacerse del tiempo, olvidar el tiempo. Y no me refiero a las horas del reloj, sino al tiempo psicológico; el tiempo del reloj está bien porque es utilitario: si necesitan tomar un tren, deben recordar el tiempo del reloj, pero eso no es problema porque no crea ansiedad ni destruye la gracia. El reloj está perfectamente bien a su manera. La gracia se pierde cuando nos enredamos en el tiempo psicológico.

¿Qué es el tiempo psicológico? Vivir en el pasado es tiempo psicológico. De allí surge, además, un segundo problema, y es comenzar a vivir en el futuro. El pasado comienza a proyectarse hacia el futuro: si tuvieron una experiencia ayer, y desean repetirla mañana; o tuvieron una experiencia desagradable ayer y no desean que se repita mañana. El mañana se fabrica modificando el ayer; es una versión perfeccionada de todos los ayeres.

¿Cómo desean que sea su vida en el futuro? ¿Qué piensan hacer mañana, o el año siguiente, o durante su próxima existencia? Reflexionen sobre eso. ¿Qué piensan hacer? Al reflexionar, verán cómo todo el pasado pide a gritos ser repetido, obviamente de una mejor manera. Será importante que no se repitan ciertos momentos de depresión, que se iluminen ciertos rincones oscuros, que no se repitan ciertos estados desagradables, que no se cometan ciertos errores, y que se intensifiquen y se prolonguen determinadas alegrías.

Han elegido el futuro con base en el pasado, de tal manera que están atrapados entre los dos. Están atrapados en el pasado, pensando en aquello que ya fue o, bien están pensando en aquello que no ha sido; y entre tanto, se pierden el presente. El presente es parte de la eternidad, no es parte de tiempo alguno.

Permanezcan aquí en el presente y la gracia llegará por sí misma.

Estando en el aquí y el ahora, donde quiera que ellos sean, sentirán que su ser melodioso rebosa de gracia, armonía, equilibrio y tranquilidad. Será una tranquilidad no impuesta desde afuera, una tranquilidad que no es parte de disciplina alguna, una tranquilidad que no es quiescencia, una tranquilidad que no es quietud obligada. Si hay control, es porque todavía no ha llegado la tranquilidad: si se ven precisados a hacer un esfuerzo para mantener esa serenidad, es porque ya pasó. O si la retienen con base en un enorme deseo, ya está en el futuro. Es solamente cuando no hacen esfuerzos por mantenerla ni desean reforzarla que está allí. Existe sin su apoyo, sin su control, sin su esfuerzo por controlarla. Los rodea en forma de espontaneidad, silencio, bendición. Esa es la gracia.

La gracia no tiene nada que ver con ningún tiempo en particular.

Han preguntado cómo vivir en gracia en el tiempo. Abandonen la conciencia del tiempo. Vivan en el tiempo cronológico, pero desháganse del tiempo psicológico. No anhelen el futuro. Todo lo que necesitan lo tienen a su disposición; no necesitan nada más para ser felices, no necesitan nada más para estar en el cielo. Tienen el cielo ante ustedes, el cielo está donde están ustedes. Por consiguiente, no piensen que hace falta que suceda alguna otra cosa para que puedan ser felices. Esa es una forma de postergar. Nada ha de suceder puesto que ya todo ha sucedido. Las cosas son como son.

Comiencen a gozar de lo que tienen a su disposición. Abandonen el tiempo psicológico, y permitan así que la gracia se apodere de ustedes.

Preguntan: "¿Cómo vivir en gracia a lo largo del tiempo, en estos tiempos?"

"Estos tiempos" no existen. El tiempo destructor de la gracia es siempre el mismo, y es igual para todos. No tiene Oriente ni Occidente, no tiene pasado ni futuro. El tiempo que los perturba es la misma enfermedad: la enfermedad de no estar aquí y ahora. ¿Qué deben hacer?

En realidad, la pregunta está mal formulada. Lo que hagan saldrá de la mente psicológica porque el propósito será crear la gracia. Habrá un motivo. Por consiguiente, traten de comprender que no hay nada que puedan hacer al respecto. Limítense a comprender. No es necesario actuar de manera afirmativa para conseguir la gracia. Solamente necesitan una cosa para comprender por qué no llega la gracia, y es precisamente esa: comprender por qué no llega, no cómo alcanzarla.

La diferencia es enorme. Para que la pregunta sea correcta debe ser: "¿Por qué me siento infeliz? ¿Por qué no comprendo?" La pregunta errada es: "¿Cómo podré lograrlo? ¿Cómo alcanzar la dicha?" Las dos preguntas parecen idénticas. Desde el punto de vista lingüístico, el "por qué" y el "cómo" parecen dos aspectos de la misma moneda, pero no lo son.

Cuando se pregunta "cómo", se hace referencia al futuro. Así, en lugar de mirar la situación existente, se crea un deseo, un ideal, una meta, y eso es precisamente de lo que se trata el tiempo psicológico. Es la forma de caer nuevamente en la misma trampa de buscar cómo crear la gracia. Entonces no importa lo que se haya creado, no será gracia. Como mucho, será una especie de máscara, una cara de la moneda; no podrá ser verdadera ni auténtica porque ningún producto de la mente es auténtico. Lo auténtico sólo puede ser *permitido* por la mente, no puede ser *creado* por ella; lo auténtico llega por su cuenta y sólo basta abrir el camino y no obstruirlo.

Pregunten entonces por qué no están en gracia y examinen las causas. Descubrirán que la causa de fondo es el tiempo psicológico. La causa fundamental es estar atrapados en lo no existencial, donde el pasado y el futuro los jalan hacia dos dimensiones distintas. La gracia desaparece porque ustedes se desgarran. ¿Cómo podría conservarla?

Cuando vean de frente esa realidad, sentirán ganas de reír. No se desgarren. Realmente no hay nadie halando de ustedes; son ustedes mismos los que lo hacen y lo permiten. Cuando reconozcan que son ustedes quienes están permitiéndole a la mente psicológica funcionar, y no solamente eso, sino que además la apoyan y le brindan la energía necesaria, cuando reconozcan que ello está destruyendo su estado de bendición y de dicha, dejarán de obrar y de sustentar la situación. Eso es todo. Sin su apoyo, la mente psicológica se despedaza y desaparece, da paso a la gracia.

La gracia es la ausencia de tiempo; la gracia es la presencia de la eternidad.

¿Podría decirse que a la psicoterapia occidental le falta algo esencial?

No solamente le falta algo esencial a la psicoterapia occidental ¡le falta precisamente *lo esencial*! Las psicoterapias occidentales continúan siendo objetivas, viendo a la persona desde afuera. Todavía no han llegado al punto en el cual la meditación se vuelve el aspecto más importante de la psicoterapia. Todavía miran desde afuera para examinar el comportamiento.

El comportamiento es la expresión más externa de la psicología, pero no es su fuente; es el resultado, el subproducto. Las psicoterapias occidentales todavía están podando las hojas del árbol, pero no se destruye el árbol con sólo podar las hojas. No han llegado a las raíces ocultas bajo tierra porque solamente han mirado lo que sucede por encima del suelo. Cuando miramos el árbol tendemos a olvidar las raíces puesto que no saltan a la vista. Las raíces no son tan tontas como para mostrarse y quedar en evidencia: se ocultan; son la fuente secreta del árbol. La fuente secreta debe permanecer en el lugar más oculto para que nadie la encuentre fácilmente. Exactamente lo mismo sucede con el hombre.

La psicología occidental todavía continúa pensando en las hojas, en las ramas, en el follaje, y en la expresión externa de la psicología, pero todavía no llega a la fuente de donde emana.

Cuando una psicología comienza a penetrar en la subjetividad de la humanidad se convierte en una técnica de meditación; entonces deja de interesarse por el comportamiento, por los actos y por los síntomas para centrarse en la fuente de todo. Al modificar la fuente, todo cambia. Si no cambia la fuente, uno puede continuar modificándolo todo sin lograr ningún cambio fundamental.

Cuando no hay un cambio a nivel de la fuente, la terapia no es más que una colcha de retazos. Cuando una persona enferma de la cabeza, lo que demuestra es que algo en la raíz está podrido, que en alguna parte de la fuente hay un veneno. El terapeuta trabaja en la superficie, pone un parche: analiza sus sueños y su comportamiento, tratando de comprender el problema objetivamente, desde afuera. Observa y pone parches. Claro está que puede frenar la enfermedad en algún punto, pero tarde o temprano, ella se manifestará en otro punto, porque aún no se ha erradicado el veneno de la fuente. El terapeuta habrá tratado únicamente los síntomas, pero no la enfermedad misma.

Lo mismo sucede en medicina. Cuando sufrimos de dolor de cabeza nos formulan una aspirina. La aspirina no cura, pero nos hace olvidar el síntoma. La aspirina no destruye el dolor de cabeza, sino que sencillamente no nos permite percibirlo. Nos confunde. El dolor de cabeza permanece pero no tenemos conciencia de él. El medicamento crea una especie de olvido.

¿Pero cuál fue la causa del dolor de cabeza? A la medicina corriente no le interesa la causa. El médico no se molesta en averiguar la razón del dolor de cabeza. Para él, el problema es sencillo: "Aquí hay un síntoma; tome este medicamento y el síntoma desaparecerá". El dolor de cabeza desaparece pero al día siguiente podemos sentir malestar estomacal. Habrá aparecido otro síntoma.

El ser humano es uno, es la totalidad, una unidad orgánica. Desplazar un problema hacia un lado solamente hará que aparezca en otro. Es probable que demore en llegar hasta ese otro punto, pero tarde o temprano lo hará. Si después se lo desaloja de ese segundo punto, se irá para otro lado, y, puesto que el hombre tiene muchos rincones, el problema continuará pasando de uno a otro.

Todo esto lo único que logra es agravar la enfermedad en lugar de crear salud. Algunas veces sucede que una enfermedad minúscula se convierte en una enfermedad grande. Por ejemplo, si se bloquea el dolor de cabeza, si se bloquea el dolor de estómago, si se bloquea el dolor de espalda, si jamás se le permite al dolor manifestarse y la represión, (porque es una represión) se prolonga durante años, hasta que algún día la enfermedad reunirá todos sus pedazos para manifestarse de manera más organizada (puede convertirse en cáncer). Una vez reunidas todas las piezas se manifiesta casi como una explosión.

¿Por qué no ha sido posible encontrar todavía una cura para el cáncer? Quizás el cáncer sea una expresión de todas las enfermedades reprimidas del hombre. Hasta ahora hemos aprendido a reprimir enfermedades aisladas, pero el cáncer es un ataque colectivo y total, es la reunión de todas las enfermedades: juntas han formado un ejército que se lanza al ataque contra el cuerpo. Esa es la razón por la cual los medicamentos fallan, y, al parecer, hasta ahora es poco probable que se logre encontrar la cura.

El cáncer es una enfermedad nueva. En las sociedades primitivas no existía. Es preciso preguntarnos, ¿por qué no existía en las sociedades primitivas?, pues porque el hombre primitivo no tenía necesidad de reprimirse. La enfermedad es la rebelión del sistema; cuando no hay represión no hay necesidad de rebelión, y las cosas menores suceden y luego simplemente pasan.

La actitud religiosa consiste en buscar, en ir tras la fuente, no tras el síntoma. Es lo que yo llamo la psicología de los budas. El dolor de cabeza no es la enfermedad sino una señal del cuerpo de que hay algo malo en la fuente. Es preciso buscar el mal en la fuente. La cabeza solamente da la señal de peligro, la alarma que pide oír al cuerpo porque algo anda mal. Es el aviso de que la persona está haciendo algo que no está bien y que está destruyendo la armonía del cuerpo. Si la persona no cambia, el dolor de cabeza no cesará de recordarle que debe hacer algo.

El dolor de cabeza no es la enfermedad, ni tampoco el enemigo: en realidad, es un amigo al servicio de la persona, pues es esencial para la existencia que el cuerpo envíe señales de alarma cuando algo anda mal. El problema es que en lugar de cambiar lo que está mal, sólo se le da al cuerpo una aspirina para callar la alarma. Aunque es un absurdo, es lo que está sucediendo en la medicina y en la psicoterapia, que solamente ofrecen tratamientos para los síntomas.

Es por eso que falta lo esencial. Lo esencial es mirar en la fuente. La próxima vez que tengan dolor de cabeza ensayen una técnica de meditación, a manera de experimento: luego podrán hacerse cargo de los síntomas y las enfermedades más grandes. Siéntense en silencio a observar el dolor de cabeza con total imparcialidad, no como si se tratara de un enemigo, pues si lo observan como si fuera el enemigo, no podrán ver correctamente, su actitud será de evasión, (dado que nadie mira al enemigo de frente, pues la reacción natural es evadirlo). Vean el dolor de cabeza como un amigo, puesto que eso es lo que es. Ese dolor está a su servicio, diciendo que algo anda mal. Entonces siéntense a observarlo en silencio, no con la idea de eliminarlo o de que desaparezca. Limítense a observarlo tal y como es, sin conflicto, sin lucha, sin antagonismo.

Observen a fin de que el dolor de cabeza pueda transmitir el mensaje interior, si es que lo hay. Su mensaje está cifrado, y, si se sientan en silencio, se sorprenderán con lo que sucederá. En el silencio suceden tres cosas: en primer lugar, mientras más observen, más intenso se tornará el dolor, ante lo cual ustedes se preguntarán cómo los puede ayudar un dolor de cabeza cada vez más severo. Su intensidad aumenta precisamente porque lo habían estado evadiendo. Aunque estaba ahí, ustedes habían optado por evitarlo y reprimirlo; aunque no hubieran tomado medicamentos, lo habían reprimido. Al observarlo en silencio, la represión desaparece y el dolor adquiere su severidad natural. Es como oírlo con los oídos destapados, sin lana alrededor de las orejas; por consiguiente, se tornará muy severo.

Entonces, si aumenta de intensidad, sabrán que están observando correctamente. Si no se intensifica es porque todavía no están observando correctamente y continúan evadiéndolo. Si se intensifica, es la primera señal de que lo tienen verdaderamente en la mira.

En segundo lugar, el dolor se concentrará en un punto, no se extenderá a un espacio mayor. Al principio quizá la sensación era de un dolor que abarcaba toda la cabeza, ahora verán que está solamente en un punto. Ese será también un indicio de que lo están observando más profundamente, pues la sensación de que el dolor es generalizado es apenas un truco para evadirlo. Cuando el dolor se concentra en un solo punto es más severo, de modo que recurren a la ilusión de que es toda la cabeza la que duele, y, de esa forma, no es tan intenso en un solo punto. Ahora bien, si continúan observando verán que el dolor se hace cada vez más pequeño, hasta que llega el momento en que se siente como la punta de un alfiler: muy agudo y muy doloroso. Jamás habrán sentido esa clase de dolor en la cabeza. Sin embargo, se limita a un punto minúsculo.

Y en tercer lugar viene lo más importante. Si continúan observando ese dolor concentrado y muy intenso, muchas veces verán que desaparece. Cuando la atención es perfecta, el dolor desaparece. Y cuando esto sucede, es posible entrever de dónde venía, cuál era su causa. Cuando el efecto desaparece es posible ver la causa. Sucederá varias veces. El dolor reaparecerá una y otra vez cuando la mirada no sea lo suficientemente alerta, concentrada y atenta. Cuando la mirada esté *realmente* presente, el dolor desaparecerá, revelando la causa. Les sorprenderá ver que la mente está dispuesta a revelar la causa.

Puede haber una y mil causas. Aunque sean muchas razones diferentes, la señal de alarma será la misma porque el sistema de alarma es sencillo. No tenemos muchos sistemas de alarma en el cuerpo, de modo que la señal recibida es la misma, independientemente de la causa. Es posible que hayan reprimido su enojo recientemente: de repente verán ese enojo claramente, como una revelación, verán toda la ira que llevaban adentro, como si fuera pus. Llega el punto en que es demasiado y la ira busca un desfogue, necesita una catarsis. ¡Hagan esa catarsis! Verán que el dolor de cabeza desaparece inmediatamente, sin necesidad de aspirinas ni tratamientos.

Una vez desaparecida la ira, surgirá una sensación de bienestar completamente diferente a la que sentirían bajo el efecto de la aspirina. La aspirina reprime, pues la ira continúa albergada en el interior, la violencia permanece agazapada. Lo único que hace la aspirina es mantener apagada la alarma. Todo lo demás permanece igual, excepto porque la alarma no suena.

Cuando esa situación se perpetúa, se va acumulando la presión, produciendo úlceras, o tuberculosis, o cáncer. Cuando la presión acumulada es muy grande, termina por provocar cambios cualitativos. El cuerpo puede tolerarlo todo hasta cierto límite, pero más allá de él se manifiesta la enfermedad. Lo mismo sucede con la mente. Y no piensen, ni por un instante, que la mente y el cuerpo son dos cosas distintas; el hombre es mente y cuerpo, es psicosomático.

Ahora bien, en Occidente hay dos tipos de psicologías: las que no se ocupan en mayor medida del cuerpo, y las que no se interesan en gran medida por la mente. Son psicologías basadas en la mente, o bien, psicologías basadas en el cuerpo, y perpetúan así la dicotomía cartesiana. La psicología verdadera es la que no se inclina hacia la mente ni hacia el cuerpo, sino que entiende la totalidad del ser humano como una unidad.

El ser humano es psicosomático, una unidad de mente y cuerpo. El cuerpo no es otra cosa que la manifestación exterior de la mente, y la mente no es otra cosa que el cuerpo no expresado en la fuente profunda del ser. Los dos son polos de una misma energía que vibra, que pulsa y los afecta a ambos. Por consiguiente, la psicología no puede ser la de Pavlov ni la de Skinner, no puede ser conductista, ni solamente la de Freud o la de Jung, puesto que ninguna de ellas está completa. La verdad a medias puede ser mucho peor que la ausencia total de verdad. Por lo menos la falta de verdad es total. La verdad a medias es más peligrosa, y en ella están atrapadas las psicoterapias occidentales: la mitad está atrapada en el cuerpo y la otra mitad atrapada en la mente.

Descartes reina todavía; sigue siendo el padre de la filosofía occidental. Es preciso destronarlo, y cuanto antes, mejor. Toda dicotomía, toda división, toda separación es peligrosa para el ser humano porque somos una unidad orgánica. El ser humano existe como una danza en donde todo está interconectado y no hay elementos dispersos. El ser humano no debe tratarse localmente. Cuando la cabeza está enferma, no sólo ella lo está, todo el sistema está enfermo, y la cabeza sencillamente presenta el síntoma. Cuando el estómago enferma, no es él únicamente, todo el sistema está enfermo. Por consiguiente, es necesario tratar todo el sistema y cuidar del paciente como una unidad integral. Los tratamientos, los medicamentos y las psicoterapias locales serán inútiles. La simple idea es peligrosa.

Pero es así como la mente científica de Occidente ha venido operando desde hace trescientos años. Cuando algo está mal, la tendencia es extirpar la parte enferma. Nadie se detiene a pensar que el problema no está en la parte sino en el todo. Si los dientes están enfermos, la reacción inmediata es extraerlos; si las amígdalas molestan, la cirugía es la solución. Pero las amígdalas no existen en el vacío. Si están enfermas es porque algo más debe andar mal en otra parte. Extirpando las amígdalas lo único que se logra es silenciar la alarma, y entonces la enfermedad tendrá que buscar una alarma en alguna otra parte.

Tratar al ser humano por partes es una enorme falta de respeto. El hombre debe tratarse y respetarse como un todo, y esto vale tanto para lo que concierne a la medicina como para la psicoterapia.

Pero lo realmente esencial que hace falta es la meditación. La psicología todavía no ha descubierto el interior del ser humano. Aún no ha penetrado en la fuente más interna, la vacuidad interior del ser humano. Y es que es imposible penetrar en ella con los métodos científicos. Ese es el problema.

Si hemos decidido de antemano que solamente son ciertos los métodos científicos, nos será imposible penetrar la vacuidad interior, puesto que nuestra metodología misma lo impide. Hemos caído en un prejuicio, nos hemos cerrado cuando decimos: "Solamente llegaremos hasta donde la metodología científica lo permita". La metodología científica puede llegar solamente hasta el objeto. El sujeto permanece distante. Por su propia naturaleza, el método científico no permite penetrar en nuestro núcleo más profundo, apenas puede tocar la superficie.

Por consiguiente, piensan que es imposible cambiar esa metodología y que no hay otra diferente a la metodología científica, entonces la psicoterapia occidental está condenada de antemano.

Para el objeto y para el sujeto se necesitan métodos diferentes. Para el objeto se necesita el pensamiento, mientras que para el sujeto se necesita todo lo contrario, es decir, la ausencia de pensamiento. Es como si tratáramos de oler con los ojos: aunque los ojos estén perfectos, es imposible hacerlo. Si deseamos percibir el aroma de una rosa, debemos acercar la flor a la nariz, no a los ojos ni a los oídos. Si deseamos escuchar música, debemos hacerlo con los oídos, ni con la nariz. Si alguien insiste en oír la música a través de la nariz no lo logrará jamás, y entonces su reacción natural será decir: "No existe la música, puesto que no la oigo". El sesgo del método mismo le impide oír.

El pensamiento se centra en el objeto; la ausencia de pensamiento se centra en el sujeto. Cuando deseamos volcarnos hacia el exterior y pensar en los demás, debemos pensar. Cuando deseamos volcarnos hacia el interior, debemos abandonar el pensamiento; puesto que no hay un otro, no es necesario pensar. Cuando nos volcamos hacia el interior estamos solos y solamente necesitamos del silencio, de la ausencia de pensamiento. Podemos estar allí sin la mente, y abandonar también el conocimiento porque son una carga innecesaria que nos impedirá adentrarnos dentro de nuestro ser. Es necesario soltar toda la carga del conocimiento.

Recuerden que no estoy diciendo que el enfoque objetivo sea errado. Lo que estoy diciendo es que el enfoque objetivo no es muy esencial. No digo que esté equivocado, o que no sea perfectamente útil hasta donde puede llegar. Pero no llega lo suficientemente lejos y no puede llegar hasta el núcleo más profundo.

Es eso lo que hace falta: lo realmente esencial.

Las psicoterapias occidentales se han topado con la meditación. Hasta ahora no ha sucedido nada como la meditación *vispassana*. A menos que llegue a ella, pasará por alto al alma y continuaría siendo apenas un cuerpo sin vida, un cadáver. No podrá respirar, no podrá vivir.

*¿Es posible creer que hemos alcanzado el estado de
Buda? ¿Es posible que sea el ego el que nos lleve a
creerlo? Si es así, ¿cómo evitar esa trampa?*

Es muy posible. El ego podrá engañarlos muchas veces: "Ya has
llegado, lo has alcanzado". Esa voz les impedirá alcanzar la realización ya que una vez alcanzada la meta, no hay necesidad de continuar esforzándose. ¿Cuál es el objeto de continuar intentando
cuando ya se ha alcanzado la meta? Esa es la última trampa en la
cual nos arroja el ego.

Primero dice: "Es una tontería tratar de alcanzar el estado de
Buda. No es el orden natural de las cosas. No son más que sinsen-
tido y ficción. No te dejes engañar por sus palabras". Lo primero
que el ego dice es: "Es imposible. Es algo que nunca ha sucedido
ni sucederá jamás". Pero si la persona no escucha y continúa insistiendo en su empeño, el ego tendrá que recurrir a muchas otras
estratagemas de distracción.

La última de ellas, a la cual recurrirá un día cuando vea que la
persona no escucha, será decir: "¡Mira! Has llegado, lo has logrado.
Esto es *satori*, esto es *samadhi*. Te has convertido en Buda". Esto es
algo por lo que todo buscador debe pasar.

El verdadero enemigo no está afuera; la verdadera distracción
no viene de afuera sino del interior. Buda lo dijo: "El enemigo está
adentro y el amigo también; los dos están en el interior". Si escuchan al enemigo, al ego, él continuará engañándolos y creando
ilusiones.

Ciertamente no hay nada más allá del estado de Buda. Si el
ego está en capacidad de sentir que lo ha logrado, la persona
estará en la cima del mundo. Ni siquiera un Alejandro Magno se
le compara: el hombre más rico es un pobre diablo al lado suyo;
el hombre más poderoso está inerme al lado suyo. La persona se
sentirá omnipotente, omnisciente, omnipresente, como un dios. El

ego puede hacer eso, y de hecho lo hará, a menos que la persona esté muy alerta.

Cuando el ego comienza a utilizar esas estratagemas, la persona tiende a creerle porque es maravilloso aceptar esas ideas. A pesar de saber perfectamente que nada ha sucedido (porque, ¿cómo engañarse a sí misma?) la persona tiende de todas maneras a caer víctima del engaño.

Dos ancianos se encuentran en una esquina.

El primero pregunta: "¿Dónde has estado durante estas ocho semanas?"

El segundo responde: "En la cárcel".

El primero dice: "¿Tú en la cárcel? ¿Cómo pudo ser?"

El segundo responde: "Bueno, hace como ocho semanas estaba parado en una esquina cuando llegó una joven muy bonita acompañada de un policía y, señalándome, dijo: 'Él es el hombre, oficial. Fue él quien me atacó'. Debo reconocer que me sentí tan halagado que acepté la culpa".

Es posible. Un hombre de ochenta años puede sentirse halagado si una joven lo acusa de haberla atacado. La sensación bien vale una temporada corta en la cárcel, el hombre no podía decir que no.

Cuando el ego nos lanza la idea de que hemos alcanzado la realización, la simple idea puede ser en exceso encantadora, hipnotizante y atractiva. Aunque sabemos perfectamente allá en el fondo (¿cómo no saberlo?) que no ha sucedido, puesto que somos la misma persona, con la misma ira, los mismos celos, la misma ansia de poseer, la misma necedad, de todas maneras deseamos creer.

Me preguntan cómo evitar que eso suceda.

La única forma de saber, la única forma de juzgar si realmente ha sucedido o si es otra trampa del ego, es que cuando realmente sucede no hay sensación alguna de realización. Cuando sucede, uno no se siente que haya sucedido. Cuando sucede no hay la sensación de haber llegado, de haber alcanzado la meta. No hay rastro alguno de realización porque, ¿quién puede lograrlo? En el proceso mismo de alcanzar la realización, uno desaparece, de manera que, ¿quién queda para reclamar el triunfo? ¿Quién está allí para decir: "He llegado, lo he logrado"? ¡El yo ha desaparecido!

Ese es el único criterio. Cuando llega la realización no hay sensación alguna de realización. No hay nadie allí para alcanzar o reclamar el logro. Hay un silencio inmenso. Todas esas tonterías de lograr algo (lograr esto, aquello y lo de más allá), han desaparecido. Toda la multitud se ha desvanecido. Uno queda en silencio absoluto. Ni siquiera por un segundo surge la idea de que ya lo ha logrado.

Uno sabe que ha sucedido, pero no hay sensación de logro. Déjenme repetirlo: uno sabe que ha sucedido. Pero recuerden que es algo que sucede porque el yo ya no está por ninguna parte. Uno ya no está. ¡Ha sucedido! Uno está vacío, uno está ausente. Uno puede buscar por todas partes pero no se encontrará. No está en ninguna parte. El viejo personaje ha desaparecido sin dejar rastro. ¡Uno lo sabe! Ha sucedido, pero no hay sensación de realización.

La sensación de realización es propia del ego; el logro es el deseo del ego. Recuerden la diferencia entre un suceso y un logro. El ego busca el logro, así que, si hay en ustedes el más mínimo rastro de logro, una sensación de realización que los hace sentir fuertes, dignos y superiores, entonces pueden estar seguros de haber fallado nuevamente.

Cuando realmente sucede, no hay quien reclame el triunfo. No es que uno se convierta en Buda, es que uno comprende súbitamente que uno no es. Solamente Buda es. El suceso trae consigo enorme humildad. No hay afirmación.

¿Qué piensa de la ética: mentir, engañar, robar, difamar, mendigar, aprovecharse de quienes sí se esfuerzan? La mayoría de las religiones tienen un código de ética para

beneficio de todos. ¿Tiene la virtud alguna relación con la
iluminación? Personalmente creo que "Si no trabajo, no
como", es un buen lema. Por favor, ayúdeme a comprender.

Lo primero es que la virtud no tiene nada que ver con la iluminación, aunque ésta tiene mucho que ver con la virtud.

No se llega a la iluminación a través de la virtud; se llega a la
virtud a través de la iluminación. Anteponer la virtud a la iluminación es como poner el carro delante de los bueyes. La parte interior
debe suceder primero para que la exterior suceda espontáneamente.
La conciencia atenta debe darse primero para que la conciencia
moral fluya naturalmente.

Si lo hacen al revés, se equivocarán. Podrán llegar a ser virtuosos pero no correctos. Llegarán a ser muy probos, moralistas, puritanos, esto y aquello, pero todas esas cualidades no serán otra cosa
que condecoraciones para el ego, nuevos triunfos y diplomas para
el ego. Es posible alcanzar la santidad a través de la virtud, pero es
imposible llegar a ser Buda. Podrán llegar a ser santos, pero no Cristo.
La diferencia es tremenda. Traten de comprender.

El carácter se impone desde afuera; es un condicionamiento,
una especie de esclavitud forzada en la cual no hay libertad realmente. Es cuestión de hacer ciertas cosas porque la retribución será
buena, el beneficio será grande. Pero si no hacen esas cosas sufrirán,
perderán respetabilidad, se convertirán en delincuentes.

Una persona astuta y sagaz no desea perder el respeto de la
sociedad, por eso todas las personas astutas y sagaces prefieren
la virtud. Pero está claro que siempre habrá una duplicidad en su
mente; no serán de una sola pieza, pues en la superficie demostra-
rán ser virtuosas, pero tras la puerta continuarán haciendo todo
lo que siempre quisieron hacer. Tendrán cuando menos dos caras:
la cara de mostrar a los demás y la cara privada con la cual viven.
Serán hipócritas.

El carácter impuesto genera hipocresía, abre una grieta en las personas, y produce una especie de esquizofrenia. Dicen una cosa, hacen otra, y pretenden otra. Pierden la gracia porque no son una sola unidad. No hay armonía ni concordancia sino una permanente discordia.

Sus religiones, que han insistido excesivamente en el código moral, no han podido mejorar este mundo. Solamente han podido crear un mundo hipócrita supremamente desagradable. No es necesario que yo se los diga, porque salta a la vista. Ese mundo desagradable, falso y pretencioso está por todas partes.

Y el hombre que finge, porque no puede hacer otra cosa a menos que haya alcanzado la conciencia interior, lo único que hace es tratar de seguir los mandamientos de Moisés, los mandamientos de Jesús o los mandamientos de Buda. Pero no lo hace por experiencia propia, pues no ha experimentado el camino en su interior. Ha tomado su moral prestada. Es un imitador, no es auténtico.

Aquello que no haya brotado de su propia conciencia no podrá liberarlos jamás. Permanecerán presos y tan enredados en toda esa división que les será difícil alcanzar la felicidad.

Vean lo que sucede. La moral dice, por ejemplo: "Si están casados, respeten a su mujer, sean fieles, amorosos y responsables". Eso es perfecto. Si aman a la mujer, no hay necesidad de advertir que deben ser fieles, pues la fidelidad surgirá por sí sola. El problema se presenta si no hay amor. El amor puede desaparecer porque en esta vida nada es permanente. No estoy diciendo que no haya habido amor en primera instancia, pero bien puede suceder que desaparezca. Llega un día y se va al siguiente. Entonces, ¿qué hacer?

Si se aferran a su virtud, a todos los códigos y a las reglas que se les han impuesto, dejarán de ser fieles a sí mismos y a la mujer. Continuarán aparentando que la aman y teniendo gestos de amor, pero, en el fondo estarán llenos de rabia. En el fondo querrán matar a esa mujer; sentirán que, al menos si muriera, todo sería mejor. Anhelan que suceda algún desastre.

Pero, como son personas rectas y creen en una cierta forma de vida, sienten que es su obligación amar a la mujer. ¿Cómo puede alguien amar cuando el amor ha desaparecido? Podrán fingir, pero, si lo hacen, matarán su propia energía para amar y las posibilidades de la otra persona. Ella jamás se sentirá satisfecha con el fingimiento, y tampoco ustedes mismos lo estarán. Entonces algún día se enamorarán de otra mujer.

Entonces la desgracia será todavía mayor porque tendrán que ocultar su secreto. Tendrán una doble vida y tendrán que ocultarle a su mujer la verdad sobre la otra y ocultarle a la otra la verdad sobre su esposa. Tendrán que comenzar a vivir en dos mundos y a ser cada vez más y más falsos. Y una insinceridad lleva a muchas otras, hasta que la vida se convierte en un verdadero desastre. Y tarde o temprano caerán. Es imposible no caer porque la mentira siempre se descubre.

En el fondo se sienten completamente desgraciados porque están haciendo algo malo. Si no hacen eso que está mal, de todas maneras se sentirán desgraciados porque ya no aman a su esposa. Pero si hacen lo que sienten que deben hacer también se sienten desgraciados. Están atrapados, no tienen salida. Esa clase de virtud es una trampa, los mantiene sumidos en la desdicha.

Mi forma de ver las cosas es completamente radical. No doy mandamientos. Confío en ustedes más que en cualquier conjunto de mandamientos que les pueda dar. Deseo darles atención, no mandamientos; no conciencia moral sino conciencia de sí mismos. Deseo que estén cada vez más atentos a sus vidas y que sean cada vez más auténticos acerca de esa atención para que permanezcan como una unidad, independientemente de lo que suceda. Y todo lo que hagan, háganlo con responsabilidad. Pero recuerden que cuando hablo de "responsabilidad" no me refiero a que deban asumir responsabilidad por los demás. Cuando digo que actúen con responsabilidad me refiero a que sean responsables ante su propia conciencia. Eso es todo.

Aquí nadie es responsable por los demás. ¿Cómo puedo yo ser responsable por ustedes? ¿Cómo pueden ser ustedes responsables por mí? Soy responsable por lo que hago, y hago lo que hago porque así lo deseo, y lo hago con todo mi corazón y todo mi ser. Así, no importa lo que sea, lo acepto y me muevo con la corriente de ese suceso sin jugar juegos falsos. En eso consiste la honestidad.

No estoy de acuerdo con quienes dicen que la honestidad es la mejor política. ¿Cómo puede la honestidad ser una política? La política está en la naturaleza misma de la deshonestidad. ¡La honestidad no es una política! La honestidad es una forma de vida rebelde. En ella no cabe la política.

Para mí, la persona honesta y verdaderamente virtuosa es la persona correcta. Procede conforme a su conciencia interna, y está dispuesta a aceptar las consecuencias de lo que su conciencia la lleve a hacer. No se oculta, no finge. Vive una vida de unicidad. No es muchas personas en una, sino una sola; no es una multitud. Realmente es una unidad interior y no un ser con muchas psiques. De lo contrario, la persona virtuosa es la más peligrosa y la más falsa del mundo. Hasta los delincuentes son a veces más inocentes que las personas a quienes ustedes llaman virtuosas.

Eso fue lo que quiso decir Jesús cuando afirmó que la virtud de los virtuosos no es suficiente. Esa afirmación es de una contundencia enorme. La virtud de los virtuosos no es suficiente, pues algo falta en ella. Le falta el alma.

Un monje le dijo al maestro Seppo: "Me he afeitado la cabeza, me he vestido con ropas negras, he hecho mis votos. ¿Por qué no podría considerarme un buda?"

Seppo respondió: "Nada hay mejor que la ausencia de bondad". ¿Qué quiso decir con eso? Él no está en contra de la bondad sino de la idea de que "He hecho esto, he hecho aquello, y al parecer no me falta nada. ¿Por qué no soy un buda? ¿Por qué no podría considerárseme un buda?"

Cuando llegó a China el primer maestro Zen, el emperador quiso verlo. El emperador había hecho muchas buenas obras. Había construido muchos templos budistas y erigido muchas estatuas de Buda por todo el país. Estaba convirtiendo todo el país al budismo. Alimentaba a millones de monjes y sostenía miles de monasterios. Había miles de sabios traduciendo obras de las escrituras budistas al chino. Había puesto todos sus tesoros al servicio del budismo. Como era obvio, se sentía muy bien consigo mismo; estaba volando en su propio ego.

Cuando se presentó Bodhidharma, lo recibió diciendo, "Señor, he hecho esto y aquello, y estoy haciendo esto y lo de más allá. ¿Cuál es mi mérito?"

Bodhidharma clavó en él una mirada furibunda y le dijo: "No, señor, no hay mérito alguno. Irás al séptimo infierno".

El emperador no podía creer lo que oía. China se había convertido al budismo y casi la totalidad de la población era budista. Habían venido anteriormente muchos monjes y personas budistas y todos lo habían elogiado, todos decían: "El emperador Wu es el hombre más grande del mundo". Era respetado casi al mismo nivel que Buda. Había hecho grandes obras y la gente no cesaba de alabarlo. Se habían escrito libros, poemas y canciones en su honor. Los monjes, los sabios y los maestros budistas, todos se inclinaban ante este emperador.

Bodhidharma era el primer maestro Zen que llegaba a China, y he aquí que le dijo al emperador: "No, señor. No solamente no hay mérito sino que irás al séptimo infierno. ¡Abandona esta idea de que has hecho algo, o de lo contrario corres peligro!"

¿Por qué? Porque sentir que estamos haciendo algo bueno significa sencillamente que las obras vienen del ego, y el ego es la puerta al infierno. La persona virtuosa es egoísta, una de las personas más egoístas. Tiene muchas razones para ser egoísta, puede mostrar todas las buenas obras que *ha* hecho.

Entonces el emperador Wu preguntó: "¿Qué es entonces la virtud? ¿Qué es el mérito?"

Nuevamente, como el golpe del rayo, Bodhidharma replicó: "El vacío... sencillamente el vacío".

En su esfuerzo por comprender, Wu continuó preguntando: "¿Dices entonces que el vacío es santo?" Desde el fondo de su ego insistía con su idea.

En respuesta, Bodhidharma gritó: "¡Déjate de esa insensatez! ¡No hay nada de santo en él! El vacío es solamente vacío. ¿Cuál santidad? No hay nada de santidad en él. El vacío sencillamente es vacío".

Ahora bien, eso de gritarle al emperador era ir demasiado lejos. El emperador dijo entonces: "Este hombre no es para mí". Bodhidharma regresó a las montañas, pero el emperador no pudo olvidar sus palabras. ¿Cómo olvidar a un hombre así? Bodhidharma se convirtió para él en una especie de pesadilla que no lo abandonaba de día ni de noche.

"¿Por qué destrozó mis creencias?" El emperador vivía en un palacio encantador y consideraba que las puertas del séptimo cielo estaban abiertas para él y que Buda personalmente lo recibiría a su llegada. Pero este hombre había destrozado todos sus sueños. Además, ese maestro parecía muy auténtico. El emperador conocía toda clase de aduladores; su corte estaba llena de ellos. También conocía a todos los supuestos mahatmas que habían pasado por su corte antes. Y ahora veía la diferencia. En ese hombre ardía el fuego de la autenticidad. Era un hombre de una cualidad completamente diferente, que pertenecía a otra dimensión.

Una y otra vez meditó acerca de esas palabras y mientras más reflexionaba más sentía que ese Bodhidharma tenía la razón; sin embargo, no podía reunir el valor necesario para invitarlo nuevamente a su palacio. Pasaron siete años, y llegó el día en que cayó en su lecho de muerte. Sintiendo que ya no podía postergar más el encuentro, les dijo a quienes estaban a su alrededor: "Vayan inmediatamente y averigüen dónde está Bodhidharma, porque al parecer es el único hombre de verdad que he conocido. Es un hombre tan virtuoso que dice no creer en la virtud. Es un hombre tan recto que no cree en la rectitud. Tan grande es su iluminación que hasta en la virtud ve unas cadenas. ¡Vayan! Muero, y siento que tenía razón cuando me dijo que terminaría en el séptimo infierno. Yo estaba volando en mi propio ego".

Pero era demasiado tarde. Cuando los emisarios llegaron hasta donde estaba Bodhidharma, el emperador ya había muerto. Sin embargo, antes de morir el emperador pidió que escribieran en su tumba algo dicho por Bodhidharma. "No pude grabarlo en mi corazón, pero al menos quedará grabado en mi tumba", le explicó a su gente. En su tumba aparece grabado hasta la fecha el diálogo siguiente:

Wu: "¿Cuál será mi mérito?"

Bodhidharma: "Ninguno. No hay mérito alguno e irás al séptimo infierno".

Wu: "¿Entonces qué es la virtud?"

Bodhidharma: "Vacío".

Wu: "¿Y qué santidad hay en el vacío?"

Bodhidharma: "No hay santidad alguna. El vacío es solamente vacío".

Pienso que si Wu logró comprenderlo, aunque fuera por un instante antes de morir, fue suficiente. Un momento de verdadero conocimiento es suficiente... es más que suficiente, es más que miles de vidas vividas en la virtud. Eso es lo que quiere decir Jesús cuando dice que la virtud no es suficiente y que se necesita algo más. La conciencia moral es apenas el cascarón exterior. Hace falta la conciencia atenta.

Por consiguiente, no atribuyo mucha importancia a la ética. No estoy en contra de ella. Es sólo que no le atribuyo mucha importancia porque no ha logrado que los hombres sean éticos. Y no le atribuyo mayor importancia a las buenas obras porque, en su esencia, no son buenas sino pretenciosas. Lo primero es la meditación, y todo lo demás se desprende de ella. Primero es necesario escudriñar el fondo más profundo y olvidar todo lo demás: las relaciones, el mundo social y todo eso. Primero es preciso penetrar en el fondo más profundo de uno mismo, arraigarse allí y permitir que la vida fluya a partir de esa fuente. Estoy absolutamente convencido de que así serán morales sin ser moralistas.

Y es que son dos cosas distintas. Una cosa es ser moral y otra es ser moralista. La persona moralista es horrible pues no es moral sino que se ufana de serlo.

Está la historia de un converso que, imbuido de su celo de servir, hizo el siguiente ofrecimiento durante su primera reunión de oración: "Estoy dispuesto a hacer cualquier cosa que el Señor me pida, siempre y cuando sea honorable".

Esa es una persona moralista. Hasta ante Dios cree que debe elegir. "Estoy dispuesto a hacer cualquier cosa que el Señor me pida, siempre y cuando sea honorable". Incluso ante Dios decidirá qué es honorable y qué no lo es. La persona moralista mantiene el ojo avizor a la espera de juzgar; incluso cuando se trata de Dios. La persona moralista está en el juego de condenar a todo el mundo. La persona moralista no es moral porque ame, sino porque teme. Su moralidad es producto del miedo al infierno y al castigo. O quizás sea producto de la codicia, del deseo de recibir el premio del cielo y el paraíso.

Gil Hodges rehusó comer en un avión porque le sirvieron carne y era viernes. Un compañero, también católico, le aconsejó que comiera la carne: "Hay una dispensa automática: estás en un avión y no hay otra cosa para comer", fue su argumento.

A lo cual Hodges replicó: "Eso bien puede ser cierto, pero aquí estamos demasiado cerca del jefe".

Solamente el miedo hace que la gente se atenga a la moral. Pero el miedo es inmoral, de manera que, ¿cómo puede una actitud inmoral basada en el miedo y la codicia ser el pilar de la moralidad? Es como construir una casa sobre la arena.

La persona moral no teme, no codicia. Si me piden mi definición de la moralidad, les diría que es moral la persona que no teme y no codicia. Si reflexionan sobre esta definición, verán que las personas a quienes ustedes denominan virtuosas en realidad no lo son porque *solamente* son temerosas y codiciosas. Si alguien apareciera un buen día para afirmar que no existe el infierno y convenciera de ello a todo el mundo, de cada cien personas moralistas, noventa y nueve se volcarían hacia el pecado. El miedo habría desaparecido. Y si, además, ese alguien dijera que tampoco hay un paraíso y que no habrá premio para nadie, ni para los santos ni para los pecadores, el uno por ciento restante también caería en el pecado.

Hay una historia sobre Jesús que no aparece en la Biblia sino en fuentes sufíes. Cuenta que Jesús llegó a una aldea y se encontró con un grupo de personas sentadas a la entrada de una casa. Todas lloraban y se daban golpes de pecho con una tristeza infinita. Jesús les preguntó: "¿Qué les sucede? ¿Qué mal los aflige? ¿Quién los ha llevado a este estado? ¿Quién les ha provocado semejante tristeza?"

A lo cual respondieron: "Nadie. Es sólo que le tememos al infierno. Somos personas religiosas y sentimos mucho miedo por todos los pecados que hemos cometido. Estamos pidiendo perdón".

Jesús siguió andando y más adelante tropezó con un grupo de personas reunidas en un jardín, todas muy tristes y apagadas, casi muertas en vida, aunque no lloraban. Entonces les preguntó: "¿Qué les sucede? ¿Por qué parecen tan abrumadas?"

Las personas respondieron: "Estamos preocupadas porque no sabemos si lograremos entrar al paraíso. La mera ansiedad nos paraliza.¿Qué pasará si no lo logramos? ¡No podemos arriesgarnos a hacer nada malo! Nos mantenemos alejadas de todo lo que pueda tener relación con el mal, pero aún así continuamos preocupados por la posibilidad de que no logremos entrar al paraíso. La simple codicia nos llena de tristeza, ansiedad e inmovilidad".

Esos son los dos tipos de personas religiosas que habitan el mundo.

Hay otra parábola sobre Rabiya, una mística sufí.

Un día llegó Rabiya corriendo al mercado, gritando como una loca. En una mano llevaba una antorcha encendida y en la otra una olla llena de agua.

Entonces alguien le preguntó: "¿Qué te sucede, Rabiya? ¿Qué haces? ¿A dónde vas? ¿Y para qué la antorcha y la olla llena de agua?"

Ella respondió: "Apagaré el fuego del infierno con esta agua, y quemaré el paraíso con esta antorcha. Sólo entonces podrá ser religioso este mundo, antes no".

La persona moral no siente miedo ni codicia. Pero el miedo y la codicia solamente desaparecen cuando desaparece la mente, pues ellos son las dos ruedas de la mente. El carro de la mente se mueve sobre esas dos ruedas. Los que saben dicen que la moralidad es un subproducto de la mente, mientras que la meditación es lo verdadero.

Cuando alguien hace algo malo necesita encontrar mil y una explicaciones para su conducta; racionaliza su acto para tratar de protegerse del miedo. Realiza un acto menor, pero lo ve como algo extraordinario: le da una limosna a un mendigo y hace ver su acto como si fuera algo muy grande; o bien, trata de restarle importancia a una mala acción, y trata de encontrar razones para justificarse (realmente no deseaba hacerlo pero las circunstancias lo obligaron, la situación era tal que no había otra salida).

Esta racionalización constante embota la mente cada día más. Con el tiempo se pierde todo el sentido de las proporciones y resulta imposible ver las cosas como son. Magnificar algunas cosas para hacerlas aparecer muy grandes, por un lado, y, por el otro, reducir otras para que parezcan menores es algo que finalmente destruye toda perspectiva. Entonces es imposible ver las cosas como son realmente, y el mundo pasa a ser un mundo de ilusión.

Un esposo envió un telegrama avisando que había terminado sus negocios antes de lo previsto y que llegaría a casa un día antes. Sin embargo, cuando entró a la casa se encontró a su mujer en brazos de otro. Furioso, tomó nuevamente su maleta y se fue. Cuando iba saliendo, se encontró con su suegra, le contó lo que había sucedido y le dijo que interpondría la demanda de divorcio al día siguiente.

"Dale a mi hija la oportunidad de explicarse antes de hacer nada", le rogó la mujer. A regañadientes, el hombre accedió.

Una hora más tarde, la suegra llamó al esposo ofendido al club: "Sabía que mi hija tendría una explicación", le dijo con una nota de triunfo en la voz. "¡No recibió tu telegrama!"

Es así como suceden las cosas en este mundo. Andamos por ahí buscando explicaciones absurdas para justificar esto y aquello. Esas explicaciones solamente embotan la mente. No comiencen por ser morales; comiencen por ser meditativos. Se sorprenderán de la espontaneidad con la cual se asienta en ustedes la moral, sin mayor esfuerzo de su parte. Y cuando la moral llega por su cuenta, tiene una belleza especial, es totalmente natural.

Entonces no se ufanan y tampoco anhelan paraíso alguno. Hacen lo correcto porque disfrutan haciéndolo. Ya no esperan ganancias; ya no hay un motivo. La acción es desmotivada. Hacen lo correcto porque es lo que disfrutan. No proceden de manera incorrecta porque no es eso lo que disfrutan. ¡Es así de sencillo! No se convierten en personas virtuosas. Sencillamente son cada vez más dichosos. No sienten la necesidad de complacer a todo el mundo, sino que cada vez se llenan de más regocijo en la vida. Y no sienten que los demás son menos virtuosos y no necesitan de un Dios que los premie. En el acto de rectitud está la recompensa. Pedir cualquier otra recompensa sencillamente implica desconocer lo que es el acto recto en sí.

Cuando aman, la misma rectitud del amor les produce dicha. Cuando comparten, la misma rectitud de compartir les proporciona paz, silencio y deleite infinitos. Cuando roban, la misma maldad del acto los hace vivir un infierno. Cuando engañan, la misma maldad del engaño les roba energía y los deprime. No hay necesidad de un cielo o de un infierno en el futuro; cada acto trae consigo su propio cielo o su propio infierno, y continúan moviéndose entre uno u otro una y mil veces en el día.

Si hacen algo bueno se sienten felices, y si hacen algo malo se sienten infelices. Y no digo que haya algún otro criterio para juzgar. Si me comprenden correctamente debe quedar claro que solamente hay un criterio interior: aquello que les produzca felicidad y los haga sentir bien será lo correcto, y aquello que los haga sentir desdichados no lo será. Si logran comprender este punto, vivirán una vida moral sin ser moralistas ni puritanos.

Entren dentro de su propio ser y verán que los demás desaparecen. La moral deja de estar en función de otros y se convierte en un producto de su interior. Son morales porque así son felices. La moral es su poesía, su canto y su fragancia.

Una vez, el viejo maestro Zen D. T. Suzuki dictó una charla sobre el Zen en Tokio. Habló del silencio, del vacío, de la nada y de todo lo demás, habló con la gran sabiduría que emana de *satori*. Cuando terminó, uno de sus oyentes se puso de pie y, no sin algo de irritación en la voz, exclamó: "Pero doctor Suzuki, ¿qué hay de la sociedad? ¿Qué hay de los demás? ¿Qué hay de ese otro?"

Suzuki se lo quedó mirando y, con una sonrisa, comentó: "Es que el otro no existe".

No hay otro ni hay yo. Esa es la iluminación que viene a través de la meditación. Cuando desaparecemos, el otro desaparece inmediatamente porque el otro no es más que la contraparte del "yo". El "yo" crea al "usted"; el yo crea al otro. Cuando el yo desaparece en la meditación, el otro desaparece también. Entonces todo fluye con naturalidad, y ese fluir natural de las cosas es recto en sí mismo, y no porque lo hayamos enderezado una y otra vez, o porque hayamos sido deliberadamente cuidadosos, compasivos y cariñosos. Es un fluir en el cual no cabe la ansiedad y que nos sigue a donde quiera que vamos. Esa moral es religión.

Así que, permítanme repetirlo nuevamente: "¿Tiene la virtud algo que ver con la iluminación?" Nada en absoluto; y sin embargo, la iluminación tiene mucho que ver con la virtud.

El último punto de la pregunta era: "Creo que el lema de 'si no trabajo, no como' es muy bueno". Muy moralista, pero no muy bueno, pues refleja avaricia, interés por el dinero y un corazón duro. Es bueno en un nivel muy inferior.

Si piensa solamente en el otro, parece bueno: ¿por qué debería comer si no trabaja?, pero no está pensando para nada en usted mismo. ¿No podría ser lo suficientemente generoso para compartir con alguien que no trabaja? ¿Por qué esa avaricia? ¿Por qué tiene que ser el trabajo la condición?

Sé que fue una condición en el pasado porque el pasado, fue de gran pobreza, pero no tiene nada que ver con la moral. Esos lemas han adquirido importancia sólo debido a la pobreza. Antes eran males necesarios, pero ya carecen de importancia. Eran una necesidad. La gente era muy pobre entonces, y cualquiera que no trabajara representaba una carga pesada. Aunque todo el mundo trabajara no había suficiente alimento, ni suficiente ropa ni suficiente cobijo. La vida era muy difícil y esos lemas fueron producto de esa dificultad. No tienen nada que ver con la moral; sencillamente son parte de las economías pobres del pasado. Tampoco tienen nada que ver con la religión.

En el futuro, cuando los crecientes avances tecnológicos permitan que más y más personas puedan dejar de trabajar, ¿seguirá siendo válido ese lema de que quien no trabaja no come? En realidad será necesario invertir totalmente el lema, quizás hasta el punto de decir:

"Quien trabaja no come". No podrán tenerse ambas cosas. Quien desee trabajar podrá hacerlo, pero entonces no comerá porque no será posible ese trabajo adicional. Una vez que la tecnología entre a dominar el mundo, el perezoso se convertirá en el héroe ideal, en objeto del aprecio de todos, porque no pedirá ni le exigirá trabajo a la sociedad. Podrá decir: "Soy feliz sin trabajar".

Pero habrá millones de personas que no podrán bajar la guardia y exigirán trabajo. Dirán: "El trabajo es imprescindible. No podemos estar sentados sin hacer nada. ¿Qué podemos hacer?" Ustedes mismos lo han experimentado. ¿Qué hacen en los días festivos? Se cansan y se aburren hasta tal punto de hacer nada que comienzan a anhelar que llegue el lunes. Comienzan a pensar en lo que harán en la oficina al día siguiente.

Cuando están ociosos, cuando no tienen algo que hacer, les es tremendamente difícil manejar ese vacío porque no son meditativos. Solamente la persona meditativa puede descansar cuando no tiene ocupación alguna. El futuro les pertenece a los meditadores, no a los trabajadores. En el futuro, tarde o temprano, pasado este siglo, aquel lema será uno de los más aborrecidos. Cualquier persona que exija trabajo será vista como elemento antisocial porque no habrá de dónde producir el trabajo. Dar trabajo implicará problemas, puesto que la máquina podrá hacer el trabajo más fácil, rápida, económica y eficientemente. ¿Dónde hallar el trabajo que esa persona reclama? Quizá debamos entonces fabricar un lema que diga que quien exija trabajo, porque no puede dejar de trabajar, podrá tenerlo, pero entonces no podrá comer.

Los perezosos, los que prefieran descansar, meditar o tocar la guitarra, serán los ciudadanos respetados del mundo. ¿Entonces qué sucederá con su lema?

No tiene nada que ver con la moral, puesto que es solamente una necesidad nacida del pasado. Pero no traten de confundir la economía con la religión, porque toda la belleza desaparecerá.

¿Cómo definir entonces el trabajo? ¿Es Buda un hombre de trabajo? Es difícil definirlo, saber si trabaja o no, si tiene o no el derecho a comer. El que yo tenga derecho a comer depende de ustedes. Si ustedes me aman, dirán: "Sí, su trabajo es excepcional, es creativo, es esto y aquello". Si no me aman, dirán: "Lo que hace es inútil, no es trabajo. Es mejor que se dedique a la alfarería o a la carpintería. ¡Sea creativo, haga algo útil! Enseñarle a la gente a meditar es inútil. Usted no trabaja, y anda por ahí enseñándoles a los otros a hacer nada".

¿Qué es el trabajo? ¿Tiene Cristo derecho a comer? ¿O Miguel Ángel? ¿O Wagner? ¿O Kalidas? ¿O Shakespeare? ¿Tienen o no tienen derecho a comer? Todo dependerá de la forma como ustedes definan el trabajo.

Si Bodhidharma llegara a China hoy, sería encarcelado. En realidad hizo bien las cosas porque llegó a China hace cientos de años. Si llegara a la China maoísta de hoy, terminaría en la cárcel. Muchos monjes budistas y taoístas están en la cárcel por perezosos, porque no hacen nada que pueda calificarse de creativo o útil. ¡Está sucediendo! Ha sucedido en Rusia y también en China. Los monasterios están desiertos y se ha obligado a la gente a trabajar.

En Oriente hemos apoyado a los *sannyasin* durante siglos. ¿Por qué? Porque sabemos que su trabajo es tremendamente creativo. No es creativo en la superficie, pero el simple hecho de la presencia de Buda entre nosotros es de una importancia incomparable. Pero todo depende de la interpretación porque, visto desde otro ángulo, Buda no es más que un perezoso. Su trabajo no es un objeto visible que pueda mirarse y juzgarse. Es muy misterioso. Está ahí para quienes estén dispuestos a crear una conexión con él porque saben que lo que él ha hecho nadie más lo hizo.

El trabajo en sí mismo no es un valor. Recuerden que las personas más activas han sido las más peligrosas. Las personas inactivas han sido las menos dañinas porque para causar daño se necesita gran actividad. Las personas inactivas no han dañado a nadie. Si Adolfo

Hitler hubiera sido inactivo, un poco perezoso y despreocupado, el mundo sería un poco mejor. Pero no fue así. Era un trabajador incansable. Si Stalin y Mussolini hubieran sido un poco menos activos, el mundo sería mucho mejor.

Sólo piensen: Tamerlán, Gengis Khan, Nadir Shah, Alejandro, Napoleón, fueron verdaderamente activos. Forjaron toda nuestra historia. Pero no es historia, sino histeria. Crearon toda esta neurosis que llamamos historia.

¿Por qué insisten en alabar el trabajo? Ahora bien, recuerden que no estoy diciendo que no deberían trabajar. En lo absoluto. Lo que no debe hacerse es convertir estas cosas en lemas morales. Son asuntos económicos y pertenecen únicamente al ámbito económico. No deben convertirse en mandamientos puesto que cambian con las circunstancias.

Es bueno trabajar, pero de nuevo, creo que es algo que debe hacerse desde el fondo de uno mismo. Si desean hacer algo, háganlo. No permitan que otros los manipulen. Por ejemplo, no deben insistir en ser médicos si lo que realmente quieren hacer es dedicarse a la carpintería. Como médicos podrán ganar más dinero, mientras que como carpinteros ganarán menos, pero, insisto nuevamente, si es lo que los hace sentir bien, es porque es lo correcto. Entonces abandonen la idea de la medicina y sean carpinteros. O si desean vivir como pescadores en un lago, serán todavía más pobres, pero, si es lo que los hace sentir más sintonizados con su ser, es lo que deben hacer. Ninguna otra consideración importa.

Hay algunas personas que no sienten en absoluto el deseo de trabajar. En un mejor mundo humano se les deberá permitir esa pereza y ese abandono. Debemos ser humanos, por lo menos hasta ese punto. ¿Por qué no ser lo suficientemente generosos y humanos como para permitirle a una persona no trabajar si eso es lo que desea? En realidad no pide mucho; solamente comida y un sitio donde vivir.

En un mundo verdaderamente religioso podremos apreciar a esa persona en lugar de condenarla. Hay algunas personas que son así; es otra de tantas posibilidades. ¿Para qué tratar de imponerles otra cosa? Esas personas no son muchas, y si las aceptan sin condenarlas, sin hacerlas sentir culpables, estarán actuando como seres religiosos, rectos y verdaderamente morales. No hay necesidad de hacerlas sentir culpables. ¿Qué mal han hecho? ¿Qué sucederá con todo el trabajo que ustedes realizan? Todo desaparecerá con la muerte. Y si alguien no desea eso mismo...

Conozco un caso, y lo he observado de cerca, de una persona muy perezosa. Estudió conmigo, se hizo profesor conmigo y vivimos juntos. Es muy perezoso, pero me encanta. Tiene unas cualidades inmensas. Su pereza no es simplemente pereza; tiene una cierta gracia, una cierta belleza. Esa belleza es tan valiosa en sí misma que no me gustaría destruirla obligándolo a trabajar. Su simple pereza crea un remanso de energía tan grande que todas las personas que se le acercan se sienten felices. Es como haber pasado por un jardín lleno de frescura, brisa y flores fragantes.

Es sencillamente perezoso. Nunca ha hecho nada, y jamás hará nada. ¿Qué debemos hacer entonces? ¿Hacerlo sentir culpable? Eso es lo que todo el mundo ha hecho con él.

Cuando me conoció, le permití quedarse conmigo y durante tres meses estuvo observando para ver si yo lo condenaría o no. Es tan absolutamente perezoso que si tiene sed ni siquiera se para de la cama para buscar agua, sino que espera a que yo le pregunte si tiene sed o desea algo.

Pasaron tres meses sin que yo dijera nada ni lo condenara, me dediqué a hacer por él todo lo que me parecía que debía hacer, hasta que un día rompió en llanto y dijo: "Eres la primera persona que me ha aceptado. Eres la primera persona que me ha dado mi alma. Nadie me ha amado. Todos me han hecho sentir culpable". Como es natural, cuando el mundo entero nos hace sentir culpables, comenzamos a sentirnos culpables. Comienza a brotar una enorme sensación de odio contra nosotros mismos.

En esos tres meses floreció. Y con ese florecimiento comenzó a suceder algo. Comenzó a cantar y a escribir poemas. Un día comenzó a tocar la guitarra, pero fue producto de la aceptación, del hecho de que por lo menos un ser humano lo aceptara totalmente. Si se levantaba a las diez, no le decía que debía hacerlo a las nueve y media. A cada quien debe permitírsele ser como es.

Comprendo entonces lo que quieren decir con el lema de que quien no trabaja, no come. Ha sido un buen lema desde cierto punto de vista porque la sociedad ha sido pobre y ha habido hambrunas, pero no es un buen lema para ustedes. Ustedes deben aprender a aceptar la realidad del otro tal y como es, sin juzgar; y deben poder darle al otro la libertad para ser como es, sin cortapisas. Esa es la verdadera moral. Esa es la verdadera religiosidad.

Sí, habrá algunos perezosos, pero eso no debe ser motivo de preocupación. ¡También existe la guía del perezoso hacia la iluminación! Lao-tsé es el sumo sacerdote del perezoso.

Las personas activas tienen un papel importante que representar en el mundo, pero también los perezosos hacen algo maravilloso que este mundo necesita. Crean equilibrio y armonía.

Sobre el autor

Osho desafía las clasificaciones. Sus miles de charlas cubren todo, desde la búsqueda individual del significado hasta los problemas sociales y políticos más urgentes que enfrenta la sociedad en la actualidad. Los libros de Osho no han sido escritos, sino trascritos de las grabaciones de audio y video de sus charlas extemporáneas ante audiencias internacionales. Tal como él lo expone: "Recuerden: lo que estoy diciendo no sólo es para ustedes... estoy hablando también para las futuras generaciones". Osho ha sido descrito por el *Sunday Times* en Londres como uno de los "1000 Creadores del Siglo XX" y por el autor estadounidense Tom Robbins como "el hombre más peligroso desde Jesucristo". *El Sunday Mid-Day* (India) ha seleccionado a Osho como una de las diez personas —junto con Gandhi, Nehru y Buda— que han cambiado el destino de la India. Con respecto a su propia obra, Osho ha declarado que está ayudando a crear las condiciones para el nacimiento de una nueva clase de seres humanos. Él con frecuencia caracteriza a este nuevo ser humano como "Zorba el Buda", capaz tanto de disfrutar los placeres terrenales de un Zorba el Griego, como la serenidad silenciosa de un Gautama el Buda. Un tema principal a través de todos los aspectos de las charlas y meditaciones de Osho es una visión que abarca tanto la sabiduría eterna de todas las eras pasadas como el potencial más alto de la ciencia y la tecnología de hoy en día (y del mañana). Osho es conocido por su contribución revolucionaria a la ciencia de la transformación interna, con un enfoque en la meditación que reconoce el paso acelerado de la vida contemporánea. Sus Meditaciones Activas OSHO® están diseñadas para liberar primero las tensiones acumuladas del cuerpo y la mente, de tal manera que después sea más fácil emprender una experiencia de quietud y relajación libre de pensamientos en la vida diaria.

Disponible una de sus obras autobiográficas:

Autobiografía de un místico espiritualmente incorrecto.
Barcelona: Kairos, 2001.

Osho Internacional
Meditation Resort

Ubicación: ubicado a 100 millas al sureste de Mumbai en la moderna y floreciente ciudad de Pune, India, el Resort de Meditación de OSHO Internacional es un destino vacacional que hace la diferencia. El Resort de Meditación se extiende sobre 40 acres de jardines espectaculares en una magnífica área residencial bordeada de árboles.

Originalidad: cada año, el Resort de Meditación da la bienvenida a miles de personas provenientes de más de 100 países. Este campus único ofrece la oportunidad de una experiencia personal directa de una nueva forma de vida: con mayor sensibilización, relajación, celebración y creatividad. Está disponible una gran variedad de opciones de programas durante todo el día y durante todo el año. ¡No hacer nada y simplemente relajarse en una de ellas!

Todos los programas se basan en la visión de OSHO de "Zorba el Buda", una clase de ser humano cualitativamente diferente que es capaz *tanto* de participar de manera creativa en la vida diaria *como* de relajarse en el silencio y la meditación.

Meditaciones: un programa diario completo de meditaciones para cada tipo de persona incluye métodos que son activos y pasivos, tradicionales y revolucionarios, y en particular, las Meditaciones Activas OSHO®. Las meditaciones se llevan a cabo en lo que debe ser la sala de meditación más grande del mundo: el Auditorio Osho.

Multiversidad: las sesiones individuales, cursos y talleres cubren todo: desde las artes creativas hasta la salud holística, transformación personal, relaciones y transición de la vida, el trabajo como meditación, ciencias esotéricas, y el enfoque "Zen" ante los deportes y la recreación. El secreto del éxito de la Multiversidad reside en el hecho de que todos sus programas se combinan con la meditación, la confirmación de una interpretación de que como seres humanos somos mucho más que la suma de nuestras partes.

Spa Basho: el lujoso Spa Basho ofrece una piscina al aire libre rodeada de árboles y prados tropicales. El espacioso *jacuzzi* de estilo único, los saunas, el gimnasio, las canchas de tenis… todo se realza gracias a su increíble y hermoso escenario.

Cocina: una variedad de diferentes áreas para comer sirven deliciosa comida vegetariana occidental, asiática e hindú, la mayoría cultivada en forma orgánica especialmente para el Resort de Meditación. Los panes y pasteles también se hornean en la panadería propia del centro.

Vida nocturna: se pueden elegir diversos eventos en la noche entre los cuales bailar ¡es el número uno de la lista! Otras actividades incluyen meditaciones con luna llena bajo las estrellas, espectáculos de variedades, interpretaciones musicales y meditaciones para la vida diaria.

O simplemente puede disfrutar conociendo gente en el Café Plaza, o caminar bajo la serenidad de la noche por los jardines de este escenario de cuento de hadas.

Instalaciones: usted puede adquirir todas sus necesidades básicas y artículos de tocador en la Galería. La Galería Multimedia vende una amplia gama de productos multimedia OSHO. También hay un banco, una agencia de viajes y un Cibercafé en el campus. Para aquellos que disfrutan las compras, Pune ofrece todas las opciones, que van desde los productos hindús étnicos y tradicionales hasta todas las tiendas de marca mundiales.

Alojamiento: puede elegir hospedarse en las elegantes habitaciones de la Casa de Huéspedes de Osho, o para permanencias más largas, puede optar por uno de los paquetes del programa Living-in. Además, existe una abundante variedad de hoteles y apartamentos con servicios incluidos en los alrededores.

www.osho.com/meditationresort

Para mayor información

www.**OSHO**.com

Página Web en varios idiomas que incluye una revista, los libros de OSHO, las charlas OSHO en formatos de audio y video, el archivo de textos de la Biblioteca OSHO en inglés e hindi, y una amplia información sobre las meditaciones OSHO. También encontrarás el plan del programa de multiversidad OSHO e información sobre el OSHO INTERNATIONAL MEDITATION RESORT.

Páginas Web:

http://osho.com/resort
http://osho.com/magazine

http://OSHO.com/shop
http://www.youtube.com/OSHO
http://www.oshobytes.blogspot.com
http://www.twitter.com/OSHOtimes
http://www.facebook.com/pages/OSHO.international
http://www.flickr.com/photos/oshointernational
http://www.osho.com/todosho

Para contactar a OSHO International Foundation:

www.osho.com/oshointernational,
oshointernational@oshointernational.com

Acerca del código QR

En la solapa izquierda de este libro encontrarás un código QR que te enlazará con el Canal de Youtube OSHO Español facilitándote el acceso a una amplia selección de OSHO Talks, las charlas originales de Osho, seleccionadas para proporcionar al lector un aroma de la obra de este místico contemporáneo. Osho no escribía libros; solo hablaba en público, creando una atmósfera de meditación y transformación que permitía que los asistentes vivieran la experiencia meditativa.

Aunque las charlas de Osho son informativas y entretenidas, éste no es su propósito fundamental. Lo que Osho busca es brindar a sus oyentes una oportunidad de meditar y de experimentar el estado relajado de alerta que constituye la esencia de la meditación.

Estos videos incluyen subtítulos en español y se recomienda verlos sin interrupciones. Estos son algunos de los consejos de Osho para escuchar sus charlas:

"El arte de escuchar está basado en el silencio de la mente, para que la mente no intervenga, permitir simplemente lo que te está llegando."

"Yo no digo que tengas que estar de acuerdo conmigo. Escuchar no significa que tengas que estar de acuerdo conmigo, ni tampoco significa que tengas que estar en desacuerdo."

"El arte de escuchar es solo puro escuchar, factual, sin distorsión."

"Y una vez que has escuchado entonces llega un momento en el que puedes estar de acuerdo o no, pero lo primero es escuchar."

Si no dispones de un Smartphone también puedes visitar este enlace:

https://www.youtube.com/user/oshoespanol

El principio Zen.
La vivencia de la más grande paradoja, de Osho
se terminó de imprimir y encuadernar en abril de 2013
en Quad/Graphics Querétaro, S.A. de C.V.
lote 37, fraccionamiento Agro-Industrial La Cruz
Villa del Marqués QT-76240